应用型高校大学生

职业生涯规划与就业创业指导

李晓军◎主编

陈庄瑜　张跃辉◎副主编

上海教育出版社
SHANGHAI EDUCATIONAL
PUBLISHING HOUSE

编委会成员

主　编　李晓军

副主编　陈庄瑜　张跃辉

编　委　(按姓氏音序排列)

　　　　韩继坤　黄富长　李　玲　李　晴

　　　　王詠曤　张书娟　赵　静　周　游

前　言

就业是最大的民生。

习近平总书记高度关注高校毕业生就业问题，要求广大高校毕业生改变择业观、就业观，找到自己的定位，投入踏踏实实的工作中，实现自己的人生理想。2020年新冠肺炎疫情对大学生就业提出新挑战，就业工作被提到了前所未有的高度，政府采取多项措施确保大学生就业。面对新形势、新变化、新任务，必须加强对大学生职业生涯发展与就业创业问题的研究。

当前，我国正经历从"制造大国"向"制造强国"的转变，需要更多的人才投身制造业。上海正在加速迈向全球卓越制造基地，全力打响"上海制造"品牌，这同样需要大批优秀的应用型人才。指导应用型高校大学生做好职业生涯规划，开展就业创业实践，成为社会与行业发展的迫切需求。从应用型高校人才就业创业教育现状来看，编写一本适用于应用型高校大学生职业生涯规划与就业创业的指导用书迫在眉睫。本教材作为应用型高校大学生职业生涯规划与就业创业指南，不仅能满足在校大学生的阅读和学习需求，而且能为应用型高校教师开设职业生涯规划与就业创业指导课程提供有益参考。

本教材是上海市2020—2021年就业创业孵化基地的成果之一。近年来，作为行业特色鲜明的技术应用型高校，上海电机学院紧密围绕国家战略、产业发展和基层成长需求，以一流本科建设计划为引领，聚焦促进高等技术应用型人才的充分、高质量就业创业，取得了一系列研究与实践成果。本教材正是学校职业生涯规划与就业创业指导一线教师工作成果的凝结和呈现，体现了面向未来的应用型人才需求和特点的就业创业教育探索。我们也希望本教材的出版，能够为应用型高校的职业生涯规划与就业

< 1 >

创业指导提供更具针对性的借鉴和参考。

本教材由七章构成，涵盖从大学一年级入学职业生涯规划至大学四年级毕业求职创业指导的全周期培养过程。第一章"唤醒职业意识：应用型高校大学生的困与解"，引导学生深入认识读大学的目的和应用型高校的特点，了解职业生涯规划的意义，并激发学生树立职业生涯规划意识，做好职业生涯规划准备。第二章"发现独特的自己：自我认知与职业生涯发展"，引导学生了解应用型高校大学生兴趣、性格、价值观、能力的特点，以及这些个性特征与职业生涯发展的关系。第三章"探索职业世界：环境认知与职业生涯发展"，引导学生全面了解职业世界，客观分析应用型高校大学生面临的职业生涯宏观与微观环境，及其对职业生涯发展的影响。第四章"职业生涯目标与规划"，引导学生制定合理的职业生涯目标，掌握职业生涯决策的方法，从多元化职业生涯目标中作出适合自己的选择，并撰写职业生涯规划书。第五章"能力准备"，引导学生根据能力模型明确应用型高校大学生应具备的职业能力，掌握提升职业能力的方法和路径。第六章"就业实践"，引导学生做好积极的就业心理准备，指导学生获取就业信息，制作求职简历，做好求职面试准备。第七章"创业实践"，引导学生了解创业的内涵和过程，创业者应具备的能力和素质，指导应用型高校大学生做好创业准备。

作为应用型高校职业生涯规划与就业创业指导课程的教学用书，本教材的目标读者主要是应用型高校大学生。书中收集了50余个应用型高校大学生职业生涯规划与就业创业的真实案例，旨在增强应用型高校大学生的职业生涯规划意识，帮助他们做好职业准备，提高求职能力和求职成功率。希望本教材可以更好地引导应用型高校大学生以理性规划和把握人生航向，提高职业成熟度，在职业生涯发展过程中实现自我价值和社会价值！

教材编写者

2021 年 3 月

< 2 >

目录
Contents

< 1 >

< 3 >

< 5 >

第一章 唤醒职业意识：应用型高校大学生的困与解

学习目标：

1. 了解大学的内涵和应用型高校的特点，明确上大学的目的。

2. 了解应用型高校大学生面临的职业生涯困惑，掌握职业生涯规划的基本概念，明确职业生涯规划的重要性。

3. 能结合自己的专业特点，进行合理的职业生涯规划。

【案例1-1】

峰回路转大学路

2017年秋，W同学踏入大学校门。对大多数人而言，大学是一个崭新的起点。如果说过去十几年的求学生涯是奔流入海，那么大学就是人生的入海口，前方是汪洋大海，"海阔凭鱼跃，天高任鸟飞"。刚刚拿到大学录取通知书时，W同学也是这么想的。

从高中生变成大学生，这是两种截然不同的身份的转变。高中时，他感觉自己像是一台接收指令的机器，学习和生活都被老师和父母编写好指令，只要接收和完成指令即可。可到了大学，没有人会在他耳边催促，也没有人帮助他制订人生计划，但他的观念还停留在高中时代，习惯了被动等待的状态。

大一第一学期算是W同学过得最惬意的一段时间。在学习上，他顺风顺水。在生活上，他交到了几个不错的朋友，吃饭、运动、打游戏都有伙伴。那时候 W 同学感觉大学没白来，高中三年熬的夜、吃的苦都没白费，现在算是"苦尽甘来"，就应该心安理得享受了。隔壁寝室的同学，每天雷打不动学习到晚上十一点半，他还觉得这哥们简直是个傻子，该好好享受的时候却自找苦吃。于是，当别人在背单词的时候，他在玩游戏；当别人周末泡在图书馆查资料的时候，他在自我放任地娱乐和享受人生。而差距也就这样在悄悄拉开……

就这样游戏人生般到了大二，W 同学的毛病更多了，从高三的紧绷状态到了一种极度放松的状态，从一个极端走向了另一个极端。W 同学沉迷游戏的时间越来越多，睡得越来越晚，上课时"梦游"的时间越来越多，对学习的兴趣也越来越少，从上课就是为了应付点名，发展到旷课打游戏。由于对未来毫无规划和自甘堕落，他挂科越来越多，处分也越来越多，直到辅导员找到他说他可能要面临被劝退。他从来没想过自己的大学生涯会以被学校开除作为结束，他开始有点慌张，开始回想这两年来浑浑噩噩浪费的时光，除了一身臭毛病之外一无所获。他开始思考读大学的目的：当初为何而来？将来要去向何方？痛定思痛之后，他决定要改变现状，一定不再挂科！人一旦有了明确的努力目标，精神状态也变得完全不一样。他卸载了电脑里的所有游戏，调整了作息时间。每天十一点半睡觉，早上七点起床，每天都定下了学习任务，从来不去图书馆的他也开始泡图书馆，越不擅长的专业课就越要较劲，啃下来。他开始从被动的接受者渐渐转变成主动的行动者，从补缺掉的课程到认真学习专业，想要把眼前的每一天都充分利用起来。这个过程虽然适应得很艰难，但是当他习惯并沉浸其中后，学习也变成一个有趣的过程。因为每一天都有收获，每一天都能感觉到自己的进步。W 同学就这样既辛苦又充实地度过了他的大三，最后查成绩，看到那一排绿色，W 同学终于松了一口气。一学年完全不挂科这是一种以前完全没有体会过的感觉，就像是种下一棵树，用心栽培，终于开花结果。

进入大四，W 同学一方面补修课程，强化专业基础，探索自己的专业优势；另一方面积极思考学校特色，结合当前工业互联网等智能制造行业发展趋势，权衡自身兴趣及优势、父母期待和社会发展需要等因素进行职业选择。这一次，他不再等待，主动积极地投简历、面试，功夫不负有心人，他最终非常幸运地找到了自己称心如意的工作。

十多年寒窗苦读，考上大学的目的是什么？这是踏入大学校园的每一个学生都必须回答的第一个问题。案例中的 W 同学，正是初入大学迷失方向，没有很好完成高中生到大学生的角色转变，步步滑坡直逼退学才开始思考为何上大学，如何上大学以及个人职业生涯发展方向等问题。好在他能够迎难而上，最终峰回路转，喜获心仪工作。由此可见，进入大学，明确上大学的目的，了解大学生活，树立职业生涯意识，对高中生向大学生的身份转变以及在校大学生向职场人士的蜕变具有重要意义。本章重点结合应用型高校特色讨论上大学的目的，并通过职业生涯规划基本知识介绍及案例分析，探索应用型高校大学生职业生涯规划面临的主要问题，明确职业生涯规划的重要性。

第一节　认　识　大　学

在我国现行高等教育体制下，受报考热门专业、填报排名靠前的大学等观念的影响，高中毕业生在填报志愿时，往往由家长根据社会热点选择专业，具有很大的盲目性。不少同学因缺乏对大学的认识，尤其缺乏对就读高校人才培养定位和人才培养过程的了解，进入大学后陷入迷茫，缺乏行之有效的自我认知和管理，失去学习动力。因此，认识大学和了解大学生活是我们解决大学之困以及做好职业生涯规划的前提。

一、走入大学

大学之"大"，在于空间之大；大学之"大"，在于有大师；大学之"大"，更在于大学博大的精神魅力。随着现代科学技术的发展，大学不再仅仅是安静做学问的场所，更成为大学生未来梦想的摇篮。

（一）大学文化是岁月的沉淀与凝聚

"大学"作为西方的舶来品，19世纪引入中国时就被深深烙上"教育救国""振兴华夏"的中国印记。每所大学都在历史的长河里哺育出属于自己的校园文化，如北京大学的激扬江山，清华大学的含蓄内敛……每所大学尽管文化迥异，各有特色，但是"振兴中华"的内核始终没有改变，并一以贯之于所有的校园文化中，成为大学真正魂之所在和中国大学特有的品质。

（二）学者风范展示大学独特魅力

一所大学的魅力何在？在栋栋建筑上，在页页记载中，在人们的记忆里。大学教师是最能体现大学历史和魅力的。无论你是立志学术研究，还是倾心社会活动，或是想全面发展，总能在形形色色的教师中找到你可以学习的一位或多位。学问和品德，是大学生从大学教师身上获得滋养的重要方面。对新生来说，大学有着与高中很不相同的学习内容和学习方法，教师也不再仅仅传授纯粹的知识。学习和掌握做学问的方法，耳濡目染教师的品格和人格魅力，是最为重要的。

（三）在独立思考和实践中淬炼成长

在大学期间，学习专业知识固然重要，但更重要的是要学习思考的方法，培养举一反三的能力。只有这样，才能适应瞬息万变的未来世界。自学能力是大学里需要培养的重要能力。如果说中学的主要学习目标是掌握知识，那么大学的学习目标就应提升为理解和应用知识，并善于提出问题，不断反思。这就需要大学生学会充分利用图书馆和互联网，培养独立学习和研究的本领。同时，要注意将学科知识、理论、方法和具体实践应用结合起来，并在实践中培养团队精神与合作意识。这些学习品质的培养，都将有利于打通未来职业成长之路。

二、了解应用型高校

（一）应用型高校概况

随着科学技术的发展以及产业结构的优化升级，社会对技术应用人才与创新人才的需求日益增强。正是在这一背景下，近些年来，应用型高校逐渐发展壮大。应用型高校是产业转型升级和产业技术进步的产物。它基于实体经济发展需求，服务国家技术技能创新积累，立足现代职业教育体系，直接融入区域产业发展，是集职业技术教育、高等教育、继续教育于一体的新的大学类型。

应用型高校重在应用。这类高校以体现时代精神和社会发展要求的人才观、质量观和教育观为先导，在高等教育新形势下构建满足和适应经济社会发展需要的新学科方向、专业结构、课程体系，更新教学内容、教学方法和教学手段，全面提高教学水平，培养具有较强社会适应能力和竞争能力的高素质应用型人才。在人才培养过程中，应用型高校兼顾理论知识传授和实践能力培养两方面，实践教学是培养学生实践能力和创新能力的重要环节，也是提高学生社会职业素养和就业竞争力的重要途径。

发展应用型高校，建立多样化的人才培养体系是我国实现高等教育现代化的重要内容和途径。2015 年，教育部、国家发展改革委和财政部联合发布《关于引导部分地方普通本科高校向应用型转变的指导意见》（教发〔2015〕7 号）。这份指导意见明确指出，要贯彻落实党中央、国务院关于引导部分地方普通本科高校向应用型转变的决策部署，推动高校转型发展。[1] 引导部分地方本科高校转型发展，建设具有中国特色的应用技术型大学是教育领域的重大改革。也有研究指出，要引导高校，特别是新建本科院校办出特色，优化学科专业结构，紧密结合地方经济社会发展需求，树立多样化、系统化人才观，大力培养应用型、复合型、技能型、创新型人才等。[2]

为贯彻落实党的十九大精神和全国教育大会精神，有效推进高等教育内涵式发展，2018 年上海在全国率先启动高校分类指导和绩效评估。分类评估告别"用一把尺子衡量所有高校"的传统评价方式，聚焦高校"五大功能"，兼顾"综合性、多科性、特色性"学科专业发展特点，按人才培

---

[1] 教育部 国家发展改革委 财政部关于引导部分地方普通本科高校向应用型转变的指导意见（教发〔2015〕7 号）[EB/OL].（2015 - 10 - 23）[2021 - 03 - 22]. http：//www. moe. gov. cn/srcsite/A03/moe_1892/moe_630/201511/t20151113_218942. html.

[2] 陈小虎，杨祥. 新型应用型本科院校发展的 14 个基本问题 [J]. 中国大学教学，2013（1）：17 - 22.

养主体功能和承担科学研究类型，将高校划分为学术研究型、应用研究型、应用技术型和应用技能型四种类型。与此同时，上海还出台了全国首部地方高等教育法规《上海市高等教育促进条例》，以法规形式明确高校分类体系和评价指标的合理性、合法性及其重要地位。

（二）应用型高校的办学特色

1. 服务区域经济发展和行业需求

高校具有人才培养、科学研究、社会服务、文化传承与创新等职能。地方性、行业性的服务价值取向是应用型高校的存在之基。如何做到与地方、与行业相融相长，形成共生共存的双赢办学态势，是应用型高校面临的根本性课题。

2. 人才培养定位体现职业适应性和规格多样化

相较于其他类型高校，应用型高校在人才培养定位上更要彰显职业的适应性。应用型高校注重提高学生面向社会的适应性，一般以"德育为先、社会需要、市场导向、能力本位、全面发展"作为人才培养定位。此外，经济社会的多元化和多样化发展使得社会对人才需求多样化，企业对人才的需求也包括技能型、技术型、创新型、复合型等多种类型。因此，应用型高校在人才培养定位上要充分体现出职业适应性和规格多样化。

3. 人才培养过程强调实践性和跨领域合作

应用型高校强调将实践性贯穿教育教学全过程。应用型高校突出实践能力、专业能力、职业能力培养，并打破学校边界、专业边界、课程边界、课堂边界、教师隶属边界，高校与企业界相互支持、双向介入、优势互补、资源互用、利益共享，形成资源共建、全程参与、互利共赢的新型人才培养模式，最终实现"合作育人、合作办学、合作就业、合作发展"。相较于研究型大学，应用型高校更关注学生职业能力的培养，积极探索以能力培养为核心，以实践体系为主线，兼顾学科理论体系的高素质应用型人才培养新模式。[①]

总之，应用型高校在办学定位、人才培养定位、人才培养过程等方面有自己的优势和特色。进入大学后，学生对自己所在大学的发展历史、学

① 陈小虎，杨祥. 新型应用型本科院校发展的 14 个基本问题 [J]. 中国大学教学，2013 (1)：17 - 22.

科优势、人才培养特色、就业去向等进行充分了解是分析个人优劣势，探索职业世界，找准职业定位，进行个人职业生涯规划的重要前提。这将有助于大学生较快地适应大学生活，确定自己未来的发展方向。

第二节　大学生活的困惑

一、不同阶段大学生面临的困惑
（一）初入大学："忙""盲""茫"

【案例 1-2】

　　J同学是一名刚入学的大一新生，走过了激烈紧张的高考，来到了期待已久的大学校园，从刚入学的军训、新生见面会到学生会、各种各样的社团，充满了新奇感的他加入了学校好几个社团，还竞聘了学院的学生会干部。而对自己专业并不十分热爱的他，除了基本完成老师布置的学习任务之外，每天大部分时间都是在参加学校里各种各样的社团活动。一学期下来，J同学虽然很忙，但是越来越迷惑，因为他不清楚自己为什么而忙。期末成绩出来后，J同学好几门专业课都不及格，他开始变得焦虑，晕头转向失去了努力的方向，越发茫然。

　　面对大学全新的环境，一切新鲜的事物扑面而来，初入大学的新生在适应新环境的过程中就出现了上述J同学盲目的行动和迷茫的情绪。这是许多刚入校的大学生都会出现的职业生涯困惑。走过紧张的高考后，大学目标的缺失，带来行动的盲目，尤其当兴趣与所学专业在两条平行线上时，不知道该何去何从，加上缺乏时间管理能力，学生的迷茫感在入校新鲜感退却后会放大和加剧。因此，刚进入大学校门的大一新生在职业生涯探索期更需要重建自己对个人、对周围环境的认知，加强对应用型高校与其他类型高校人才培养方面差别的了解，加强对所学专业发展优势和前景的了解与认同，积极行动起来，探索适合自己的发展道路。

（二）面临择业："慌""惶""晃"

【案例 1-3】

　　D同学是一名管理学相关专业的大三学生，高考因为分数不够被调剂到自己目前所学的专业，但通过两年的专业学习，作为一名工科院校背景的文科同学，D同学并不清楚自己所学的专业将来毕业可以从事什么工作，看着周围同学都有报考研究生的计划，自己也想是否可以试试报考研究生，但了解了一下，发现往年报考管理类、经济类专业研究生分数线较高，于是又对报考研究生望而却步；他想直接就业，又对自己的专业能力信心不足。处于大三抉择期的他，开始痛苦起来。

　　从高中到大学，学生经历了时空的变化和社群的变化，许多学生出现时间管理能力缺乏、职业生涯角色冲突、学习方法不适应、自我认知不清晰、职业世界探索有限、职业生涯决策能力有限等问题，由此产生职业生涯犹豫、职业生涯适应不良等问题，而D同学就是典型的因前期职业生涯探索准备不充分而产生的职业生涯犹豫型问题者。如何从大一进校开始，就在探索个人和职业世界的基础上，充分挖掘自己和所在学校及专业的优势潜力，利用SWOT、职业生涯决策平衡单等科学方法，找到适合自己的职业生涯发展路径，是大学生在校职业生涯规划的重要内容。

（三）即将毕业："焦""娇""躁"

【案例 1-4】

　　Z同学是一名工科专业的大四学生，家人希望他将来从事一份稳定一点的工作。由于当前跟自己专业相关的大型国有企业核心岗位都需要研究生及以上的学历，不愿意去基层的他，跟其他同学一起选择了报考研究生。考试结果出来后，面对还差几分上线的结果，他开始纠结起来：他既不愿放弃再报考研究生，也想试试报考公务员。于是，Z同学在求职季几乎天天泡在图书馆刷题，大四面临毕业的他忙忙碌碌碌却惴惴不安，因为他知道报考研究生和报考公务员都跟当初高考一样，甚至难度更大。他想着直接去就业，却觉得自己专业能力不过关，大学四年成绩平平，自己也害怕与面试官面对面交流。他觉得自己毫无竞争力，只能试试报考研究生和报考公务员。

2020年874万应届高校毕业生涌入人才市场，2021年全国应届高校毕业生人数预计高达909万人。"智联招聘"发布的一项关于职场生存焦虑调查数据显示，新冠肺炎疫情期间，57.7%的企业提高了人才招聘标准。超七成企业提高了岗位核心职责要求，其中雇主最看重的三项核心加分技能包括沟通协作、心理抗压和数据处理。2020年以来，在新冠肺炎疫情冲击下，许多企业进行了人员精简与组织重构。调查数据显示，新冠肺炎疫情期间有15%的白领经历了企业缩招，12%的白领有被企业取消录用的经历。①

随着高等教育进入新的发展阶段，毕业生人数年年攀增，加上受全球新冠肺炎疫情影响，大学生就业与创业问题异常严峻。而处于就业抉择期的大学生，若前期职业生涯规划准备不充分，职业生涯选择尤为艰难。之所以有些学生到大三、大四的职业生涯抉择期感觉"山重水复疑无路"，"生存产品"丢失，很大程度上是因为当初他们填报志愿时缺乏对自我认知的系统了解，进校后对个人、所学专业、职业世界缺乏足够的探索，逐渐习惯于每天的舒适圈，面对社会检验时，缺乏竞争力的他们"焦""躁"起来，面对择业时，缺乏追梦精神的他们"娇"起来。而那些一开始就清楚自己优劣势，明晰自己大学未来目标的人，沿着明确的行动路径图，方能在大学四年不断呈现出一个又一个"柳暗花明"。由此可见，面对后疫情时代的冲击，如何能在经济形势下行、就业竞争更加激烈的背景下做一名"任尔东南西北风"的"后浪"，职业生涯规划起着至关重要的作用。

---

① 重庆晨报. 调查显示近六成企业提高招聘标准，最看重三项加分技能［N/OL］.（2020-09-18）［2020-11-12］. https://www.cqcb.com/hot/2020-09-18/3009191_pc.html.

二、应用型高校大学生职业生涯规划的现状与问题

【案例 1-5】

Q同学是一名物流管理专业的大二学生。上大学后，她一直闷闷不乐，因为她觉得自己所学的专业不是这所大学的优势专业，加之通过周围同学了解，物流管理专业毕业出来就是做快递、仓储相关工作，待遇不高，而且与自己设想的白领生活相差甚远。作为一名二本院校的学生，她认为自己再努力也没有"双一流"大学学生的光环，而且让她很困惑的是，作为一名文科学生，居然也要穿着实训服装去实训中心参加工科实训，两学期下来，她对自己的大学生活感到焦虑不安。她不知道自己上大学的目的是什么，将来可以做什么，更不知道眼前可以为将来做些什么准备。

案例中Q同学的困惑和迷茫是很多应用型高校大学生面临的共性问题。由于很多学生对所在的应用型高校包括专业的认识不足，造成了他们进校后对毕业去向的不确定、就业前景的担忧，以及人才培养过程中课程设置的不理解，并进一步促使他们对学业、生活各方面充满无力感。就业质量是衡量一所应用型高校人才培养质量的重要指标，只有充分了解应用型高校在人才培养过程中对核心能力的培养，充分挖掘学校、专业、个人竞争优势，明晰大学课程地图，明确大学四年的行动路径图，培养核心竞争力，才能实现职业生涯目标。

应用型高校在办学定位上具有面向地方、面向行业的特点，在人才培养定位上具有职业适应性和规格多样性的特点，在专业导向性和专业设置上有适切性和灵活性的特点，在人才培养过程中具有实践性和跨领域合作的特点，在师资配套上具有多元性的特点，在课程体系上更具有以职业能力培养为核心的特点，深化产教融合、产学研协同创新和改革人才培养模式，这些特色的凸显对学生个体的职业生涯提出了更高要求。它需要学生很好地将个人优势与学校优势相结合，将个人的发展目标与学校的培养定位和地区行业发展相结合，主动了解学校和区域行业发展，培养与行业发展相适应的能力，制订与行业发展相适应的职业生涯规划。

然而在现实中，应用型高校大学生在进行职业生涯规划过程中仍存在一系列困惑与问题。主要表现在以下三方面。

（一）职业生涯目标模糊

对应用型高校大学生而言，由于入学之前对大学生活缺乏必要了解，学生对应用型高校缺乏基本认识，也对自己上大学的目的缺乏深入思考，加上从按部就班的、紧张的高中生活到自主安排、自我规划的相对自由的大学生活，难以快速适应。许多大学生缺乏职业生涯规划意识，一时不知道如何进行职业生涯规划，也不知道从哪些地方着手职业生涯准备，导致职业生涯目标模糊甚至缺失，更无法激发职业生涯规划的行动。针对这类大学生，需要帮助他们树立职业生涯规划意识，明确上大学的目的，激发内在动力，进行职业生涯探索和准备，从而有效实施职业生涯规划策略。

（二）职业生涯决策犹豫

应用型高校里存在着一部分这样的大学生，他们很焦虑。这种焦虑来自理想与现实的差距，来自自我定位与外界定位的矛盾，来自个人兴趣与所学专业的不匹配等。他们对未来有想法，但由于信息不匹配或没有很好地将个人与周围环境、现实与未来准确对接，导致每到职业生涯决策时，犹豫不决，裹足不前。针对这类大学生，有必要指导他们明确职业生涯目标，决策并付诸实施，提升他们的职业能力，并进行就业创业实践指导。

（三）职业生涯规划功利

大学阶段思考最多的应该是学习目标和职业生涯目标。但是，不少学生从一开始报考专业就选择热门且好找工作的专业。进入大学后，他们觉得部分课程不实用就进行"自我筛选"，择业时更是不愿意下一线去基层，认为"钱多活少离家近"的工作才是首选。这样的学习目标和职业生涯目标都是从个人现实出发，这种充满理想色彩和功利色彩的"唯目标论"职业价值观并不能使个人实现真正的职业价值。作为有学识、有技术的应用型高校大学生，应该将个人的发展与区域行业发展相结合，与社会发展的需要相结合，将青春之花开在祖国大地最需要的地方，方显当代大学生青年本色。

第三节　走出困惑：唤醒职业
生涯规划意识

一、职业生涯规划理论

（一）生涯规划与职业生涯规划

1. 生涯规划

关于生涯的定义，国内外学者在不同时代背景下对其有不同的定义。被普遍认可和接受的是美国职业心理学家舒伯（Donald E. Super）1957年给出的定义。生涯（career）是生活中各种事件的演进方向和历程，它综合了人一生中的各种职业和生活角色（除了工作以外，还包括家庭、公民等各种与工作有关的角色），由此表现出个人独特的自我发展形态。①基于这一定义，生涯规划就是一个人在考虑个人的智能、性向、价值，以及阻力和助力的前提下，根据自己的职业倾向，确定最佳的职业奋斗目标，并为实现这一目标作出的行之有效的计划，它是自我进行的针对未来生涯发展的整个历程。关于生涯发展较为经典的理论是，舒伯的生涯发展理论和生涯彩虹图。

舒伯的生涯发展理论强调生涯是一个动态的过程，从摇篮到坟墓贯穿人的一生，同时也强调人与人之间因生活环境、时代、教育等影响的不同，存在生涯规划发展的不同，即使同一个人一生中的生涯发展也是动态的，而且不仅仅局限于对职业角色的关注。舒伯根据一个人一生的不同年龄段，强调了个体一生可能扮演的子女、学生、休闲者、公民、工作者、持家者等不同角色，以及这些不同人生阶段不同角色的重要作用，并绘制了经典的生涯彩虹图（见图1-1）。

生涯彩虹图是舒伯分析和描述独立个体生涯发展过程的一个重要方法。在生涯彩虹图中，我们可以清楚地看到舒伯展示的更为深刻的生涯发展及其内容，即他展示了生活广度和生活空间的新理念，并加入了角色理

---

① Super, D. E. The psychology of career [M]. New York: Harper & Row, 1957.

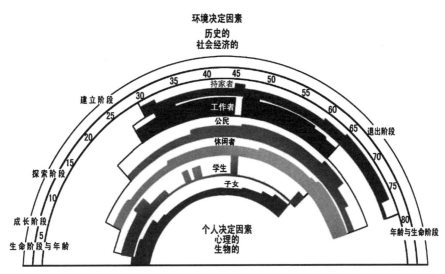

图 1－1 舒伯的生涯彩虹图

论，将个体的生活角色融入个体的生涯发展中，从生涯的长度（个体生命的历程）、宽度（扮演角色的多少）和厚度（角色投入程度）构建了更为综合、立体的生涯发展图。生涯的长度从生命之始到生命结束，在不同的生命阶段，一个人的生涯也相应处于不同的阶段；在不同阶段涉及生涯的宽度，即不同生命角色之间的跨度；不同角色个体投入程度不同，则个体的生涯厚度就不同。

从生涯彩虹图对角色的描述可以看出，各种角色之间相互联系、相互作用。同时，在人生的不同阶段，各个角色的重要性不一样，每个人都需要根据自身的情况进行合理排序。例如，作为一名应用型高校大学生，扮演的第一角色是学生，因此首要任务是探索行业发展趋势，学习专业知识，掌握应用技能，培养工匠精神等核心职业竞争力，而不应过多扮演游戏爱好者等其他角色。同时，我们也应该清楚，职业生涯规划不仅仅是大三、大四职业生涯抉择期才应该开始进行的，而是应该及早思考，职业生涯规划也不仅仅是为了找工作，更是为了帮助自己找到适合的生活方式。

2. 职业生涯规划

职业生涯规划是所有职业问题的核心。每个人在进入职场前，都应该有自己的职业生涯规划方案。事实证明，成就动机越高的人，职业生涯规划越清晰明确。

　　职业生涯规划最早起源于 1908 年的美国，当时更多指职业生涯设计。有"职业指导之父"之称的帕森斯（Frank Parsons）针对大量年轻人失业的情况，成立了世界上第一个职业咨询机构——波士顿地方就业局，首次提出了"职业咨询"的概念。从此，职业指导开始系统化。到 20 世纪五六十年代，舒伯等人提出"生涯"的概念后，生涯规划不再局限于职业指导的层面。在中国，系统的职业生涯规划教育起步较晚。通过了解生涯规划，我们知道，职业生涯规划不应该是单纯的就业指导，或仅仅与就业、工作有关。职业生涯规划是指组织或者个人把个人发展与组织发展相结合，对决定个人职业生涯的个人因素、组织因素和社会因素等进行分析，制订有关对个人一生中在事业发展上的战略设想与计划安排。职业生涯规划受个人、组织、社会等内外部因素的影响。

　　顾名思义，职业生涯规划首先要对自我进行剖析，然后分析所在组织环境和社会环境，根据分析结果制定符合个人的事业奋斗目标，并根据目标制定出相应的行动路线图。职业生涯规划是一个人职业生涯发展的历程，贯穿个人从毕业后进入职场到退休后离开职场的整个过程。①

　　不同学者从不同的维度对职业生涯规划进行了分类，如按时间分为短期职业生涯规划、中期职业生涯规划、长期职业生涯规划。而较为经典的职业生涯规划分类是美国职业指导专家施恩（Edgar H. Schein）提出的内职业生涯和外职业生涯（见表 1-1）。

表 1-1　内职业生涯与外职业生涯理论②

生涯分类	主　要　内　容	特　　　征
内职业生涯	知识、经验、心理素质等	不外显，内在成长而得，不易被别人剥夺
外职业生涯	地位、报偿、社会评价等	外显，依赖内职业生涯的发展，体现了职业生涯客观的一面

　　内职业生涯是指在个人职业生涯发展过程中，与专业或职业内在属性

---

①　曹荣瑞. 大学生职业发展与就业指导（本科版）[M]. 上海：上海锦绣文章出版社，2010：3.
②　Pearson, S. M., & Bieschke, K. J. Succeeding against the odds: An examination of familial influences on the career development of professional Afrian American Women [J]. Journal of Counseling Psychology, 2001, 48（3）：301-309.

相关的知识、观念、经验、能力、心理素质等因素的组合及其变化过程，它是别人无法替代和窃取的人生财富。外职业生涯是指在个人职业生涯发展过程中，与专业或职业外在属性相关的地位、角色、报偿、社会评价等因素的组合及其变化过程，这一过程更多地体现了职业生涯客观的一面。如果把人的发展比作一棵大树，那么内职业生涯好比这棵树的根与干，而外职业生涯则是这棵树上遍开的繁花和累累的硕果。由此可见，为人的成长提供根本的、长足发展养分的是人的知识、经验、心理素质等内职业生涯内容，这些内容不外显，却是支撑人发展的重要内容。而外职业生涯则是地位、报偿、社会评价等显露于外的内容，这些内容通常通过外界所得，当然也容易被人"剥夺"。外职业生涯依赖于内职业生涯的发展而发展。成就动机强的人追求的是内职业生涯与外职业生涯的双成长和双丰收。作为一名应用型高校大学生，要重视"十年磨一剑"的工匠精神，重视专业知识、专业技能等内职业生涯的积累和提升，才可能在各领域成为应用型人才。

职业生涯发展过程是职业生涯规划研究的重要内容。从职业生涯发展过程来看，职业生涯发展经历了不同时期，国内学者普遍认为职业生涯的阶段主要可以分为职业准备期、职业选择期、职业适应期、职业稳定期、职业结束期。大学生职业生涯规划的侧重点在职业准备、职业选择、职业适应三个阶段。大学生要对职业进行物质、心理、知识、技能等各方面的充分准备，还要根据各方面的分析与自己的职业锚合理客观地对职业作出选择。

国外关于生涯发展阶段理论，最经典的是舒伯的成长五阶段理论。该理论将生涯发展划分为成长阶段、探索阶段、建立阶段、维持阶段和衰退阶段（见表1-2）。

表1-2 舒伯的成长五阶段理论[①]

阶段	年龄	特　点	发　展　任　务
成长阶段	出生至14岁	敢说敢做，逐渐从不切实际的幻想到接近成年人的想法	发展适合自己的概念，发展对工作世界的正确态度，了解工作的意义。逐渐意识到自己的兴趣所在，从机会中学习到与职业相关的最基本的技能

① Super, D. E. The psychology of career [M]. New York: Harpper & Row Pulishers, 1957: 84.

续表

阶段	年龄	特　　点	发　展　任　务
探索阶段	15岁至24岁	处于逐步形成自己的人生观、价值观的青春期。通过学校生活、社团生活和工作对自己进行全面探索，有了自己追求的方向	职业观念与学习紧密联系，发展相关的技能，使职业偏好逐渐具体化。开始将一般性的职业偏好转化为具体的职业选择
建立阶段	25岁至44岁	尝试选择适合自己的职业领域，逐步积累自己的社会知识、能力和经验，形成自己的职业核心竞争力。从原来依赖性强到逐渐走向独立和创造性时代	在适当的职业领域稳定下来，巩固地位并力求晋升。这个阶段如果发展得好，则在特定的领域建立长久的地位，生涯发展处于上升期；如果发展不理想，则会选择跳槽，直至找到合适的领域
维持阶段	45岁至64岁	维持自己已经获得的成就和职业地位，对家庭和社会有责任心、义务感，形成完整的人生观、价值观，开始与衰老斗争	通过不断努力获得生涯的发展和成就，维持既有成就与地位，按照既定方向工作，更新知识与技能，不断创新
衰退阶段	65岁以上	心理上迈入返璞归真的新起点，个人已退出工作岗位，开始安享晚年	职业角色逐渐减少，社会角色增多，工作投入减少，进入退休生活

通过表1-2可以看出，人生不同阶段的生涯发展任务是不同的。生涯发展任务不会随着年龄的增长自动过渡到下一个阶段，每个阶段相互影响而且可能会相互交叉，而每个阶段的发展任务必须完成后，才能进入下一个生涯阶段。这也是为什么我们许多大学生虽然踏入职场好几年，却频繁更换岗位、跳槽。这在某种程度上是因为探索期的生涯任务没有完成，职业偏好并未逐渐具体化。

由此可见，大学生进入大学后，应当尽快树立职业生涯规划意识，明确自己所处的职业生涯发展阶段，并结合自身实际，将这一阶段的发展任务具体细化到大学四年的学习生活中。这对于过好四年大学生活，以及未来一生的职业生涯发展，都具有重要意义。

（二）职业锚

"职业锚"这一概念是由美国职业指导专家施恩提出来的。他认为，职业生涯规划是一个持续不断的探索过程。在这一自我与外部世界的互动探索中，每个人都可以根据自身的能力、态度、动机、需要、价值观等形成较为明晰的、与职业有关的自我概念。如选择一份职业时，很在意这份职业带来的自我价值感和成就感。随着一个人对自我认识的不断深化，将逐渐形成一个在个体发展中占据主要地位的职业锚。

　　职业锚就是指当一个人不得不作出选择的时候，他或她无论如何都不会放弃的职业中的那种至关重要的东西或价值观。[①] 它是个人选择和发展自己职业时围绕的中心。职业锚强调个人能力、动机和价值观三方面的相互作用与整合，它是一个由不断探索过程产生的动态结果。施恩根据自己多年的研究，提出了技术或功能型职业锚、管理型职业锚、创造型职业锚、自主与独立型职业锚、安全型职业锚这五种职业锚。

　　有些人虽然一直在抉择，但并没有明确自己的职业锚是什么，直到他们不得不作出某些重大选择的时候，过去的所有工作经历、兴趣、资质、性向等才会集合成一个富有意义的模式，也就是我们说的职业锚。职业锚会告诉此人，对他或她来说，到底什么东西才是最重要的。而学生进入大学后，之所以目标缺失，持续性有效学习动力不足，很大程度上也是因为对职业锚的认知不够，从而导致自身行动方向不明确。因此，入校后首先要面临的一大生涯问题就是：对于上大学的我，什么是最重要的？

【案例 1-6】

眼里有光，心里有爱，以梦为马，不负韶华[②]

　　当下，你可能在迷茫未来的你要成为什么样的人？报考研究生、出国、工作……有太多的选择可以做，而我又能准备什么？下面我来讲讲自己是如何确立并完成职业生涯目标的。

　　回溯我的大学生涯，自己似乎一直在"奔跑"，一直在"尝试"，一直在"突破"，一直在"积累"，做了很多别人看来有些"琐碎无用"的事。不过，就是这样"但行好事，莫问前程"的努力，让我在面对机遇与挑战时，可以坦然相对。概而言之，我认为大学阶段做好职业生涯规划不外乎三个重要模块：澄清、行动和反思。

　　第一，澄清。你想做什么？职业生涯起航的第一步，先拍拍自己的小脑袋，大声地说出你想做什么。以自己为例，虽然我本科是经济

[①] 胡恩立. 大学生职业生涯规划与就业指导 [M]. 北京：清华大学出版社，2013：14.
[②] 本案例节选自某应用型高校 2018 届优秀毕业生 H 同学的毕业典礼演讲。

学专业，但是我对教育学也始终有着浓厚的兴趣。基于对教育和人力资源的浓厚兴趣，我将此作为自己的大学职业生涯目标，并学习相关知识，最终在上海市职业生涯规划大赛中获得市级优胜奖。当我向世界宣告我的职业生涯"小目标"之后，我就开始了"行动"的历程。

第二，行动。为了实现你的目标，你应该做什么？职业生涯小船的风帆已经挂起，此时就可以看看自己，看看世界，做一些你觉得对未来有所帮助的"努力"。故此，为了将理论与实践相结合，我在2016年暑假在上海市浦东新区××××镇机关党委挂职组织人事科干事的工作，2017年寒假入职"微创软件"公司担任人力资源管理处实习生，这两个工作的共同点都是负责人力资源教育与培训工作。同时，我也在思考怎样丰富我的教育经历。于是在社会实践方面，作为青年志愿者协会会长，我有过爱心暑托班支教和阳光之家特殊教育的经历。同时，我也是学校义工服务时间最长的学生，共计617小时，是当时全校唯一一位获得志愿服务领域中最高荣誉"上海市红十字五星志愿者"的本科生。

第三，自省。你真的快乐吗，未来你还能做什么？职业生涯的小船已经驶入大海，看岁月繁花似锦，历经人世沉浮百态。这时，我问了自己两个问题：第一，过往的努力是否愉快？也就是肯定路始终在"正道"上。第二，未来你还能做什么？也就是再次的"澄清"与"抉择"。在我大学前三年的学习和实践过程中，累积了相关的教育学基础知识和实践，同时也产生了新的疑惑，所以希望可以有进入研究生学习的机会。于是，"立志为教育事业奋斗终身"的我跨专业报考研究生，夜以继日，奋力拼搏，逆风飞翔，最终不负青春，如愿以偿。

案例1-6中H同学自述的"澄清""行动""自省"，都是围绕他热爱教育事业和希望从事教育行业的职业锚展开的。因此，当面对自己不喜欢的专业时，他能够不断丰富教育综合知识，增强教育相关实践经验。他的职业锚在指引他一步步从不喜欢眼前的专业到挖掘自身的优势，澄清聚焦教育领域的职业兴趣并明确目标，最后决策跨专业报考研究生，参与教育领域相关实践的行动中起到了至关重要的作用。

二、大学生职业生涯规划的意义

在这个不断变化的时代，大学生想在毕业之后获得理想的职业生涯发展，就必须在大学期间做好职业生涯规划，不断地认识自我，充实自我，修正自我。只有对自己未来的职业选择和职业生涯发展有明确的目标和规划，才能充分利用好大学的学习时光，发挥自身优势，开发自身潜能，为毕业后顺利开启职业生涯做好准备。

（一）有利于大学生全面认识自我

职业生涯中的自我测评就是自我认知的过程。学生通过霍兰德《职业偏好量表》（Vocational Preference Inventory，VPI）、《朗途大学生职业规划测评系统》等测评工具，结合自评、他评和心理测试发现并确定自己的职业兴趣与能力特长，使择业意识从"我想干什么"的幻想型转变到"我能干什么"的现实型，对比分析自己的优劣势，根据自身定位选择恰当的职业生涯目标。

（二）有利于大学生明确职业生涯目标

大学生在了解自我之后，就对自己的优势和劣势、想要什么和能做什么有了一个逐步清晰的认识。这是一个艰难复杂的目标明确过程。目标一旦确立，就可以制订相应的短期规划、中期规划和长期规划，并不断地在学习与实践中调整计划，使目标更加清晰，更有动力。

（三）有利于大学生提高职业素养

随着各种竞争机制的日趋完善，以及行业竞争的急剧升温，各行各业对职业素养的要求越来越高。大学生在毕业走上社会岗位前形成的职业素养，很可能会成为决定求职成败的关键性因素，也直接决定着大学生能否胜任甚至出色地完成今后的工作任务。而尽早做好职业生涯规划，明确未来职业可能需要具备的职业素养，并在大学期间有意识地予以培养，对提升大学生职业素养具有重要作用。

（四）有利于大学生选择合适职业

职业生涯在人的一生中占有极为重要的地位，职业生涯成功与否直接影响人生价值能否得以充分实现。大学期间进行职业生涯规划，进行自我分析、环境分析、行业分析和职业定位，可以使大学生合理地确定自己的职业期望值，用长远的战略眼光审时度势，选择适合自己发展的职业，从而避免盲目择业，频繁跳槽。

总之，科学合理的职业生涯规划是每个大学生就业前的必要工作。大学生应尽早认识自我，确立目标，增强动力，发掘潜力，提高核心竞争力，迈好职业道路的第一步。

三、应用型高校大学生职业生涯规划的内容

"志不立，天下无可成之事。"如果人生是一本书，那么职业生涯规划就是这本书的大纲。职业生涯规划是一个人对自己选择什么职业，可以从事什么职业等问题的规划和设想。职业生涯规划的目的不仅是帮助个人按照自己的条件找到一份合适的工作，更重要的是从人生全局谋划自己的成长，清晰自己内心最真实的目标并不断激励自己，确定不同阶段成长的重点并付诸行动。职业生涯规划帮助个人真正了解自己，突破生活局限，创造价值，成就自我。

根据职业生涯规划的定义，可以将应用型高校大学生职业生涯规划的内容概括为职业生涯启蒙、职业生涯认知、职业生涯准备、职业生涯实践四个板块（见图 1−2）。

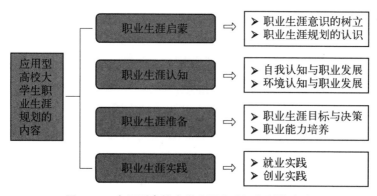

图 1−2　应用型高校大学生职业生涯规划的内容

● 职业生涯启蒙。这部分内容在本书第一章阐述。应用型高校大学生跨入大学校门，就需要树立职业生涯规划意识，全面了解职业生涯规划的重要性和必要性。这是大学四年乃至未来一生做好职业生涯规划的前提和基础。

● 职业生涯认知。这部分内容在本书第二章和第三章阐述，包括自我

认知和环境认知两个方面。有效的职业生涯规划必须建立在对自我的充分探索和认识基础上，通过全面审视自己，做好自我评估，包括自己的兴趣、特长、性格、技能、学习风格、思维方式、价值观等方面。大学四年需要清楚我想做什么，我能做什么，我应该做什么，我的优劣势是什么，进一步明确社会需要什么，我需要什么，将个人的发展融入国家和社会发展中，在为社会作贡献的同时实现个人价值。职业生涯规划还需要充分认识和了解外部环境，了解自己未来可能从事职业的各方面信息，评估环境因素对自己职业生涯发展的影响，分析环境条件的特点和发展变化情况，把握环境因素的优劣势，明确自己竞争的优劣势。作为在校大学生，尤其要了解职业世界，了解本专业、本行业的地位及发展趋势，通过实习等方式尽可能走到真实职业环境中去了解和探索外部世界。

● 职业生涯准备。这部分内容见于本书第四章和第五章，主要涉及职业生涯目标与规划、职业能力培养等内容。根据自身个性特征和职业倾向，确定职业目标；再基于个人的职业目标规划大学生活并采取行动。由于职业能力对个体的职业生涯发展至关重要，第五章讨论了职业能力的培养问题，并构建提出了应用型高校大学生能力年轮模型，以帮助更多大学生在大学期间做好职业生涯准备。

● 职业生涯实践。这部分内容见于本书第六章和第七章。基于新形势下学生就业的实际情况，这两章从就业实践、创业实践等多元就业选择方面介绍职业生涯实践内容，力求在学生准备就业、创业选择或实践期，通过应用型高校大学生求职案例的介绍、大学生就业政策的解读、大学生创业实战的展示等，更好地指导应用型高校大学生的职业生涯实践。

思考与讨论题

1. 进入大学以来，你曾面临过哪些困惑或问题？你是如何解决的？

2. 请列出三个你上大学的目的。

3. 以小组为单位，进行一次"我的专业"分享活动，内容包括专业所学课程、基本能力要求、就业去向和就业前景、自我发展规划等要素。

第二章　发现独特的自己：自我认知与职业生涯发展

学习目标：

1. 掌握兴趣、职业兴趣、性格、职业性格、价值观、职业价值观、能力、职业能力的含义。

2. 理解职业兴趣、职业性格、职业价值观、职业能力与职业定位、职业生涯发展、职业满意度、职业成就等的相互作用关系。

3. 能运用探索职业兴趣、职业性格、职业价值观、职业能力的方法，全方位了解自己。

【案例 2-1】

我的职业选择有问题吗？

L 同学是某应用型高校电气自动化专业的一名大二学生，一学年过去后，他收到了一张学业警示单，瞬间变得紧张和茫然。

回顾大一这一年，他从不迟到早退，也能及时完成老师布置的各项作业。大一第一学期期末课程考试不及格时，他还能主动利用寒假进行查漏补缺，但是学习效果依然没有改善。在拿到学业警示单时，L 同学想要退学，但父母都坚决反对，双方一度僵持不下。经辅导员老师详细了解情况后得知：L 同学的父亲是电气工程师，母亲是音乐教师。L 同学活泼好动，自幼就很喜欢音乐，喜欢参加集体活动，尤其是文艺演出类活动，也曾想参加音乐类选秀活动。高考填报志愿时，L 同学想选择音乐专业。而作为音乐教师，母亲认为 L 同学在音乐学习上没有天分；作为家长，她希望孩子学些更"实用"的本领，可以像爸爸一样在专业上小有成就。于是，在家人的坚持下，L同学选择了电气自动化专业。进入大学后，L同学每天坚持上课考勤，但是"身在曹营心在汉"，学习效果几乎为零。但是凡班级或学校有关的文艺演出，总能看到L同学的身影。父母在得知L同学在校学习情况后，决定让他退学，重新回家进行音乐专业学习……

案例2-1中L同学的选择和困惑、曲折和迷茫是否也曾经发生在你的身上？在专业选择（未来职业选择）时，兴趣至上还是能力至上？从事的工作（学习的专业）与自己的性格相去甚远，该如何抉择？所学专业（将来可能从事的工作）与我的职业理想怎么匹配？我是什么样的？我该如何选择自己将来要从事的职业？带着这些疑问，我们来开展一次对自我的探索吧！

第一节　兴趣与职业生涯发展

本节探讨兴趣的概念、职业兴趣的理论、职业兴趣与职业生涯发展的关系，以及应用型高校大学生职业兴趣的特点和探索方法。

一、兴趣与职业兴趣

（一）兴趣的定义

关于兴趣的本质和定义，古今中外的哲学家、教育学家和心理学家各有不同的见解。我国早在南宋时期就有对兴趣的研究和描述。南宋文学批评家严羽在关于诗歌美学的概念中指出，"兴"指感兴、兴发、兴味、兴致，"趣"指情趣。[①] 德国哲学家、心理学家、教育家赫尔巴特（Johann Friedrich Herbart）认为，兴趣是引起个体对事物正确的、广泛的、全面的认识的动力，较为普遍的共识是将兴趣作为一种心理状态，认为兴趣是

---

① 严羽. 沧浪诗话校笺 [M]. 北京：人民文学出版社，1961：15.

个体的个人兴趣与有趣的环境特征相互作用而产生的心理状态。

综合国内外学者对于兴趣的认识可以得出，兴趣大体可以体现在认知和情绪两个方面。从认知特征来看，兴趣表现为人对认识某种事物或从事某种活动的选择倾向和主动探索的态度；从情绪特征看，兴趣伴随着愉悦的情绪体验，是一种积极的情绪反应。本书认为，兴趣是个体积极认识事物或从事活动的态度和行为倾向。

（二）关于职业兴趣的研究

职业兴趣是塑造个体职业偏好和决策最重要的个体变量。[①] 个体在进行职业选择时，会考虑尽量与个体兴趣保持一致。因此，了解学生的职业选择可以从了解学生的职业兴趣开始入手。

1. 职业兴趣测评量表的萌芽与改进

关于职业兴趣的研究，可以追溯到 20 世纪初的美国。第一次世界大战期间及之后，为了筛选和安置士兵就业，美国的心理学家在前人开发出智力测评量表的基础上，尝试编制职业兴趣测评量表，并应用于就业指导服务。美国最早的职业兴趣测评量表是由瑟斯顿（L. L. Thurstone）根据有关经济、宗教、权力、社会、理论和审美六种价值观类型，再加上自己的因素分析结果，于 1914 年编制成的《瑟斯顿职业兴趣调查表》（Thurstone Vocational Interest Scale）[②]。此后，瑟斯顿又不断改进职业兴趣测评量表，他在 1947 年出版的《兴趣测评一览表》中发布了新的测评量表，通过自我计分、项目对比法来对被试职业兴趣进行测评。在这版职业兴趣测评量表中，数据因素占据主导作用。

1920 年发布的《卡内基兴趣量表》（The Carnegie Interest Inventory）是由霍尔（S. Hall）和迈纳（J. Miner）开发的美国第一个标准化兴趣测评量表，这标志着系统研究兴趣测评的开始。该量表涉及学习、娱乐等方面，对后来许多学者的职业兴趣测评研究产生了很大的影响。[③]

1927 年，美国心理学家斯特朗（E. K. Strong）编制完成了第一个正

---

① Lent, R. W., Brown, S. D., & Hackett, G. Toward a unifying social cognitive theory of career and academic interests, choice, and performance [J]. Journal of Vocational Behavior, 1994 (45)：79 - 122.

② 彭凯平. 心理测验——原理与实践 [M]. 北京：华夏出版社，1989：86.

③ Harrington, T., & Long, J. The history of interest inventories and career assessments in career counseling [J]. The Career Development Quarterly, 2013 (61)：83 - 92.

式的职业兴趣测评量表——《斯特朗职业兴趣量表》（Strong Vocational Interest Blank，SVIB），这是他在借鉴前人各种心理测评基础上开发的职业兴趣测评量表。1933 年，他又出版了女性版的《斯特朗职业兴趣量表》（SVIB-W）。在美国职业兴趣测评发展史上，《斯特朗职业兴趣量表》对职业兴趣测评量表的编制和应用产生了重大的影响。坎贝尔（D. P. Campbell）致力于《斯特朗职业兴趣量表》的修订和完善，并形成《斯特朗-坎贝尔职业兴趣量表》（Strong - Campbell Interest Inventory，SCII）。

《库德职业兴趣量表》（Kuder Occupational Interest Survey，KOIS）是美国学者库德（G. F. Kuder）于 1966 年编制的职业兴趣测评量表。他认为，一个人可能更类似于从事某一具体工作的另一个人，而不是一个具有少量差异的职业群体。如果能将一个人的兴趣与另一个人的兴趣进行匹配，就可以获得关于个体更精确和更有意义的信息。

2. 职业兴趣测评量表的繁荣与发展

20 世纪 50 年代以后，随着教育学、心理学等专业的迅速发展，社会公众对职业兴趣测评的需求增加，同时也接受了职业兴趣测评分析。美国许多高校开始在职业兴趣测评内容上进行投入，并且鼓励学生使用。许多咨询公司也将职业兴趣测评量表作为一种有价值的投资产品。美国的职业兴趣测评工具的编制与开发进入商业化的繁荣发展时期。[①]

在这一时期有霍兰德（J. L. Holland）编制的《职业偏好量表》（Vocational Preference Inventory，VPI）（1953）及其之后发展的《自我导向搜寻量表》（Self-Directed Search，SDS，1970，1985，1994）、里和索普(Lee & Thorpe) 开发的《职业兴趣量表》（Occupational Interest Inventory）。戈登（L. Gordon）根据罗伊（Anne Roe）1956 年的职业分类编制了评估非大学生的《戈登职业检核表》（Gordon Occupational Check List，GOCL，1961），明尼苏达大学心理学家克拉克（K. E. Clark）开发了《明尼苏达职业兴趣测评量表》（Minnesota Vocational Interest Inventory，MVII，1961），齐默尔曼（W. Zimmerman）和吉尔福德（J. Guilford）开发并发表了《吉尔福德-齐默尔曼兴趣测评量表》（The Guilford - Zimmerman Interest Inventory，

① 宋剑祥. 美国职业兴趣测评工具的编制进展 [J]. 广州职业教育论坛，2014（10）：43 - 46.

1963）等。在职业兴趣研究中最具影响力和代表性的是霍兰德职业兴趣类型理论。基于这一理论开发的测评量表也是当前在我国运用最多的职业兴趣测评量表。[①]

3. 霍兰德职业兴趣类型理论

霍兰德认为，人的人格类型、兴趣与职业密切相关，兴趣是人们活动的巨大动力。人格是由兴趣、价值观、需要、技能、信仰、态度和学习风格组成的，但对于职业选择而言，兴趣是人职匹配过程中最重要的人格特质。个体的职业选择受到动机、知识、爱好等因素的支配，最重要的是受到个体兴趣的影响。选择的职业类型与个人兴趣越接近，职业与个人越匹配；反之则冲突越大。

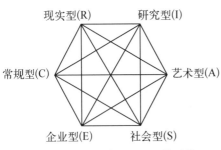

图 2-1　霍兰德的六边形模型[②]

依据职业兴趣类型理论，霍兰德 1953 年编制了《职业偏好量表》，该量表由 160 个职业条目构成。他把职业兴趣分成六个方面，职业也相应地分成与之对应的六个领域，根据受测者对 160 个职业条目的得分高低在职业分类表中查找职业。最终的职业兴趣既可以是大的职业兴趣领域，也可以是具体的职业。基于《职业偏好量表》，霍兰德之后编制出《自我导向搜寻量表》。他认为，大多数人可以划分为六种职业兴趣类型：现实型（R：realistic）、研究型（I：investigative）、艺术型（A：artistic）、社会型（S：social）、企业型（E：enterprising）和常规型（C：conventional）。

现实型：这类人通常情绪稳定，具有较强的忍耐力，偏好与实物打交道，喜欢摆弄和操作工具，对于操作机械、修理仪器、从事体力活动等表现出浓厚的兴趣；不喜欢、不擅长社交活动，厌恶从事教育性、服务性和劝诱说服性的职业。

研究型：这类人擅长观察、分析、推理，喜欢用符号、概念等从事抽

---

① 宋剑祥. 美国职业兴趣测评工具的编制进展［J］. 广州职业教育论坛，2014（10）：46.
② Holland, J. L. Vocational Preference Inventory［M］. Lutz, FL：Psychological Assessment Resources, Inc. VPI Introductory Kit，1985：6.

象思考类的活动，一般思考理性，逻辑性强，个性独立，喜欢从事程序设计、物理逻辑等需要动脑的研究工作，他们不喜欢组织、领导方面的活动，厌恶机械重复的活动。

艺术型：这类人擅长借助文字、声音、色彩、动作等形式表达内心的想法，个性独立，富有热情，具有较强的想象力和创造力，喜欢自由自在不受约束，喜欢从事音乐、文学、喜剧、美术、舞蹈等充满艺术气息的工作，他们不喜欢明确、秩序化和系统化的活动。

社会型：这类人给人温和、友善的感觉，喜欢从事与人接触的工作，能敏锐地捕捉到别人的感受，喜欢团体活动，乐于合作和分享，他们往往喜欢从事对他人进行传授、培训、教导、治疗和咨询等方面的社会服务活动，而不喜欢从事与材料、工具、机械等实物打交道的活动。

企业型：这类人具有较强的社交能力，喜爱冒险、竞争，通常精力充沛，积极热情，富有活力，在工作中对领导角色和冒险活动感兴趣，希望拥有权力，乐于成为团队中的领导者，做事有组织、有计划，喜欢从事领导他人实现组织目标或获取经济效益的活动，不喜欢从事科学研究等类型的活动。

常规型：这类人注重细节，有责任感，做事有条理，按部就班；偏好对数据资料进行明确、有序和系统化的整理工作，他们喜欢安定、秩序井然，做事仔细、有效率，喜欢在别人的领导下工作，乐于配合和服从；不喜欢改变、创新，厌恶从事模糊、不正规、非程序化的或探究性的活动。

按照霍兰德职业兴趣的分类，大部分人可以被归于六种人格或职业兴趣类型（RIASEC）中的一种。现实社会中存在六种不同的环境类型，人们倾向寻找和选择那种有利于他们能力发挥，能充分表达他们态度，实现他们价值，并使自己能够扮演满意角色的环境。

【案例 2 - 2】

找准位，才会有作为①

当踏入大学校门的那一刻起，我就将校长的那句"找准位，才会有

————————————
① 本案例为某应用型高校毕业生 M 同学的分享内容。

作为"奉为座右铭,因为我同样坚信只有提早规划,提前定位,才不会迷失方向,才会朝着目标坚定前行。

　　大一那年,在辅导员的指导下,我对自己的职业气质、职业兴趣、人格类型与职业环境的匹配等进行了全面测试,通过《职业兴趣自测问卷》并对照《人格类型与职业环境的匹配》得出自己具有现实型、常规型和研究型的人格或职业兴趣类型(即 RCI),具有顺从、坦率、稳健、分析、谦逊等特征,适合科研、操作、调试等职业,对于我这样一名就读于应用型高校的大学生而言,这是非常契合的。在此基础上,我明确了自己的职业方向,并制订了一份详细的职业生涯规划。大学四年,我努力实施职业生涯规划,在职业生涯目标的指引下积极做好知识、技能、思想、心理等诸多方面的储备,大学四年是我收获最大的四年,各种学习和实践让我的各方面能力都得到充分锻炼,也让我变得豁达与坚强。通过参加"挑战杯""赛伯乐杯"等各类科创比赛,不但为自己获得了各类荣誉,而且使自己的动手能力得到了很大提升。学生会的工作锻炼了我的组织、协调、沟通等各方面的能力,让我深刻感受到团队协作的力量,以及大家共同努力奋斗的拼搏精神。

　　参加"进博会志愿者""蓝天下的挚爱"等各类志愿者活动,不但让我有了提前了解社会、认识社会和接触社会的机会,还有助于更新自己的观念,吸收新的思想与知识,提高自身素质;暑期实习的经历,让我全面了解岗位的工作环境与内容,并熟悉整个工艺流程,更加明确自己的职业方向。这些经验都成为我人生中的一笔笔宝贵财富,并为我大学毕业时选择适合的工作打下坚实的基础。

　　在就业季,当班内大多数同学在为各类就业推荐和宣讲会忙得两校区来回奔波时,我依然可以在教室内继续上课和学习,直到和自己职业定位相符合的单位前来招聘时,我才投出了自己的简历,并为面试做好充足的准备。正是通过大学四年知识的积累和合理的职业定位,让我在面试场上充满自信,游刃有余。毕业那年,我同时拿到了上海大众汽车、上海三菱电梯以及上海 ABB 工程有限公司的 offer(录用通知),通过综合考虑,我最终选择了上海 ABB 工程有限公司。

案例 2-2 中的 M 同学进入大学之后就有着很强的职业生涯规划意识。通过各种测试对自己的职业理想、职业气质、职业兴趣、职业能力等有了一定的了解，这些对他规划大学期间的学习和实践发挥了重要的作用。他将自己的职业定位与学校的人才培养定位紧密结合，充分利用学校提供的机会和资源，有意识且有针对性地安排大学期间的各种学习和实践，从中锻炼各方面的能力。他将职业生涯目标锁定为进入外商投资企业，从事技术岗位的工作，在他有计划的努力下，最终成功被上海ABB工程有限公司录用，实现了他最初的职业理想，这也是他职业生涯规划成功的写照。

二、职业兴趣与职业生涯发展

（一）职业兴趣是职业选择的重要依据

兴趣是个体积极认识事物或从事活动的态度和行为倾向，在个体职业选择的过程中，兴趣已然成为重要的考虑因素。职业兴趣是指人们对某项职业活动具有的比较稳定而持久的心理倾向。在面对职业选择时，职业兴趣一旦产生，就会成为择业的定向因素之一。我国的一项民俗活动抓周，可能是最早的较为朴素的对兴趣和职业的预测，抓周是一种小孩周岁时的预卜婴儿前途的习俗。新生儿周岁时，将各种物品摆放于小孩面前，任其抓取，传统上常用物品有笔、墨、纸、砚、算盘、钱币、书籍等。在现代，也有些家庭会放鼠标、牙刷等现代物品，或者以图像卡片代替实物让婴儿抓取，新生儿对物品的选择，寓意其将来职业的导向。兴趣是职业生涯选择的重要依据，我们常说的"爱一行，干一行"，也从某种层面上揭示了兴趣与职业选择的关系。正如在日常生活中，我们更倾向参加自己感兴趣的活动或事务，在工作中亦是如此，我们更愿意寻找自己感兴趣的职业。

（二）职业兴趣是提高工作效能的重要因素

从事自己感兴趣的职业，可以使人更快熟悉并适应职业环境和职业角色，发挥个体的主动性和创造性，开发个体的潜力。当个人的职业兴趣与职业环境一致时，更容易带来更多的职业投入与更高的职业成就，充分发挥个体的才能，还可以长时间保持高效而不感到疲劳，有利于个体的身心健康。有研究表明：如果一个人从事自己感兴趣的职业，能发挥其全部才能的80%—90%，而且长时间保持高效而不感到疲劳；反之，如果从事自己不感兴趣的职业，其才能发挥仅为20%—30%。①

（三）职业兴趣有利于提升工作满意度和职业成就感

无数在职业、专业发展上颇有建树的人都有其不同的职业成就路径，但无一例外，都是对自身的职业有着浓厚的兴趣。爱迪生就是一个很好的例证，他几乎每天都在实验室里辛苦工作，却从不知疲惫。他曾宣称"我一生中从未间断过一天工作"，而且"我每天其乐无穷"。正是因为他对从事的职业具有浓厚的兴趣，才愿意投入精力和智慧，工作中才能取得过人成就。

如果一个人从事的工作不符合其职业兴趣，他就很难全身心投入工作；虽然出于责任感他能完成此项工作，但是他很难在其中感受到工作的乐趣，难以体会职业成就感，很难深入而长久地坚持下去。

三、应用型高校大学生职业兴趣的特点和探索方法

（一）应用型高校大学生职业兴趣的特点

应用型高校是以培养应用技术人才为主的高等学校，在人才培养定位、专业设置、教育教学、学生培养等各方面体现应用为本的特点。应用型高校大学生与其他类型高校大学生的职业兴趣相比，有一定的共性，但也有其独特的个性特征。笔者连续多年对大一新生开展职业兴趣测评后发现，学生的职业兴趣较为广泛和相似，但与研究型高校大学生相比，应用型高校大学生更偏向现实型和常规型，更偏爱从事动手实践工作。在对毕业生就业质量的跟踪调研时发现，学生从事的工作岗位和兴趣匹配度较高，工作满意度较高。

（二）应用型高校大学生职业兴趣的探索方法

探索职业兴趣的办法很多，如通过不同类型的职业兴趣测评表，但是当前高校主要采用以下三种方法来探索大学生职业兴趣。

1. 霍兰德职业兴趣测验——《自我导向搜寻量表》

霍兰德职业兴趣测验——《自我导向搜寻量表》是当前职业兴趣测评

---

① 胡楠，郭冬娥. 大学生职业规划与就业指导教程［M］. 北京：人民邮电出版社，2017：29.

领域内运用最广泛的量表之一。该量表分为两部分：第一部分是列出自己理想中想从事的职业；第二部分是测试，共 228 个项目，分为测评活动、能力、职业偏好及自我能力评定四个方面，每个模块的测题都按照 R-I-A-S-E-C（即六类职业兴趣）的顺序排列。① 活动和能力部分的题项以短句形式呈现（如修理汽车），被试可以进行"喜欢""不喜欢"或"是""否"的选择；职业偏好部分则罗列出各种职业种类（如作家），被试进行"是""否"选择；自我能力评定部分让被试与同龄人比较自己的能力等级，最高为 7 分，最低为 1 分。计分方法是将所有的肯定答案根据类型计算总分，按照由大到小的顺序取三个得分最高的类型作为最终的测评结果。按照分数从高到低排列，得出一个（或两个）三位组合答案，再对照《测评结果与职业匹配对照表》得出兴趣类型所匹配的职业。②

《自我导向搜寻量表》具有较高的信度和效度，但因题量较大需要提醒学生排除干扰，集中安排半小时进行测试，才能取得可靠的结果。如果学生测试中干扰因素较多，会对测试效果产生影响。

2. 职业组合卡

职业组合卡是针对每个职业提供的刺激做偏好与否的反应，施测者根据当事人（如下文的来访者）的反应归类，经由交互讨论，可以帮助当事人了解自己的职业兴趣，以及选择这些职业的理由。③ 职业组合卡一般运用于职业咨询过程。职业兴趣卡若干，分为一般卡（正面写明职业名称及编码，卡片背面有针对该职业的职业描述、所属专业、霍兰德代码，甚至有的职业卡片有专门针对该职业所需技能的描述）和空白卡（用于写咨询师没有准备但是来访者想到了的职业）。

首先让来访者将准备好的职业卡片分类：来访者可以将职业卡片分别放置到"喜欢""不喜欢"和"不知道"三种类别中（在这个过程中可以随时调整）。其次让来访者对放置在"喜欢"类别的职业卡片进行排序。最后，计算"喜欢"的职业里出现的霍兰德代码：先统计这些"喜欢"的职业里总共出现了哪几个代码，将出现的代码列出来；再分别计算这些代

① 龙立荣. 职业兴趣测验 SDS 的发展现状及趋势［J］. 教育研究与实验，1991：2.
② 罗峥，薛海平，李姝颖，等. 职业兴趣测验在高中生学业生涯规划指导中的应用［J］. 教育科学研究，2019（9）：67.
③ 金树人. 生涯咨询与辅导［M］. 北京：高等教育出版社，2007：261.

码出现在首位（首码）的次数，出现在次位（次码）的次数，出现在三码的次数；计算综合码，即首码出现次数＊3＋次码出现次数＊2＋三码出现次数＊1＝该码综合得分。根据该码得分排序，得出霍兰德综合码，对照《测验结果与职业匹配对照表》得出所匹配的职业。

3. 兴趣岛探索

这是一种较为简单、适用广泛的职业兴趣探索方法，是一种以游戏的形式开启职业探索的方法，适用于团体游戏或团体辅导中。

导入：假如你获得一次免费度假的机会，有机会去下述六个岛屿旅行，要求至少在一个岛待半年时间，不考虑其他因素，仅凭自己的兴趣依次选择自己心仪的三个岛屿，你的选择是？

1号岛屿（R岛）：自然原始岛屿。岛上自然生态良好，随处可见野生动植物。居民以手工见长，自己种植花果蔬菜，修缮房屋，打造器物，制作工具，喜欢户外运动。

2号岛屿（I岛）：深思冥想岛屿。岛上有多处天文馆、科技博览馆和图书馆。居民喜好观察和学习，崇尚追求真知，常有机会与来自各地的哲学家、科学家、心理学家等交换心得。

3号岛屿（A岛）：美丽浪漫岛屿。岛上遍地可见美术馆、音乐厅、街头雕塑和街边艺人。居民保留了传统的舞蹈、音乐和绘画，许多文艺界的朋友都喜欢来这里寻找灵感。

4号岛屿（S岛）：友善亲切岛屿。岛上居民个性温和、友善、乐于助人，社区是一个密切互动的服务网络，人们重视互助合作，重视教育，关怀他人，充满人文气息。

5号岛屿（E岛）：显赫富庶岛屿。岛上居民善于企业经营和贸易，能言善道。经济高度发展，处处是高级饭店、俱乐部、高尔夫球场。来往者多是企业家、经理人、政治家、律师等。

6号岛屿（C岛）：现代井然岛屿。岛上建筑十分现代化，是进步的都市形态，岛上户政管理、地政管理、金融管理完善。岛上居民个性冷静保守，处事有条不紊，善于组织规划，细心高效。

根据选择的三个岛屿，初步判断其职业兴趣代码，按照索引得出所匹配的职业。这只是职业兴趣类型的初步判断，如需进一步探讨，需通过职业兴趣卡片或霍兰德职业兴趣测验——《自我导向搜寻量表》进一步澄清。

【案例2-3】

兴趣带我找到新方向，并带领我走向成功[①]

高考失利之后，我选择就读了一所口碑较好的应用型高校，学习应用西班牙语专业。报到之后，我才知道该专业和我想象的差距很大，该专业不是学校的招牌专业，说严重些，甚至是学校最不被看好的专业。虽说兴趣还算浓厚，但没有好的适当的语言学习环境，学精一门语言是难之又难的。

幸好，在大学这个多彩的环境里，我找到除了学习专业课之外的一大兴趣：摄影。平日除了学习，我几乎把所有课余时间都用在了摄影上。大学的图书馆是自学者的天堂，我经常去图书馆借阅有关摄影方面的书籍。因为是兴趣所至，所以我学起来十分带劲，看书成了一种享受。同时，上海这个集聚着各行各业顶尖人才的大城市给了我很多机会。通过互联网，我加入了一个摄影达人群，找到志同道合的伙伴，并经常参加群主组织的各类拍摄活动，认识了很多优秀的摄影爱好者，在他们的热心帮助下，我的摄影水平得到很大提升。

临近毕业，家里人给我介绍了一份在电视台的实习工作，让我接触到很多摄影和摄像达人。他们看了我拍摄的照片后纷纷拍手叫好，说很符合时下年轻人的写真口味。从此，成立一个摄影工作室的想法深深地在我的心里扎了根。我把自己的想法跟在大学里因摄影而结识的那些有着共同爱好、共同理想的小伙伴一说，得到大家的赞同。

成立工作室，要考虑的问题有太多，工作室客户定位是什么，店面选在哪里，工作如何分配，财务问题，售后状况……况且，拍照也并不仅仅是拍好把照片交给客户就可以了，拍好之后要修图。很多次，我加班修图到凌晨，甚至几个通宵不睡觉也很正常。我有时在想，

---

① 本案例为某应用型高校大学生的就业经历分享。

我这样无节制地消耗自己的青春和体力值吗？可是我后来在静思的时候猛然觉醒，我做的是一件令自己开心的事情，累一点难道不值得吗？

　　于是，在朋友和家人的支持下，我的工作室在济南老家顺利开业，工作室客户群体面向"80后"和"90后"群体，主要接拍个性青春写真、时尚婚纱摄影和私人定制高端摄影。

　　现在回想起来，有一个自己真正感兴趣的事业是一件多么令人开心的事情：它会督促我们不断努力。"兴趣是最好的老师"这句话说得很对。在未来的日子里，我们不会放弃，会继续朝着自己的梦想努力。我们会有更好的工作室，它坐落于城中心的繁华地段；我们会有自己的摄影棚，它应该有200平方米那么大；我们会有自己稳固的客户群体，他们对我们的作品很满意；我们会有专门的修图师，他们帮摄影师分担工作量；我们会有客服，他们会解决客户提出的各种问题；我们会得到大家的认可，我们也会成为年轻人的小榜样，我们也会成为学校自主创业的先进学生……

　　案例2-3中的主人公是某应用型高校2010届毕业生，她在经历了高考失利、专业选择失误的情况下，没有轻言放弃，仍努力追寻心中的梦想，找到自己感兴趣的摄影活动。在兴趣的指引下，她重新调整了学习目标和方向，通过自主创业开办摄影工作室，最终取得成功。

第二节　性格与职业生涯发展

本节介绍性格与职业性格的定义，职业性格与职业生涯发展的关系，以及应用型高校大学生职业性格的特点和探索方法。

一、性格与职业性格

（一）性格

性格源于拉丁语"charakter"一词，意为铭刻、标记、特性，即用以表示人和事物的特征。① 通常有两种含义：一是认为性格即人格，因人格拉丁语一词源于"面具"，暗含外表、可见行为和表面特征之意；二是认为性格是人格的一部分，即性格是人格最主要的特征和核心部分，表现在体的态度和行为方式中独特而稳定的心理特征的总和，也就是个体对现实稳定的态度和习惯化了的行为方式，包含独特的态度、意志和情绪特征。

（二）职业性格

关于职业性格，学界并无统一的定义。根据性格的定义，本书将职业性格定义为个体在特定的职业生活中形成的与职业相联系的、稳定的心理特征，也就是个体在职业生活中稳定的态度和习惯化了的行为方式。

二、职业性格与职业生涯发展

了解自己的职业性格，可以确定适合自己的岗位特质和工作特质，从而拓宽自己的就业思路和择业范围。

（一）职业性格与职业选择

在职业选择时，个体会倾向选择适合自己性格特征的行业和工作环境，从事与自己性格匹配的工作。外向型性格的人倾向从事与人打交道的工作，如从事销售、社工等工作。性格内向和做事有计划、条理清晰的人更倾向从事条目清楚、指令明确的工作，如电脑程序员、装配工等。此外，越来越多的企业在招聘时也引入了职业性格测试，用于鉴别准员工的性格特征是否适合单位的工作环境和岗位需求。

（二）性格形成职业风格

性格是一个人个性心理特征中最核心的部分，表现出其独特的态度和行为表现。正如我国古代民间有"龙生九子，不成龙，各有所好"的传说，每个人由于性格的不同也表现出独特的风格。性格是个体独特的"标签"，性格类型相近的人群更倾向从事类型相似的工作，在工作中形成较为接近的待人接物的态度和行为方式，从而形成不同职业群体的职业风格，如提到医生的形象，我们脑海里迸发出的就是穿着一袭白大褂，沉着冷静的形象。

---

① 车文博. 心理咨询大百科全书［M］. 杭州：浙江科学技术出版社，2001：93.

（三）职业塑造性格

性格的形成受遗传因素的作用，更离不开环境对个体性格的塑造和影响。职业性格的形成更多地受外部环境，尤其是工作环境的影响。在工作中，人们通常按照职业角色和社会期望来约束或培养自己的行为，进而形成某些有鲜明职业特征的性格特征。[①] 长期从事某种特定职业活动会使从业人员按照职业的要求，不断巩固或调整原有的性格特征，如从事技术研究的科研人员，生活中可能不拘小节，大大咧咧，但在工作中可以做到一丝不苟、精益求精。他们在工作中养成的严谨的工作态度和习惯也可能影响到日常生活中的行为方式。

三、应用型高校大学生职业性格的特点和探索方法

（一）应用型高校大学生职业性格的特点

笔者所在学校连续多年对大一新生开展职业性格测试后发现，学生在性格类型上较为相似，应用型高校大学生思维活跃，兴趣广泛，自我意识强烈，但缺乏理性思考，他们对明确的人物、结果、时间、地点等具体信息感兴趣，关注的问题和话题大都与事实相关。这一方面是受学生所在学校和专业选择的影响，选择应用型高校的大学生在其个性、性格特征上具有一定的共性；另一方面是受学校培养方式、校园文化和职业生涯规划引导的影响，应用型高校更注重培养学生忠于自己的责任和义务，形成细致、有条理、平实、谨慎的工作风格。

（二）应用型高校大学生职业性格的探索方法

1. 卡特尔 16 种人格因素问卷

有关人格的自测量表很多，而最著名的是美国心理学家卡特尔（Raymond Bernard Cattell）编制的 16 种人格因素问卷。卡特尔 16 种人格因素问卷从乐群性（A）、聪慧性（B）、稳定性（C）、恃强性（E）、兴奋性（F）、有恒性（G）、敢为性（H）、敏感性（I）、怀疑性（L）、幻想性（M）、世故性（N）、忧虑性（O）、实验性（Q_1）、独立性（Q_2）、自律性（Q_3）、紧张性（Q_4）16 个相对独立的人格维度对人进行评价，能够较全

---

① 张硕秋. 大学生职业生涯发展与指导 [M]. 北京：清华大学出版社，2020：1.

面地反映人的人格特点。该问卷由 187 道题组成，在职业生涯指导及人员选拔领域被广泛运用。

该问卷先按照每种人格因素对应题目及其计分规则，将每项因素包括的题目得分进行统计，计算出该项人格因素的原始得分，然后再在统计出各项人格因素的原始分之后，可以对应相应的表格将原始分换算成标准分。每项因素得分在 8 分以上者为高分，3 分以下者为低分。测试者在各项因素上得分不同，其适宜的职业也不同。

2. DISC 性格测试

20 世纪 20 年代，美国心理学家马斯顿（William Moulton Marston）创建了"常人之情绪"（emotions of normal people）这一理论来解释人的情绪反应。他在《常人之情绪：DISC 理论原型》一书中提出了 DISC 性格测试及其理论说明。他采用四个人格特质因子，即支配（dominance）、影响（influence）、稳健（steady），以及服从（compliance）。而 DISC，正是这四个英文单词的首字母。

在 DISC 性格测试中，被试在每一道题目后面的四个选项中选择一个最符合自己的选项，并在英文字母后面做记号。一共 40 题，不能遗漏，10 分钟内完成。最后将所有选择做一个统计，并记在括号内，根据四种类型统计结果，如果哪一种类型的数量最多，被试就属于那种类型。

3. MBTI 人格测验

MBTI 是当今全球最权威、最著名、应用最广泛的职业生涯规划和人格测验理论。它主要通过识别人与人之间的人格特质，以确定适合被试的岗位特质和工作特质，从而为其提供合理的工作及人际决策建议。[①]

MBTI 为 Myers-Briggs Type Indicator 首字母的简称，中译名为"迈尔斯-布里格斯类型指标"，由瑞典心理学家布里格斯（K. C. Briggs）及其女儿迈尔斯（I. B. Myers）编制，其理论基础是在荣格（C. G. Jung）人格理论划分基础上构建的人格理论四维八极模型。该模型根据能量获取、信息获取、决策方式、生活方式四个维度的差异，构建了八个类别（见表 2-1）。

---

① 刘润华. MBTI 理论应用于大学生职业生涯规划中的问题及建议 [J]. 科技与企业，2014：8.

表 2－1　MBTI 的四个维度

内向 I	从反思自己的想法和感受获取能量，能量来自内心的思考和推理	能量获取	能量来自与外界的相互作用，从与别人的互动中获取能量	外向 E
感知 S	关注事实存在，喜欢专注获得的信息及其应用	信息获取	关注事物背后的意义，喜欢关注模式及其联系和含义	直觉 N
思考 T	根据逻辑和因果关系作决定，关注事情的客观公平	决策方式	根据价值观作决定，关注个人感受和价值观	体验 F
判断 J	有计划、有条理地生活，条理清楚，计划明确	生活方式	灵活和即兴地生活，缺乏条理，保持弹性	知觉 P

内向 I—外向 E。外向型的人关注自己对外部环境的影响，其能量和注意力集中在外部世界和人际交往上，乐于沟通，乐群，容易"以物喜，以物悲"。内向型的人将能量和注意力集中在自我的内心感受上，有较强的专注力，并具备良好的情绪控制能力。

感知 S—直觉 N。感知型和直觉型的人在获取信息的渠道和表达问题的方式上差异很大。感知型的人思维连贯，注重细节，以客观事实为依据，谈话目标清楚，方式直接。直觉型的人思维跳跃，注重事物的整体和发展趋势，善于学习新事物和创新。

思考 T—体验 F。体验型的人关注人们的内心感受，倾向以情感、价值观作为决策准则，更加关注个人感受，为人处世尽量避免争论和矛盾，倾向主观想法与道德评判。思考型的人关注事物之间的逻辑关系，关注事情的客观公平，行为冷静，公事公办，倾向遵照客观逻辑推理，依据客观、理智和公正的分析来作决策。

判断 J—知觉 P。判断型的人条理清楚，计划明确，喜欢确立目标，然后去努力实现，遵守制度、规则与组织，倾向有条理和规律的生活方式。知觉型的人随意、自然、开放、灵活，倾向无拘无束的生活，不善于制订长远计划，比较灵活，能随信息变化不断调整目标。

测验分为四部分，共 93 题，所有题目没有对错之分；被试可根据自己的实际情况选择，并将选择的 A 或 B 所在的○涂黑，把 8 项（I、E、S、N、T、F、J、P）的选择次数分别加起来，复查无误后将总和填在每项最下方的方格内。

比较四个组别的得分。每个组别中，获得较高分数的那个类型，就是你的人格类型倾向。如：你的得分是 I（内向）9 分，E（外向）12 分，那人格类型中的内外向倾向便是 E（外向）。如果在一个组别中，两个类型获同分，假如 E＝I，则记 I；假如 S＝N，则记 N；假如 T＝F，则记 F；假如 J＝P，则记 P。

第三节　价值观与职业生涯发展

本节介绍价值观与职业价值观的定义、职业价值观与职业生涯发展，以及应用型高校大学生职业价值观的特点和探索方法。

一、价值观与职业价值观

（一）价值观

从哲学的角度来看，价值观源于"价值"一词。客观存在的事物因为有了人的存在，才会拥有对人而言的意义，即价值。价值涉及两个方面，一方面是主体的需要，另一方面是客体的某种结构、属性，两者缺一不可。客体及其属性是价值的载体，如果没有这种载体，也就失去了价值的意义。如果这种载体不与人发生功能联系，只是纯粹的自然之物，也就不存在价值。价值必须与人的需求相关。

价值观就是人对客观事物（包括人、物、事）的属性或自身行为结果的意义、作用、效果和重要性的总体评价。从心理学的角度来看，价值观是个性心理结构的核心因素之一，是人们用来区分好坏标准并指导行为的心理倾向系统。它指向我们一生中最重要的东西，因此它也是一套自我激励机制。[①] 价值观为人们自认为正当的行为提供充分的理由，是浸透于个性之中支配着人的行为、态度、观点、信念和理想的一种内心尺度。

从马克思主义历史唯物论和唯物辩证法的观点来看，人的价值观是在社会实践中逐步形成的，价值观往往与人的需要、兴趣等密切相关。价值

---

① 苏文平. 大学生职业生涯规划与就业创业指导［M］. 北京：中国人民大学出版社，2018：64.

观的内涵主要表现为两个方面：一是评价标准和价值尺度；二是价值取向和价值追求。①

（二）职业价值观

1835 年 8 月 12 日，刚中学毕业的马克思（Karl Marx）在其所著的《青年在选择职业时的考虑》中指出："如果我们的生活条件容许我们选择任何一种职业，那么我们就可以选择一种使我们获得最高尊严的职业，一种建立在我们深信其正确的思想上的职业，一种能给我们提供最广阔的场所来为人类工作，并使我们自己不断接近共同目标即臻于完美境界的职业，而对于这个共同目标来说，任何职业都只不过是一种手段。"这是马克思最早的关于青年职业价值选择的系统观点。职业价值观是人的价值观在职业选择上的反映，是人们依据自身的需要对职业、职业行为和工作结果的比较稳定的，具有概括性和动力作用的一套信念系统。职业价值观不但决定了人们的择业倾向，而且决定了人们的工作态度，它是个体在长期的社会变化过程中获得的关于职业经验和职业感受的结晶，属于个性倾向范畴。② 简而言之，职业价值观是个体对待工作的态度倾向、行为准则和目标追求。

二、职业价值观与职业生涯发展

（一）职业价值观影响职业认知

每个人心中都有对理想职业的认知。这份理想职业是在什么样的城市？在什么性质的企业？职业环境是什么样的？报酬需要达到什么样的标准？将来会有怎样的发展和前途？这些是一个人对理想职业的认知和标准判断，主要受他/她的职业价值观影响。因此，有什么样的职业价值观，就有什么样的职业认知和要求。

（二）职业价值观决定职业决策

对就业信息进行吸纳、分类、筛选和决策，是每个大学生职业生涯规划中必不可少的步骤。如何进行决策和选择，其实就是职业价值观不断博

① 马克思，恩格斯. 马克思恩格斯全集（第1卷）[M]. 中共中央马克思恩格斯列宁斯大林著作编译局，编译. 北京：人民出版社，1995：458.
② 于海波，张大均，张进辅. 高师生职业价值观研究的初步构想 [J]. 西南师范大学学报（人文社会科学版），2001（2）：61-66.

弈的过程。大学生在求职过程中，如果没有一把衡量"标尺"，在其职业选择时往往会犹豫不决，"钱多事少离家近"是"90 后"和"00 后"求职时惯用的一套标准，其背后蕴含的恰恰也是一种职业价值观。职业价值观作为决策时的内心尺度，支配着个体的心态、决策行为等，同时也为最后的职业选择提供充分的理由。

（三）职业价值观影响职业满意度

选择就业方向，找准目标企业，顺利入职后，是大展拳脚还是频繁跳槽？很多毕业生进入职场后，当实际工作感受低于就业期望的时候，一系列负面情绪和问题就会产生，例如工作不积极，跳槽，等等。当实际工作感受高于就业期望的时候，毕业生就会积极主动地投入到日常工作中，并对未来的职业生涯发展充满向往和憧憬。因此，职业价值观通过影响大学生的就业期望影响他们的职业满意度。正如弗罗姆（Victor Vroom）的期望理论所阐述的，只有当人们预期到某一行为能给个人带来有吸引力的结果时，个人才会采取这一特定行为。

三、应用型高校大学生职业价值观的特点和探索方法

就近年来各应用型高校的就业质量报告来看，用人单位对应用型高校毕业生的素质和能力满意度较高，基本在 95％以上，对毕业生在工作中展现出的责任感和敬业精神、诚实守信、团队合作能力、持续学习能力等表现出高度的赞赏和认可。应用型高校大学生在就业价值取向上更实用，更踏实。

（一）社会主义核心价值观与职业价值观

2012 年，党的十八大提出积极培育和践行社会主义核心价值观，在国家层面倡导富强、民主、文明、和谐，在社会层面倡导自由、平等、公正、法治，在个人层面倡导爱国、敬业、诚信、友善。在 2014 年五四青年节来临之际，习近平总书记在和北京大学师生座谈中就青年价值、核心价值观等内容进行了详细的阐释。核心价值观传承着中国优秀传统文化的基因，承载着一个民族、一个国家的精神追求，体现着一个社会评判是非曲直的价值标准。职业价值观是个人在工作中的态度、行为和目标追求的综合体现，是在一定社会条件下对什么职业有价值、职业价值有多大的判

断。对个体职业价值观的判断，必然是在社会主义核心价值观的框架下开展的。青年的价值取向决定了未来整个社会的价值取向，青年学子对职业的追求与国家、民族的发展融为一体，个人追求与国家发展相统一，职业价值将更为广阔；青年学子将个人价值的实现与社会需要结合一起，个人价值实现与社会发展要求相匹配，职业价值的实现将更为深远；青年学子将"爱国"作为职业启航的出发点和落脚点，以振兴中华为己任，自觉报效祖国，必将在时代大潮中实现人生价值；青年学子在工作中遵守职业行为准则，忠于职守，弘扬新时代工匠精神，爱岗敬业，追求卓越，干一行，爱一行，干一行，专一行，必将加速职业生涯发展进程；青年学子保持良好的工作态度，诚实劳动，信守承诺，诚恳待人，在工作中与同事互相尊重，互相关心，互相帮助，积极构建和谐融洽的人际关系，必将收获职业发展和人生成就。

当前，中国正处于走向社会主义现代化强国的关键历史时期。习近平总书记在 2019 年五四青年节来临之际提出，"新时代中国青年处在中华民族发展的最好时期，既面临着难得的建功立业的人生际遇，也面临着'天将降大任于斯人'的时代使命"。应用型高校大学生更应该将自己的职业追求与国家发展的需求、区域经济发展要求结合，将小我融入大我，努力做到"坚定理想信念，志存高远，脚踏实地，勇做时代的弄潮儿，在实现中国梦的生动实践中放飞青春梦想，在为人民利益的不懈奋斗中书写人生华章！"①

（二）部分职业价值观探索理论与方法

1. 马斯洛需要层次理论与职业价值观

马斯洛（A. H. Maslow）于 1943 年提出需要层次理论，其基本内容是将人的需要从低到高依次分为生理需要、安全需要、归属和爱的需要、尊重需要和自我实现需要五种需要。一般而言，只有当低层次需要满足后，个人才会去追求更高层次需要的满足。这些需要体现在我们的生活中，就成为我们的价值观，具有强大的驱动力，影响着我们的职业选择和决策，影响到职业满意度与职业成就感。

---

① 习近平. 决胜全面建成小康社会，夺取新时代中国特色社会主义伟大胜利——在中国共产党第十九次全国代表大会上的报告 [N]. 人民日报，2017 - 10 - 28 (01).

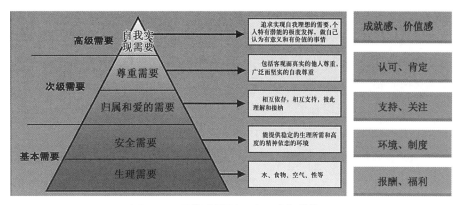

图 2‑2 马斯洛需要层次理论与价值观

2.《罗基奇价值观调查表》

《罗基奇价值观调查表》（Rokeach Values Survey）是国际上广泛使用的价值观问卷，由罗基奇（Milton Rokeach）等人于 1967 年编制。罗基奇的价值系统理论认为，各种价值观按一定的逻辑意义联结在一起，它们以一定的结构层次或价值系统存在，价值系统是沿着价值观重要程度这一连续体而形成的层次序列。[①]《罗基奇价值观调查表》包含 18 项目的性价值和工具性价值，每种价值后都有一段简短的描述。施测时，让被试按列表中所列项目对自身的重要性对两类价值系统中的 18 个项目分别排序，将最重要的排在第 1 位，次重要的排在第 2 位，以此类推，最不重要的排在第 18 位。该调查表可以测得不同价值在不同的人心目中所处的相对位置或相对重要程度。

3. 四维度职业价值观倾向

我国青年学者周锋在综合相关学者和专业人士研究成果的基础上，结合职业世界的实际情况，提炼出有关职业的 48 项属性，并将这些属性分为直接属性、间接属性、匹配属性、生活属性、精神属性。直接属性，即职业本身具备的属性，包括行业类别、行业前景、单位性质等 11 项。间接属性也可理解为附加属性，即职业带来的附加属性，如薪资福利、组织管理、文化氛围等 13 项。与个人体验相关的职业属性可以归纳为匹配属性，如领导风格、同事关系、专业对口等 14 项。与个人生活相关的职业属性可

---

① 张硕秋. 大学生职业生涯发展与指导［M］. 北京：清华大学出版社，2020：1.

以归纳为生活属性,如生活保障、生活质量、婚恋家庭等 6 项。与个人精神感受直接相关的职业属性可以归纳为精神属性,如职业认同、受人尊重、社会认可等 4 项。在此基础上,他又将人的与职业属性相关的需要整合为安稳需要、家庭需要、发展需要和尊重需要四个维度。[①] 这种四维度职业价值观内部结构既综合了人的物质需要和精神需要,又兼顾到个体的价值追求与社会属性,在一定程度上同马斯洛需要层次理论有着内在的相似性。

4. 职业价值拍卖[②]

职业价值拍卖是在《罗基奇价值观调查表》的基础上,借鉴拍卖的形式,让参与职业价值观探索活动的每个人,使用自己手中的模拟货币,参与职业价值项目拍卖的一项技术。常见的是参考舒伯的 15 种职业价值观内部结构因素理论设计的职业价值拍卖表(见表 2-2)。

表 2-2　职业价值拍卖表

工作价值项目	顺　序	预估价	成交价	得标人	得标人的承诺
1. 为大众福利尽一分力					
2. 追求美感与艺术气氛					
3. 寻求创意,发展新事物					
4. 独立思考、分析事理					
5. 有成就感					
6. 独立自主,依己意进行					
7. 受他人推崇并尊敬					
8. 发挥督导和管理他人的能力					
9. 有丰厚的收入					
10. 生活安定有保障					
11. 良好舒适的工作环境					
12. 与主管平等且融洽相处					
13. 与志同道合的伙伴一起工作					
14. 能选择自己喜爱的生活方式					
15. 工作富有变化不单调					

① 周锋. 当代大学生职业价值观研究——以河北高校为例 [D]. 石家庄:河北师范大学,2015:19-21.
② 同上:102-104.

在表 2-2 中，"顺序"表示重视程度，"1"表示最重视，"5"表示最不重视。在拍卖活动中，每个人在价值拍卖清单中，根据自己的判断对 15个与工作有关的职业价值项目进行优先地位排序。同时，假设每个人有十万元可支配资金，对第一列列出的 15 个价值项目分别愿意花多少钱买，可以确定"预估价"，具体拍卖时可以根据自己的思考和手中的模拟货币数量参与竞拍（不限定项目数量），按照竞拍规则最后确定"成交价"。通过职业价值拍卖活动，可以认真思考自己对每项职业属性内在意义的评价，并迅速作出取舍判断，这能够对自己的职业价值观倾向会有较为初步的了解。

第四节　职业能力与职业生涯发展

本节探讨能力和职业能力的概念、职业能力与职业生涯发展的关系，以及应用型高校大学生职业能力的特点和探索方法等问题。

一、能力与职业能力

（一）能力

能力是一个人能够顺利完成某种活动并直接影响活动效率的个性心理特征。能力与活动紧密联系。人的能力是在活动中形成、发展和表现出来的，同时也是从事某种活动必备的前提。[1] 能力分为一般能力与特殊能力两类，前者指大多数活动共同需要的能力，如观察力、记忆力、思维力、想象力、注意力等；后者指完成某项活动所需的能力，如绘画能力、音乐能力等。[2] 一个人在一生中会从事各种各样的活动，需要具备与之相适应的多种多样的能力。

（二）职业能力

职业能力是指对特定职业人员的知识、技能和心理品质的要求，也可以指从事某一职业需要的能力，包括一定的技术水平、社会交往能力、表

---

[1]　桑标. 学校心理咨询基础理论［M］. 上海：华东师范大学出版社，2017：173.
[2]　张晓丹，赵锡奎. 大学生就业指导［M］. 北京：清华大学出版社，2009：50.

达能力、综合协调能力、解决实际问题的能力等。美国学者法恩（Sidney Fine）和博尔斯（Richard Bolles）将能力划分为三大类，分别为专业知识技能、可迁移技能和自我管理技能。他们认为，专业知识技能就是个体掌握的知识，需要经过有意识的、专门的学习和记忆，常常与个体的专业学习或工作内容直接相关，一般用名词来表示。可迁移技能指的是个体能做的事，也称为通用技能，可以在生活的方方面面特别是在工作之外得到发展，也可以在工作内外和工作之间通用，一般用动词来表示。自我管理技能，就是个体具有的特征和品质，用来帮助个体更好地适应环境，是个体最有价值的"资产"，是影响其职业生涯成功与否的关键，一般用形容词或副词表示。①

二、职业能力与职业生涯发展

（一）职业能力是开启职业大门的钥匙

任何岗位都会有相应的"岗位说明书"，阐明岗位要求的职责。在职场中，除了职业兴趣和职业价值观外，企业或者雇主更关心的是职业能力，他们比较关心的问题是"你能够做什么"，"你具备的能力能否匹配岗位的基本要求"，是否具有扎实的专业知识技能或灵活全面的可迁移技能和自我管理技能，这是决定能否开启职业大门的第一把钥匙。

（二）职业能力是职业生涯发展的调速器

职业能力在实践的基础上会有更大的发展和提高，初入职场的大学生会在新的职业环境要求和影响下，不断吸收行业、企业、岗位对自身职业能力的要求，整合在校期间所学的专业知识和培养的实践能力，同时经过岗位职责的培训和长期的岗位实践从事某一专业劳动，能促使其职业能力向高度专业化方向发展。养成较高职业能力的员工，其职业生涯发展进程会加速；职业能力养成速度较慢的员工，其职业生涯发展进程会延缓。

（三）职业能力是职业生涯过程的转向舵

职业能力是个体发展和创造的基础，是完成某项任务或胜任某项工作不可或缺的条件。个体的职业能力越全面，越能促使个体在职业活动中获

---

① 张硕秋. 大学生职业生涯发展与指导［M］. 北京：清华大学出版社，2020：1.

得更多的机会，越能取得较高的职业成就，个体的职业成就感也就越强。在学校阶段习得的专业知识技能、可迁移技能和自我管理技能，除了可以开启职场的大门外，还可以为个体进行职业选择提供可参考的条件。那些能够将这三种职业能力有效整合的复合型人才选择跨专业就业，也是一种情理之中的选择。此外，在职场中不断养成的、更为全面和综合的职业能力，也会根据企业发展提供的新的岗位要求，不断调整职业生涯发展的路径。

三、应用型高校大学生职业能力的特点和探索方法

（一）应用型高校大学生职业能力的特点

学生能力构成和培养会因学校类型、学校办学定位、培养目标、培养方式的不同而存在差异。应用型高校更注重技术应用和职业能力培养，其教育教学更注重与实践相结合，越来越多的应用型高校更加注重产教融合，注重在解决企业实际问题中开发课程。企业通过"2＋1"或"3＋1"订单式培养深度参与应用型高校教育教学改革，在教材开发、教学设计、课程设置、实习实训方面，将企业需求有机融入应用型高校人才培养环节。因此，应用型高校大学生相较于其他类型高校大学生，面向企业真实生产环境的动手操作能力、解决实际问题的能力更胜一筹，但在语言沟通和表达能力方面有待进一步提高。

（二）应用型高校大学生职业能力的探索方法

1.运用职业能力测验识别职业能力

职业能力测验是了解自己能力倾向的一种直接且有效的方法，根据测验得到的分数，可以判断自己职业能力的强弱项。相关的职业能力测验有《学术能力倾向测验》（Scholastic Aptitude Test，SAT）、《区分能力倾向测验》（Differential Aptitude Tests，DAT）、《一般能力倾向测验》（General Aptitude Test Battery，GABT）等。这里介绍《职业能力自评表》。该测验总共54道题，分成9组，分别用于评定你的语言能力、数理能力、空间判断能力、察觉细节能力、书写能力、运动协调能力、动手能力、社会交往能力和组织管理能力。每组各有6道题，每道题描述一项能力，评定用5级量表：A强、B较强、C一般、D较弱、E弱。累计各项得分之后，计算总分。

计算得出的能力等级评定得分，可以判断你的能力属于哪个等级。[①]

2. 运用生涯人物访谈法识别职业能力

生涯人物访谈法，是向实际从事某一职业的人了解该职业的技能要求。通常，用这种方法可以比较详细、具体地了解特定职业不为常人所知的要求，可以有效地帮助个人在进入某一行业前做好职业方面的技能准备。[②]

【案例 2-4】

一位软件专业的大学生在访谈了一位成功应聘某公司安卓工程师岗位的学长后，总结出：以安卓工程师为例，在知识学习方面，要对每门课的课程构架，专业主干课程中的重点、难点和热点了然于胸。在专业能力方面，需要熟悉常见控件使用，最好都可以通过一个实际 Demo 测试；熟悉 Java 基本语法，如接口、抽象类、链表、数组；要认识和运用数据库，熟悉其中一种数据库的操作，比如 MySQL、SQL Server、Android 开发中使用的内置 SQLite 数据库；理解 Android 四大组件各生命周期；懂得 Fragment 的和 Activity 的使用；有良好的编码能力等。在职业素养方面，要有自觉的规范意识和团队精神；有软件工程的概念，从项目需求分析开始到安装调试完毕，基础软件工程师都必须能清楚地理解和把握这些过程，并能胜任各个环节的具体工作；另外，还需要有求知欲和进取心，应具有较强的学习总结能力、需求理解能力以及对 IT 新技术比较敏感，同时掌握最新的 IT 实用技术……

从案例 2-4 中可以看出，这位同学通过生涯人物访谈对目标职业有了进一步的了解，对大学期间需要学习哪些知识、发展哪些专业技能、培养哪些职业素养来对标目标职业的需求有了较为清晰的认识。

3. 运用 STAR 法则编写成就故事识别职业能力

撰写成就故事，然后进行分析，也可以从中发现自己拥有哪些能力。

---

① 职业能力自评表 [EB/OL]. (2018-09-28) [2021-03-22]. https：//6viyij. smartapps. baidu. com/pages/view/view? docId = ccfd91832e60ddccda38376baf1ffc4fff47e21c&from = share&hostname=baiduboxapp&_swebfr=1.

② 钟谷兰，杨开. 大学生职业生涯发展与规划 [M]. 上海：华东师范大学出版社，2016：73.

成就故事可以是工作或学习上的，也可以是在生活中发生的让自己满意、有成就感的一些事，比如一次成功的活动筹办、一次精彩的旅行策划、一次难忘的比赛等。

撰写成就故事可以运用 STAR 法则，即每一个故事都可以围绕如图 2-3 所示的四个方面的要素（情境、任务、行动和结果）去展开梳理。①

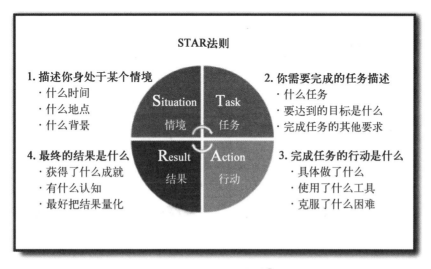

图 2-3　STAR 法则②

与同学一起讨论分析你的成就故事，其中包含哪些能力要素，依次筛选出反复出现的能力要素，这些出现频次最多的能力要素就是你拥有且擅长的能力。

【案例 2-5】

成就故事描述：大一时成功竞选班长一职③

情境： 在大一第一次班会课上班级选拔临时负责人时，我积极向老师和同学们进行自荐，很荣幸成为军训期间的班级临时负责人之一，班级临时负责人需要经过一段时间的考验之后才能竞选班长。

---

① 钟谷兰，杨开. 大学生职业生涯发展与规划［M］.上海：华东师范大学出版社，2016：66.
② 用 STAR 法编写成就故事［EB/OL］.（2020-04-20）［2021-03-22］. https://zhidao. baidu. com/question/374474066552223564. html.
③ 本案例节选自一名计算机专业本科大二学生 H 同学的成就故事。

任务：作为临时负责人，我认为最重要的事情是要让同学之间尽快熟悉起来，而且尽快建立起团结互助的同学关系。

行动：于是在军训期间，我组织班级同学开展了两次团建活动。第一次以聚餐形式帮助同学们熟悉彼此，用游戏来促进彼此间更进一步的了解；第二次以班会的形式邀请每一位同学在纸条上写下一句给未来的寄语，并将同学们写的纸条存放在漂流瓶中暂由本人保存，漂流瓶将在四年后的毕业典礼上分享给同学们作为回忆。在军训结束后不久，我策划了一场"新中国成立70周年"的主题班会，请同学们牢记党史，并请同学们结合军训体验分享自己的感受，鼓励每一位同学向党、爱党、爱国。此次班会课之后，班级大约三分之二的同学写了入党申请书。在新冠肺炎疫情期间，我关注每一位同学的身体状况，督促每一位同学每天按时进行健康信息登记，在特殊时期，学校进行全校征兵活动，我努力做好宣传工作，值得自豪的是，我班一名男生幸运地成为一名义务兵。

结果：在正式的班委竞选中，我成功当选班长一职，我的工作得到老师和同学们的认可，我的组织能力、责任心和工作效率也得到很大提升。

从案例2-5中的故事描述中我们可以发现，H同学在成功竞选班长这个成就故事中表现出良好的语言表达能力、人际沟通能力、组织策划能力和创新能力等。

4.运用企业招聘简章识别职业能力

从企业招聘简章中识别职业能力是一种比较简单易行的方式，它就是通过对各类求职网站或学校就业服务网搜集到的同类型企业的招聘简章进行梳理和筛选，从中获得关于职业能力的描述。招聘简章中包含公司所在行业、相关岗位的信息，也包含企业的招聘需求，即需要怎样的人。通过搜索同类型企业的招聘信息，凝练出企业对大学生的知识和技能需求。通过对照个人现状与企业需求，能迅速找到差距，为后续个人能力提升奠定良好的认知基础。

【案例 2 - 6】

字节跳动在 2021 年秋季校园招聘项目中发布的一则招聘启事列出对直播数据分析师的职位要求：

1. 2021 年应届毕业生，硕士及以上学历，数据科学、数据挖掘、金融工程、计算机科学与技术相关专业优先；

2. 熟练掌握 Python/R 等建模语言，具有应用分布式计算平台如 Hive 和 Spark 处理大规模数据的能力；

3. 熟悉常见机器学习算法，具有应用模型算法进行典型数据挖掘课题（预测、回归、聚类、分类等）研究的相关经验；

4. 具备良好的业务理解能力和逻辑拆解能力，对解决有挑战性的问题充满热情；

5. 具备较强的项目推动能力、逻辑思维能力及沟通协调能力、自驱力及责任心。

在案例 2 - 6 的职位要求中，前三点是对专业能力的要求，后两点则是对通用能力和职业素养的要求。应用型高校大学生可以针对自己的目标职位，搜集尽可能多的企业招聘简章，从中不难发现，几乎所有的职位要求都提出能力模型涵盖的专业能力、通用能力和职业素养这三个方面的描述。对照能力模型这三个方面进行总结分析，就能很快锁定目标职位的职业能力要求，并在大学期间制订相应的计划提升这些职业能力。

5. 运用系列提问法识别职业能力

应用型高校大学生还可以通过系列问题来开展职业能力探索，发现目标职业对知识、技能、职业素养等方面的要求（见表 2 - 3）。

表 2 - 3　系列提问法的问题清单

	专 业 能 力	通 用 能 力	职 业 素 养
系列问题	1. 你大学学习的是什么专业？ 2. 你的专业课有哪些？ 3. 除了专业课之外，你还选修了哪些课程？ 4. 你参加过哪些相关培训？	1. 你都会做什么？你参加过哪些社会实践？ 2. 请用 5—10 个动词来概述你的工作能力。 3. 你觉得自己最突出的工作	1. 用 5 个形容词来描述你的优点。在老师眼里，你是一个什么样的学生？你的同学通常怎么评价你？ 2. 通常你给人留下的最深刻的

续表

专 业 能 力	通 用 能 力	职 业 素 养
系列问题	5. 你最近在看什么书？ ……	能力有哪些？ 4. 哪些能力使你能够胜任这项工作？ ……	印象会是什么？ 3. 你觉得自己身上最明显的特点是什么？ ……

【案例 2 - 7】

W 同学的职业技能清单①

某应用型高校计算机专业毕业生 W 同学参照问题清单，作了如下回答。

专业能力：1. 大学学习专业为计算机科学与技术。2. 专业课主要是高级语言程序设计、计算机系统基础（1）、计算机导论、计算机系统基础（2）、电路分析基础、操作系统原理、面向对象的程序设计（Java）、数据结构、信息安全技术、软件工程、离散数学、系统运行环境配置与维护、微积分（1）、嵌入式微处理器、微积分（2）、计算机系统基础综合实验、计算机网络、嵌入式驱动程序设计、应用工程数学等。3. 参加过微信运营编辑培训。4. 最近在看 Python 爬虫、数据库等相关内容的图书。

通用能力：1. 在大学期间，在就业服务部、学生会主席团的工作中锻炼了领导力、组织力、协调能力和问题解决能力，在参与接待俄罗斯学生交流访问团和担任中国首届进口博览会志愿者中磨炼了吃苦耐劳、志愿奉献的精神，在参加中国机器人大赛、市创比赛等赛事中提升了自己的灵活应变能力和抗压能力。2. 概述我的工作能力的动词：负责、组织、创新、专注、沟通。3. 最突出的工作能力：认真专注、踏实肯干。4. 使我能胜任工作的能力：勤奋好学、脚踏实地、努力认真。

职业素养：1. 用 5 个形容词来描述自己的优点：自律、勇敢、自信、认真、灵活。2. 在老师眼里，我是一个认真负责、对事情有自己的想法的人。同学认为，我是一个极度自律的人，同时有勇气去面对问题和困难。3. 通常我给人留下最深刻的印象是个子高，大大咧咧，

---

① 本案例来自某应用型高校大学生 W 同学的个人分享。

比较忙碌，生活充实。4. 我觉得自己身上最明显的特点是乐观，活泼，和大多数人都能友好相处。

从案例 2 - 7 中的回答，可以较为清晰地了解到 W 同学的能力模型。在专业能力方面，他主要掌握了计算机专业知识和技能、工程技术能力以及行业特殊知识和技能。在通用能力方面，他执行力强，具有创新融合思维，人际沟通能力强，语言表达能力强，兼具管理能力。在职业素养方面，他思想道德素质高，有良好的人文知识素养，以及较强的自我效能和成就动机等。

思考与讨论题

1. 你的兴趣是什么？兴趣对你的职业生涯发展有何影响？

2. 寻找自己的职业兴趣代码。

3. 当兴趣与价值观不一致时，怎么进行决策？

4. 请使用教育部学职平台（https：//xz. chsi. com. cn/home. action）的职业测评系统，完成职业兴趣和职业价值观测评。

5. 至少写出七个成就故事（越多越好），并分析其中包含哪些能力要素，依次筛选反复出现的能力要素，找出出现频率最高的能力要素。

第三章 探索职业世界：环境 认知与职业生涯发展

学习目标：

1. 了解职业分类以及职业世界的总体状况。

2. 掌握职业世界的认知规律，了解认知的影响因素。

3. 能够结合经济制度、就业市场、变革创新等对职业生涯的作用及产生的影响进行职业世界宏观环境分析，并确定职业生涯的努力方向。

4. 能够结合学校、家庭、工作等对职业生涯的作用及产生的影响进行职业世界微观环境分析，并运用所提供的方法来确定职业生涯的努力方向。

【案例3-1】

A同学是某应用型高校物流管理专业的大三学生，他感到很迷茫，于是向班主任寻求就业指导。他自述不想从事与本专业相关的工作，原因在于，他对本专业毕业生今后的就业单位、就业岗位、任职要求等了解甚少。在他看来，物流管理专业毕业生今后从事的都是像"送快递"那样的工作，因此对找工作非常排斥，报考公务员成了他无奈的选择。班主任了解情况之后，调取了历年物流管理专业毕业生的就业质量报告，耐心地与他分析该专业毕业生的就业去向、就业岗位、岗位要求、薪资水平、职业生涯发展等方面的内容，而且提供了几个学长学姐的电话，让他联系进行职业访谈。经过一番了解，该同学才意识到自己之前的错误认知，于是提振信心，重新定位自己。最终，该同学顺利被中远集团录取。

【案例3-2】

B同学是沿海某应用型高校国贸专业的大四学生，苦恼于自己的学校只是普通本科，在求职中没有优势，因此缺乏自信。他认为，多数的用人单位更倾向招聘重点大学的学生。加之数次的简历投递出去之后均石沉大海，他的自信心备受打击，他更加坚信是因为学校的原因，让他无法获得面试的机会。他所在学院的就业辅导员了解情况之后，主动联系他并进行指导。辅导员结合当前的就业形势、就业政策等，列举了大量的数据和实例让他了解到目前就业市场对应用型人才的热切需求。同时，辅导员还指出了他简历撰写中的诸多问题和不足，如没有充分挖掘自己作为一名应用型高校毕业生在实操能力、动手能力等方面的优势，没有充分展示出自己参与志愿服务、实习实训、科创项目等经历，没有充分表达自己在工作中低调务实、吃苦耐劳的优秀品质等。在老师的帮助下，他的思路豁然开朗，顿时也变得自信起来。他在认真修改了简历之后再次进行投递，随后收到了不少企业的面试通知。面试前，他通过网站、公众号等多种渠道充分了解了企业的发展现状、战略目标、岗位设置、岗位要求等信息。最终，他在诸多名校应聘者中脱颖而出，拿到一家日企的录用通知，经过一段时间的实习，由于他在工作中的优异表现，企业承诺毕业后将留用他。

上述两个案例中的主人公，由于缺乏对职业世界的了解，缺乏探索职业世界的方法，不自信并盲目地排斥找工作，失去了一些就业机会。在老师的帮助下，对职业世界有了更加深入的了解，从而重新定位自己，找到自己的优势，最终斩获满意的工作。本章主要通过探索外部世界揭开职业世界的神秘面纱，重点介绍职业世界与职业环境、应用型高校大学生职业生涯宏观环境、应用型高校大学生职业生涯微观环境等内容。

第一节　职业世界与职业环境

一、职业分类

职业是指人们从事的有收入的、相对稳定的、专门类别的工作；它是对人们的经济状况、文化水平、生活方式、行为模式与思想情操的综合性反映；它是一个人的权利和义务，也是一个人社会地位的一般性表征。[①]职业是服务于社会并作为主要生活来源的工作，是参与社会分工，利用专门的知识和技能，为社会创造物质财富和精神财富，获取合理报酬，作为物质生活来源，并满足精神需求的工作。

国外的一些学者将职业分为三种类型：第一种是按脑力劳动和体力劳动的性质、层次，把工作人员分为白领和蓝领两类；第二种是根据美国职业指导专家霍兰德创立的六边形模型，把职业按心理的个体差异分为现实型、研究型、艺术型、社会型、企业型和常规型六种类型；第三种是根据职业的主要职责或要做的工作进行分类，如第一大类是专家、技术人员和有关工作者，第二大类为政府官员和企业经理等。

《中华人民共和国职业分类大典》（以下简称《大典》）是我国第一部对职业进行科学分类的权威性文献，颁布于 1999 年，具体描述了各个职业的定义、工作活动的内容和形式、工作活动的范围等，体现了职业活动本身固有的社会性和群体性的特征。之后历经数次修订，形成最新的《大典》。新版《大典》把我国职业划分为由大到小、由粗到细的四个层次，职业分类为 8 大类、75 个中类、434 个小类、1481 个职业。第一大类为国家机关、党群组织、企业、事业单位负责人；第二大类为专业技术人员；第三类为办事人员和有关人员；第四大类为商业、服务业人员；第五大类为农、林、牧、渔、水利业生产人员；第六大类为生产、运输设备操作人员及有关人员；第七大类为军人；第八大类为不便分类的其他从业人员。[②]

职业结构分布中最大的特点是，技术型和技能型职业占据主导地位，

---

① 赵麟斌. 大学生职业生涯规划与就业指导［M］. 北京：北京大学出版社，2008：65.
② 曲振国. 大学生就业指导与职业生涯规划［M］. 北京：清华大学出版社，2015：153.

大多数职业分布在第六大类"生产、运输设备操作人员及有关人员"中，分属于我国工业生产的各个主要领域。从这类职业的工作内容分析，特点是以技术型和技能型操作为主。这也从侧面反映了现阶段我国对技术技能型人才的需求占据主导地位。

二、职业世界的影响因素

职业世界的影响因素有很多。不同的学者对影响因素有着不同的分类。这里主要将职业世界的影响因素划分为内部因素和外部因素（见图3-1）。个人特质和家庭因素为内部因素，个人特质主要指个人在性格、职业兴趣、能力、价值观等方面的特点；家庭因素主要包括家庭社会关系和家庭背景，通过为个人提供经济支持和对职业的初步认知的形式影响学生的职业世界。绝大多数的家长会引导孩子选择长辈熟悉的职业。

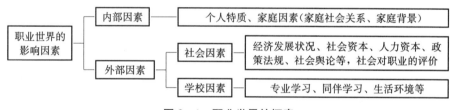

图3-1 职业世界的探索

学校因素和社会因素为外部因素。社会因素包含经济发展状况、社会资本、人力资本、政策法规、社会舆论等。社会政治、经济和文化的发展决定个体发展的方向和进程。外部因素还包括学校因素。学校中的专业学习、同伴学习、生活环境等影响学生职业认知、职业选择等。人力资本理论认为，教育促进个人人力资本的增长，进而提高个人的就业能力和收入水平。[①] 其中大学的类型、层次和声誉作为一种平台发挥了品牌效应，也作为一种教育力量提升了人力资本的增长，从人力资本的理解上学校作为一种外在力量发挥着作用。[②]

---

① 高耀，刘志民，方鹏. 人力资本对高校学生初次就业质量的影响——基于2010年网络调查数据的实证研究 [J]. 教育科学，2012，28（2）：77-85.
② 西奥多·W. 舒尔茨. 人力资本投资教育和研究的作用 [M]. 蒋斌，张蘅，译. 北京：商务印书馆，1990：12.

第二节　应用型高校大学生
职业生涯宏观环境

　　1999年以来，随着全国高校扩招，高等教育逐步由精英教育转向大众化教育，大学生人数逐年递增，大学生的就业环境发生改变，就业竞争日益激烈，就业形势愈发严峻。"自主择业、双向选择"使得大学生同资金、技术等生产要素一样，成为人力资源的重要组成部分，主要依靠市场来选择、配置和优化。随着我国经济体制改革的不断推进，大学生就业市场逐步确立，大学生就业的宏观环境也发生了诸多变化。因此，高校大学生应及时了解影响其职业生涯发展的宏观环境，敏锐捕捉就业市场的契机和变化，才能少走不必要的弯路，从容应对变革与挑战，顺利实现职业理想。

　　宏观环境，是指在心理学中个人所处并与之发生相互作用的社会现实中的大群体以及各种传播手段。宏观环境由那些较大的、影响整个微观环境的社会因素构成，包括人口统计的、经济的、自然的、技术的、政治的和文化的因素构成。① 下面仅从经济制度、就业市场和变革创新三方面来分析职业世界宏观环境。

一、经济制度

　　改革开放后，我国形成了社会主义初级阶段的基本经济制度：以公有制为主体，多种所有制经济共同发展。这也决定了大学生基本的就业市场。

　　公有制经济主要包括国有经济、集体经济和混合所有制经济中的国有成分和集体成分。国有经济的主导作用体现在控制力上，大型国有企业有如中国石油、中国建筑股份、中国工商银行等。集体经济是社会主义公有制经济的重要组成部分，华西村、南街村等作为地方集体经济，在实现全

① Philip Kotler, Gary Armstrong. 市场营销原理（第七版）[M]. 赵平，等译. 北京：清华大学出版社，1999：50.

体人民共同富裕方面发挥了重要作用，但是随着近年来的改制，许多集体经济发生了重大变化，如海尔等前身集体经济代表走向了新的方向，而以农村和城镇为代表的集体经济在扶贫和社会主义建设上发挥了独特作用。混合所有制经济中的国有成分和集体成分是近年来大部分企业改革的走向。中国平安作为近年来中国混合所有制企业的"状元"，在2020《福布斯》上市企业中排名第七，足见混合所有制企业在推进产业结构优化和升级中的作用。

非公有制经济已经成为我国社会主义市场经济的重要组成部分，在我国社会主义初级阶段，非公有制经济主要包括个体经济、私营经济和外资经济。个体经济作为吸引大学生创业的初步平台，在大学生创业初期发挥了主要的作用。私营企业以营利为目的虽然影响了大部分大学生毕业生的就业选择，但是以华为、苏宁、碧桂园、美的等为代表的优秀民营企业，正带动着大学生和中国城镇的新就业。外商投资企业是经国家批准在我国境内合法开办的企业，主要包括中外合资经营企业、中外合作经营企业和外商独资企业三种形式，如宝洁、上海大众等。

民营企业是吸纳毕业生最多的载体

从各类性质企业吸纳就业的情况来看，民营企业吸纳2019届高校毕业生就业人数位居全市首位，占26.19%；其次是有限责任类企业，占24.72%；再次是外商投资类企业，占14.52%。民营企业吸纳应届高校毕业生的就业比重超过四分之一，是本市吸纳就业的主要载体。近年来，本市各级政府本着要做好服务企业的"店小二"精神，落实中央"减税降费"政策，切实减轻民营企业负担，上海的营商环境得到较大改善，民营企业的招人用人意愿不断增强，民营企业吸纳本市应届高校毕业生就业的主要载体作用增强。

——摘自《2019届高校毕业生就业状况报告》

二、就业市场

大学生就业市场是社会主义市场经济体制下劳动力市场的一个重要组

成部分，也是高校毕业生就业制度的重要参考依据。大学生就业市场，从狭义上来说是毕业生求职择业和用人单位选拔人才的场所，从广义上来说是毕业生在就业过程中涉及的各种关系的总和。大学生就业市场是以高校毕业生为对象的初次就业市场，包括供给方、需求方、中介组织与就业信息资源等要素。①

以往影响大学生择业的重要因素如所学专业、兴趣、关系网等均属个人因素。如今，经济制度改革、就业市场变化、新兴行业发展等外在因素越来越影响大学生的职业选择。如互联网、新媒体作为近年来的热门行业，极大吸引着大学生的注意力。应用型高校的出现正是高等教育为适应新形势新变化而作出的在供给侧方面的结构性改革，应用型高校的人才培养从学术性向应用型转变，专注于为经济转型升级培养人才。② 因此，应用型高校大学生应更加注重就业导向，关注就业方向，明确自身的职业定位。

从"BOSS直聘"发布的2019年应届生求职趋势报告看，文化旅游行业岗位在当年迅速增加。如表3-1所示，文化/体育/娱乐、教育/培训和制药/医疗行业的应届生岗位激增；互联网/IT和金融业入门岗位增长较为缓慢；以直播、短视频、新媒体策划等为代表的年轻化岗位催生了大量岗位，但应届生的技术岗位仍然是供需不匹配，致使平均薪资上升。③ 上海地区就业形式呈现出当前就业以第二产业制造业为引领，第三产业服务业迅速发展的形态。2019年上海市产业结构中制造业比上年增长21.1%，在新能源汽车、电子信息等一批大项目的带动下，工业转型和增长仍会继续并保持。④ 制造业带动了大学生的就业，2018年制造业带动就业的比例是18.03%，相较于2017年上涨1.36%，⑤ 2019年制造业带动就业的比例是18.68%，相较于2018年上涨0.65%，而且常年维持在第一位。制造业正成为稳健增长的产业，带动着大学生的就业。近年来由于制造业行业转型，

① 赵麟斌.大学生职业生涯规划与就业指导［M］.北京：北京大学出版社，2008：110.
② 地方本科高校转型七问［EB/OL］.（2016-04-12）.［2021-03-22］.http：//www.moe.gov.cn/jyb_xwfb/s5148/201604/t20160412_237704.html.
③ BOSS直聘.2019应届生求职趋势报告［EB/OL］.（2019-09-29）［2021-03-22］.http：//www.199it.com/archives/943387.html.
④ 2019年上海市国民经济运行情况［EB/OL］.（2020-01-22）［2021-03-22］.http：//www.shanghai.gov.cn/nw2/nw2314/nw9819/nw9822/u21aw1423468.html.
⑤ 上海市教育委员会.2018届高校毕业生就业状况报告［EB/OL］.（2019-03-15）［2021-03-22］.http：//edu.sh.gov.cn/attach/xxgk/9672.pdf.

如汽车行业向新能源转型，使其更加偏向应用型人才。

表 3-1　上海市高校就业行业分布和"BOSS 直聘"行业增长对比

	上海市高校就业		"BOSS 直聘"求职增长趋势	
最高	制造业	18.68%	文化/体育/娱乐	137.60%
	信息传输、软件和信息技术服务业	11.68%	教育/培训	111.00%
	居民服务、修理和其他服务业	10.32%	制药/医疗	102.00%
最低	农林牧渔	0.62%	汽车	36.60%
	采矿	0.32%	互联网/IT	26.90%
	电力、热力、燃气及水生产和供应业	0.32%	金融业	17.80%

三、变革创新

有研究者按照国家对工业计划的规划，选取了传统工业大国中的英国、中国、法国、美国、日本、德国（见表 3-2），并按照时间序列对各国未来发展计划进行文献整理，旨在找到共性发现未来行业发展的趋势，并归纳机遇与挑战。

表 3-2　世界各工业强国未来工业战略计划书

时间	文件	发布部门	愿景内容
2013 年	英国工业 2050 计划①	英国政府科技办公室	技术驱动，全球制造业，可持续发展，高技能劳动力
2015 年	中国制造 2025	中国国务院	中国智造，制造业与信息技术结合
2015 年	法国未来工业计划②	法国经济、工业与就业部	技术支撑，企业服务，提高劳动者技能，加强国际合作，推动未来发展
2018 年	美国先进制造业领导力战略③	美国国际科学技术委员会	发展新制造技术，提升劳动力水平，增强供应链能力

---

① The Government Office for Science. The future of manufacturing：A new era of opportunity and challenge for the UK［EB/OL］.（2013-10-30）［2021-03-22］. https：//assets. publishing. service. gov. uk/government/uploads/system/uploads/attachment_data/file/255923/13-810-future-manufacturing-summary-report. pdf.

② European Union. New face of industry in France［EB/OL］.（2015-05-18）［2021-03-22］. https：//www. economie. gouv. fr/files/files/PDF/pk_industry-of-future. pdf.

③ Subcommittee on Advanced Manufacturing Committee on Teachnology of the National Science & Technology Council. Strategy for American leadership in advanced manufacturing［EB/OL］.（2018-10-30）［2021-03-24］. https：//www. whitehouse. gov/wp-content/uploads/2018/10/Advanced-Manufacturing-Strategic-Plan-2018. pdf.

续表

时间	文　件	发　布　部　门	愿　景　内　容
2018 年	未来投资战略 2018①	日本首相官邸	超智能社会、资讯社会、狩猎社会、农业社会、工业社会
2019 年	国家工业战略 2030②	德国联邦教育研究部	改善企业经营条件，发展新技术，保持技术主权

当前大学生的职业生涯发展正极大程度上受到动荡变革的影响，不可控的因素有如经济危机、人类疾病、气候变化等。2019 年由李培林等人主编的《2019 年中国社会形势分析与预测》指出，我国的就业总量压力持续，就业结构性矛盾突出，人口结构深刻调整，世界经济格局和外部环境不确定性增加，新技术和新业态等对就业产生深刻而广泛的影响。③ 在未来，在基于职业世界外部宏观环境的变革创新中，有哪些挑战因素可能影响大学生的职业生涯规划？该如何面对未来挑战？

（一）未来不可控的危机无处不在

地球孕育了不同阶段的生命。诚如纪录片《人类消失后的世界》所言，"人类消失 1 000 年后，仿佛世界上从来没有人类，原来地球不需要人类，只是人类离不开地球"。地球的危机从未休止，如新冠肺炎疫情、全球变暖、地震、经济危机等。职业是生存的工具，一旦职业的外部环境受到冲击，人类就会显得无助，如 2020 年中国在新冠肺炎疫情冲击下第一季度经济同比下滑 6.8%，④ 给人们就业带来极大的冲击。面对未来不可控的危机，大学生应对复杂环境的危机意识需要纳入自己的职业生涯规划中。增强危机意识，关注时事和科技；增强体魄，应对工作压力和任何挑战；加强自己的理财和生活能力，以应对随时随地的挑战。

随着中国经济步入新常态，大学生就业市场发生了巨大变化。世界

① 日本首相官邸. 未来投资战略 [EB/OL]. (2015 - 05 - 18) [2021 - 03 - 24]. https：//www. kantei. go. jp/jp/singi/keizaisaisei/pdf/miraitousi2018_zentai. pdf.
② Federal Ministry for Afffairs and Energy. National industrial strategy 2030：Strategic guidelines for a German and European industrial policy [EB/OL]. (2019 - 02 - 05) [2021 - 03 - 24]. https：//www. bmwi. de/Redaktion/EN/Publikationen/Industry/national-industry-strategy-2030. pdf?__blob=publicationFile&v=9.
③ 中国皮书网. 社会蓝皮书：2019 年中国社会形势分析与预测 [EB/OL]. (2018 - 12 - 25) [2021 - 03 - 24]. https：//www. pishu. cn/zxzx/xwdt/528173. shtml.
④ 国家统计局. 2020 年一季度国内生产总值（GDP）初步核算结果 [EB/OL]. (2020 - 04 - 18) [2021 - 03 - 25]. http：//www. gov. cn/xinwen/2020-04/18/content_5503803. htm.

正经历"百年未有之大变局"，加之百年未有之疫情的影响，催生了一大批新模式和新业态的就业岗位，也促进了更多新兴行业的发展。资源整合和行业交叉对复合型人才的需求，使得市场对毕业生的要求越来越高。原有经济学中的边际效应、规模效应等发挥作用，长尾理论①在行业发展中的突显意义更大，这对于大学生而言，现有的行业发展与原有期待正背道而驰。因此，大学生在进行职业生涯规划时，需要对所处的时代保持清醒的认识，对就业前景作出合理的判断，需要具备较好的信息分析能力。

（二）行业更新带来再就业问题

职业受到社会阶层、经济发展、社会文化、政治等因素的影响。随着现代科学技术的发展，这一因素成为影响职业极其重要的因素。2013 年牛津大学两位学者的论文《就业的未来：工作对计算机化有多敏感？》（*The future of employment: How susceptible are jobs to computerisation?*）描述了未来职业的存在和消失（见表 3-3）。操作类职业正被自动化和智能化的科技取代，人与技能相结合的工作不会消失。因此，未来的一些职业被取代后，我们面临的最大挑战可能是人的再就业问题。在这之前，我们能做的是什么？

表 3-3　牛津大学两位学者基于计算机处理对未来职业的预测②

一定会消失	当前暂时不会但以后会消失	不会消失的工作
司机、机动驾驶类人员、实体店店员、翻译类、外语老师、体育类裁判、公司非核心技术类人员、消防员和刑侦破案人员	医生、程序员	小学老师、法官、神职人员、创作设计人员

（三）人才选聘标准变化对技能提出新要求

人才选聘标准是职场中人力资源管理的艺术话题，大学生的核心素养问题也一直备受教育学术界讨论。未来的人才标准又在发生着什么变化，我们在众

---

① 长尾理论由美国克里斯·安德森提出，主要区别于过去的商业模式，过去只关注重要的领域，但是长尾领域更关注易被人们忽略的、需求和销量不太好的领域，这些部分的市场额总和可与重要的市场相匹配，甚至更大。如 Google 和 Netflix 都是典型的"长尾公司"，通过集合微小的媒体、电视、广告等，获取可观的利润。

② Frey, C. B., & Osborneb, M. A. The future of employment：How susceptible are jobs to computerisation? [J]. Technological Forecasting and Social Change，2017 (114)：254-280.

多的未来技能中，选择了基于实证、来源权威、较新的未来技能（见表3-4）。

表3-4　未来技能的相关学术研究

报告	未来技能趋势报告①	应对未来世界的12项永久技能②	21世纪技能：为我们所生存的时代而学习③
未来技能	**扩展技能资产**：实现业务和人才发展的双赢；**新型技能**：预示变革驱动因素和创新方向；人工智能时代，**软技能**成为差异化优势；让洞察发挥影响：让人才问题成为高层议题	**三大技能**：创造、沟通与控制 **12项永久技能**：洞察力、转化、问题解决、灵活性、影响力、团队建设、信任、解码、自我控制、资源管理、秩序、执行	**学习与创新技能**：知识与技能"彩虹"、学会学习与创新、批判性思考和问题解决能力、交流与协作能力、创造与革新能力 **数字化素养技能**：理解信息、熟练运用媒介并运用数字手段的能力、信息素养、媒体素养、信息与通信技术素养 **职业和生活技能**：灵活性与适应性、主动性和自我引导能力、社交和跨文化交流能力、生产能力和绩效能力、领导力和责任感

对未来的洞察力成为第一大共性，洞察力是对当前信息的掌握和未来的感知。大学生如何在信息化时代筛选出有价值的信息成为大学阶段必修的重要技能。数字化技能是未来硬技能中体现时代特点的技能，成为未来行业中的前景技能。软技能成为人才差异化的优势，品性、合作、沟通、团队精神、创造力、问题解决能力和批判性思维等成为职场竞争中的关键性因素。核心素养或技能的塑造不是大学四年一蹴而就的，而是基于基础教育和成长累积而形成的能力和品质。在大学阶段，学生的品性已经形成，在硬技能上，学生可以花功夫弥补知识和技能的不足，而在软技能上，正确认识自己和学会"田忌赛马"变得十分重要。

应对未来危机，应用型高校大学生可以从以下三点入手：一是培养自己积极乐观的心态，学会自立，从心理上建立对未来的自信；二是保持积极进取不断学习的心态，更新自己的知识内容和结构，提高自己应对未来危机的能力和素养；三是留意关于外部世界的信息，培养自己敏锐捕捉信息的能力。

① 未来技能趋势报告[EB/OL].[2021-03-26].https://business.linkedin.com/content/dam/me/business/zh-cn/talent-solutions/Event/2019/september/future-of-skill/LinkedIn_Future-of-Skills-China.pdf.
② 基兰·弗拉纳根，丹·格雷戈里.本事：应对未来世界的12项永久技能[M].吴晓静，译.北京：中国青年出版社，2020.
③ 伯尼·特里林，查尔斯·菲德尔.21世纪技能：为我们所生存的时代而学习[M].洪友，译.天津：天津社会科学院出版社，2011：24.

　　国家高新技术开发区自建立以来，一直保持着高速增长，显现出巨大的人才吸纳和产业创新能力。"从教育部'24365 校园招聘服务'平台的统计数据看，中关村专场招聘中，1 000 余家上市公司和头部企业提供了包括区块链数据挖掘、卫星数据应用、物联网数据分析等高新技术研发，以及人事、财务、产品运营等相关岗位近 14 万个，高新技术企业仍有很大的就业空间。深圳高新区专场的招聘企业主要瞄准的是新一代信息技术、生物医药、人工智能等新兴领域人才，工程师起薪便达到万元以上。亟待提质增效的高新区，为毕业生高质量就业提供了广阔空间。"未来 5 年，物联网安装调试员、电子竞技员等13 个新职业人才需求规模单个超百万，具有巨大的就业拓展空间和潜力。

——摘自《高等教育普及化阶段毕业生就业新形势》

扩展阅读：

为新就业形态创造更大发展空间①

　　近年来，随着数字经济异军突起，依托互联网平台的新就业形态脱颖而出，从业人员规模迅速扩张，形态种类日趋多样，推动劳动力市场发生深刻变革。新就业形态因就业容量大、进出门槛低、灵活性和兼职性强，成为吸纳就业的重要渠道，对提高劳动参与率、增强就业弹性、增加劳动者收入的作用日益凸显。根据国家信息中心分享经济研究中心发布的《中国共享经济发展报告（2020）》，2019 年平台带动的就业人数已达 7 800万人。

　　新冠肺炎疫情防控中，新就业形态对稳就业、保民生的作用进一步凸显，不仅保障了人们日常生活和工作，而且创造了大量灵活的就业岗位，缓解了部分困难群体的就业压力，帮助大量低收入家庭稳住了生计，成为稳就业的"蓄水池"和保民生的"稳定器"。

　　新就业形态是新一轮科技革命和产业变革的产物。互联网、大数据、

---

① 为新就业形态创造更大发展空间［EB/OL］.（2020－09－29）［2021－03－25］. https：//baijiahao. baidu. com/s？ id=1679118680348902664&wfr=spider&for=pc.

人工智能等新一代信息技术改变了建立在工业化和工厂制度基础上的传统生产方式和企业形态，推动传统就业方式"去组织化"，改变了传统劳动关系的从属性特征。从发展趋势看，后疫情时代，全球将迎来新一轮科技创新浪潮，加快推动产业数字化、智能化转型，并将构建新的产业生态和企业形态，重新定义就业方式。我们要顺势而为，落实就业优先政策，加大政策支持力度，鼓励支持新业态、新模式发展，创造更多新就业形态增长点。

完善新就业形态的扶持政策。现有的就业扶持政策如稳岗返还、就业补贴，以企业与劳动者建立劳动关系为前提，尚未延伸覆盖到新就业形态的用工平台。鼓励支持新就业形态发展，需要研究制定更有针对性的就业扶持和补贴政策。比如，对于就业容量较大的平台，可以研究主要依据从业人员就业时间或劳动收入情况给予补贴。

加强对新就业形态从业人员的职业培训。现有职业技能培训以拥有稳定劳动关系的劳动者为主，对新就业形态等灵活就业人员覆盖范围较为有限，也缺乏针对性强的培训项目。鼓励支持新就业形态发展，需要突破劳动合同条件和职业目录限制，开展针对新就业形态的职业技能培训，并按规定给予补贴。

探索建立适应新就业形态的社会保障制度。现行社会保障制度主要是针对传统就业方式设计的，特别是城镇职工社会保障体系由单位缴费和个人缴费构成，而新就业形态从业人员往往只能以个人名义参加社会保障，客观上加大了缴费负担。鼓励支持新就业形态发展，需要研究适应新就业形态的缴费方式和缴费基数、比例、年限等，并适当降低费率。鼓励用工平台与保险公司创新商业保险缴纳方式，如按单缴纳意外险、重疾险、商业医疗险等，并尊重劳动者对商业保险方式的选择意愿。同时，积极研究放开灵活就业人员在就业地参加社会保险的户籍限制。

保障新就业形态劳动者权益。新就业形态的劳动者通常收入按单计算、工作时间自主、劳动场所不固定，劳动者与客户通过平台进行交易，与平台的劳动关系从属性不强。平台企业与从业人员或签订服务合作协议，或通过第三方公司签订劳务派遣协议，呈现出灵活复杂的用工形态。鼓励支持新就业形态发展，需要研究确立适合新就业形态的新型劳动关系，建立适应新就业形态的劳动工时、劳动定额、最低工资等多样化劳动标准体系，更好维护劳动者权益，提高就业质量，并在实践中不断完善，增强新就业形态劳动者的获得感、幸福感、安全感。

第三节 应用型高校大学生 职业生涯微观环境

职业生涯微观环境是指家庭环境、学校环境、工作环境等与人发生直接或紧密关系的场所。家庭环境从经济状况、个性养成等方面影响着个体职业性格、职业价值观的形成。学校环境在人才培养定位、专业设置、地理位置等方面影响着个体的专业方向、求职领域和职业选择。工作环境包括行业环境、职业环境和企业环境，其中企业环境（工作单位环境）则从类型性质、组织架构、发展愿景、文化氛围等方面影响个体的职业生涯定向和转换。

一、家庭环境

个人的成长离不开家庭环境的影响，在个人的职业生涯成长中，家庭环境有时甚至会发挥主导作用。家庭影响是以情感为基础的，具有潜移默化的特点，而这种特点会左右大学生的职业生涯决策。因此，在职业生涯决策上家庭因素是极其重要的因素，对择业产生十分重要的影响。[①] 在职业生涯决策中，家庭因素作为认知的外在因素影响着大学生的决策，哪些家庭因素在影响大学生？如何提高对家庭因素的理性分析，从而帮助大学生进行职业生涯规划？

（一）家庭因素理论概述

大学毕业之后是去从事父母推荐的工作，还是选择自己喜欢的工作？是留在大学所在地还是回家乡工作？工作后是和父母一起住还是自己单独住？这些职业生涯规划的纠结与家庭因素交织在一起。为了了解不同群体的特点，大学往往根据学生的生源、户口、地区等去分析大学生问题背后的原因和影响机制。家庭是包括家庭成员，建立在血缘关系或认领关系基

---

① 鲁江旭. 大学生职业生涯规划与就业指导［M］. 北京：中国轻工业出版社，2016：18 - 19.

础上构成的社会单位。从生命周期而言,不同年龄阶段的人对家庭的定义
有所不同。对应用型高校大学生而言,他们正值18—22周岁,而且在一所
自我认同度不高的普通高校,他们既有想摆脱家庭独立的渴望,又有对家
庭经济、情感、教育等的依赖。① 这些对待家庭的态度,需要家庭理论方面
的解释和指导,进而帮助理解影响大学生职业行为的家庭因素(见表3-5)。

关于家庭方面的理论探讨主要有:符号互动论,强调成员之间的互
动;结构功能论,强调家庭的功能对社会整体产生影响;家庭发展理论,
强调家庭成员不同阶段的角色扮演;社会交换理论,强调家庭成员的行为
受到家庭刺激物的强化;家庭系统理论,强调家庭中有一股系统力量影响
着家庭成员;家庭生态理论注重成员之间的交互影响。家庭中总有一股力
量在驱使着大学生作出职业生涯决策,这些决策和行为也在反映着家庭的
特点。家庭作为一个社会单位,家庭成员在进行职业生涯规划时,使得家
庭与学校、社会的关系交织在一起。

表 3 - 5   家庭理论和家庭因素

家庭理论	家庭成员关系:萨提亚家庭治疗理论、家庭系统理论、社会网络理论、结构功能论 个人行为和活动:符号互动论、社会交换理论、贝茨和泰勒(Betz & Taylor)的职业决策自我效能理论 时间:家庭发展理论、家庭生态理论 经济原因:推拉理论、人力资本理论
家庭因素	社会背景:家庭地理位置、家庭收入、家庭教育水平、家庭职业、家庭婚姻状况 成员关系:父母子女关系、亲属关系、家庭的朋友关系 成员的行为和活动:父母培养方式、父母职业建议、个人对家庭的依赖、个人家庭文化

(二)家庭因素分析

家庭因素主要包括个体依恋方式和家庭系统。② 家庭系统情境因素中
的动态因素,包括父母职业支持、父母职业冷淡、亲子关系质量、家庭压
力感和家庭正面感,均对职业生涯决策自我效能感有显著影响。③ 根据职
业决策自我效能理论,家庭因素中,母亲的受教育程度与大学生的职业生

① 周月清. 家庭社会工作:理论与方法 [M]. 台北:五南图书出版股份有限公司,2000:18 - 27.
② 许存,马红宇. 影响职业决策自我效能的因素及干预研究述评 [J]. 心理科学进展,2008,16 (5):760 - 766.
③ 蔡秀,姜博,郭明雨,等. 家庭系统情境对职业决策自我效能感的影响研究——以萨提亚家庭理论为视角 [J]. 北京青年研究,2020,29 (1):36 - 45.

涯决策自我效能感呈负相关。① 另外，家庭因素中的父母情感温暖教养方式对大学生职业生涯决策、自我决策、自我效能具有稳定而持久的间接作用。② 从地域差异而言，根据推拉理论、社会网络理论、人力资本理论，从国家、机构和个人背景三个角度研究，学者分析家庭与文化逐渐成为决定来自东亚国家博士居留美国与否的重要因素。③ 这些研究从家庭社会背景、成员关系和行为影响方面，深入分析了家庭因素对大学生职业生涯规划的直接或间接影响。对应用型高校大学生而言，由于其所处环境的独特性，深入探析家庭对自己职业生涯规划的帮助作用，是认清自己和外部世界的重要部分。根据现有的关于家庭理论研究，家庭因素主要分为社会背景、成员关系、成员的行为和活动三个方面（见表3-5）。

1. 家庭社会背景

家庭社会背景是体现家庭的整体经济、教育和情感特点，如收入、职业、学历、户籍等。家庭的物质环境是大学生成长的基础，一般通过影响教育资源的公平影响职业生涯发展。家庭社会背景较好的学生相对自信，而且敢于冒险。家庭的教育背景通过言传身教和耳濡目染影响大学生的认知和眼界，尤其是家庭受教育程度通过影响职业影响家庭的收入水平和稳定性，对大学生价值观塑造、职业能力、专业选择产生巨大的影响。家庭情感关系为个体成长创造了家庭环境，其稳定性对个体性格塑造和职业选择方式产生了影响，父母感情稳定创造的环境能够让孩子放手一搏，父母感情不稳定在一定程度上会让孩子在未来对家庭避而远之。在职业生涯规划中，大学生认清自己的家庭社会背景，可以判断家庭对自己的帮助，在选择自己职业和工作地点时可以有更好的参考。

2. 家庭的关系网

关系网是获得工作的重要渠道之一，家庭关系网中的背景、成员关系、行为等提供了信息、知识、渠道、资金等方面的支持。家庭关系主要是基于社会关系网络结构从家庭成员与亲属、朋友产生的联系，这些联系

① 赵冯香.大学生职业决策量表的编订及应用研究［D］.杭州：浙江大学，2005：47.
② 侯春娜，伍麟，刘志军.家庭因素中父母情感温暖、文化性与责任心对大学生职业决策自我效能的中介与中介调节研究［J］.心理科学，2013，36（1）：103-108.
③ 王颖，贾嫚.外籍博士留美就业影响因素研究——基于国家、机构与个人的三维分析［J］.比较教育研究，2019，41（12）：71-79.

为大学生提供了信息渠道、资金、情感和其他帮助，有助于大学生进行职业生涯规划。受中国传统文化中"家"文化的影响，家庭关系网也可以被认为是一种社会资本，成为大学生的就业渠道之一，可以帮助大学生找到工作。这种工作推荐的方式成为大学生所谓的"机遇"。在 2005 年的《大学生职业指导现状》中，52.4％的大学生找工作依赖学校和家人，其中 36.5％的人通过由学校、导师向用人单位推荐的方式，还有 15.9％的人请求家人和朋友帮助推荐工作。① 由此可见，家庭关系网也是大学生值得考虑去发现职业机会的重要渠道。书香门第、世代为官等的家庭背景确实为大学生职业生涯决策提供更多的可能性，但一般的家庭背景对大学生的职业生涯规划也有有利因素。一个学生因为家庭情况一般，也会奋发图强去进行各种岗位尝试；一个学生家庭情况优越，或许会很"任性"地选择想去从事的很多行业，而且家庭也能给予支持等。

3. 家庭成员的行为和活动

家庭成员的行为和活动主要指家庭成员的行为和活动影响了其他成员。施恩的职业锚理论指出，当一个人不得不作出选择时，他不会放弃职业中那些至关重要的东西或价值观，即人们选择和发展自己的职业时围绕的中心。② 学生的职业选择里暗含着家庭成员的行为和活动对自己的影响。如果父母总是忙于工作致使子女缺乏陪伴，渴望自己未来职业有更多的自由时间会被纳入子女的职业生涯决策。如果父母本身对长辈孝顺依赖，其子女的职业选择往往也会更多考虑家庭。这些潜移默化的影响，是大学生需要去感受和发现的，毕竟这些影响会让你少走很多弯路。

下面通过案例分析来帮助应用型高校大学生理解家庭因素对职业生涯决策的影响（见案例 3-3、案例 3-4）。

【案例 3-3】

C 同学来自一个贫困家庭，父母没有文化。从小到大，他凡事都是自己做主，父母给不了太多的建议和指导，就连填报高考志愿这样

---

① 莫莫. 大学生渴望"金手指"——大学生就业职业指导现状调查［J］. 职业，2005（4）：33-35.
② 宋斌，闵军. 国外职业生涯发展理论综述［J］. 求实，2009（S1）：194-195.

的大事，他也是自己决定的。他的高考成绩在当地达到了一本高校的录取分数线，但为了实现多年来要到大都市去感受海阔天空的梦想，他毅然放弃了报考一本高校的机会，而选择填报了沿海的一所应用型本科高校。背井离乡的他比班级里其他同学更强烈地认识到学习的重要性，因此也更加发奋学习。大学四年，他刻苦努力，年年获得奖学金，参加了多项校级和市级大赛，也取得了很好的名次。在老师的帮助和指导下，他对未来的职业生涯发展也有着清晰的目标和规划。转眼到了大四，他成功入选了某知名国有企业的定向校企联合培养班，并凭借着扎实的专业功底、务实的工作作风赢得了企业的好评，最终顺利签约，并成功落户当地。凭借着自身的自强自立，他不仅为自己谋得了好未来，也为家人争了光……

【案例 3-4】

D同学家中父母是高级知识分子，家中的亲人都在国外求学，这在很大程度上影响了她的生涯规划，她早早地就将毕业后出国留学作为自己的一个大目标。于是，她从大一开始就努力学习各门课程，争取拿到最高绩点；努力学习英语，先后通过了大学生英语四六级考试；积极参加学校各项活动和社会实践，并获得了各种证书和荣誉；还利用课余时间和寒暑假时间积累了不少外商投资企业的实习经历。大三时，她顺利通过雅思考试并着手准备申请国外高校的相关材料，家里的父母亲朋也利用自身资源积极帮她争取。最终，D同学被一所全球排名前50的名校录取，并获得了全额奖学金。

C、D两位同学来自不同的家庭，家庭经济背景、父母文化水平、家庭关系网等都存在较大差异。C同学的家庭因素培养了他独立自主、顽强拼搏的意志品质；D同学良好的家庭背景为她创造了优越的资源和条件，在一定程度上使她在生涯发展中少走了许多弯路。虽然家庭因素差异明显，但两位同学均通过自身的努力，最终殊途同归，都实现了自己的梦想。

　　家庭因素引发大学生思考以下两个问题：一是在现有家庭环境下，如何正确地认清家庭影响因素，从而对个人发展作出理性规划；二是当家庭和个人发生冲突时，如何平衡好两者的关系。前一个问题是认识问题，后一个问题是选择问题。在现实生活中，不乏这样的同学，或抱怨家庭环境不好，或抱怨就读学校太差，却忽略了人生是自己努力的结果。作为一名新时代高校大学生，应学会理性思考，正确看待家庭因素带来的影响，强调通过个人努力达到自我实现，以期既能为家庭带来荣光，又给自己带来不断前行的动力。

　　二、学校环境

　　学校环境指的是所在学校的地理位置、区域定位、办学特色、专业设置、就业优势等方面的内容。你的大学可能不是你想象中的那样，如何评估学校有很多不同的方法。尤其是在大学生的职业生涯规划中，更要借助学校自身优势发展自身的能力，形成自己理性的职业生涯规划，从而提升自己在就业市场上的竞争力，这需要借助学校就业优势评估指标体系合理有效地分析学校。2011 年，赖德胜等人构建了一个包括就业环境、就业能力、就业状况、劳动者报酬、社会保护、劳动关系六个维度指标的就业质量评价指标体系，用以分析就业质量。[1] 由于教育部并无统一的就业质量评估体系，武毅英等人分析了教育部直属的高校就业年度报告，指出指标体系逃避问题，但也肯定相关维度的科学性，如毕业生就业率、薪资水平、就业满意度、工作与专业相关度、就业流向、就业单位性质六项指标。[2] 而一个人的社会背景、个人背景、家庭、同龄人、自我认知都会成为决定职业生涯规划的影响因素，[3] 即使在学校大环境下这些因素也可能成为决定性因素。结合学校常见指标，以就业质量指数和高校就业报告指标为基础，我们整理出可供参考用以分析自己高校优势的指标体系（见表

----

[1]　赖德胜，苏丽锋，孟大虎，等. 中国各地区就业质量测算与评价 [J]. 经济理论与经济管理，2011 (11)：88 - 99.

[2]　武毅英，王志军. 教育部直属高校毕业生就业质量评价体系探析——基于教育部直属高校 2013 年就业质量年度报告的数据 [J]. 江苏高教，2015 (1)：100 - 104.

[3]　Diane Sukiennik, Lisa Raufman, William Bendat. 职业规划攻略 10 版 [M]. 边珩，等译. 北京：化学工业出版社，2014：3.

3-6）。应用型高校大学生可依据表3-6所示的学校就业分析模型分析学校的特色与优势，再结合自身的发展目标，制订相应的学业和职业生涯规划。

表3-6 学校就业优势分析模型

常规维度	内涵式维度	定位、校训、培养目标、文化等
	硬件	教学设备、地理位置、高校经费、校企、合作企业
	软件	教师数（教授、院士等）、在校生数、生源质量、学科优势（国家、一流学科、省重点等）、科研
外在环境	就业形势	社会、经济和政策现状，当前就业环境的特点和发展趋势
	行业需求	所学专业类别、行业现状和未来发展前景
	地理位置	目标所在地的地理和经济状况
	社会环境	大众观念、同龄人影响、校友和榜样的影响、校外的影响
就业能力	教育水平	学历教育、学校排名、重点学科、特色专业、师资
	培训课程	学校提供的专业培训、证书考试、学习交流、实习机会
	职业指导水平	学校职业指导服务水平、职业生涯课程、职业技能训练、职业发展教育力度、职业生涯规划活动、教师职业咨询专业度
	外溢维度	学校风气、师生关系、家校关系
就业状况	总体数据	以往就业率、薪资水平
	行业数据	以往职业选择的数据（出国、留学、创业等），以往行业结构、地区分布、公司分布等

对应用型高校大学生而言，要了解应用型高校的学校环境在常规维度、外在环境、就业能力、就业状况方面与研究型或其他类型高校的异同，差异化打造属于自己的核心竞争力。1994年7月发布的《中国教育改革和发展纲要》（国发〔1994〕39号）提出"要重视培养社会主义建设急需的高层次应用型和复合型人才"，2010年国家再次将"应用型人才"写入《国家中长期教育改革和发展规划纲要（2010—2020年）》，2015年发布的《关于引导部分地方普通本科高校向应用型转变的指导意见》（教发〔2015〕7号）中明确指出，要贯彻落实党中央、国务院关于引导部分地方普通本科高校向应用型转变的决策部署，推动高校转型发展。应用型大学定位以培养学生的应用能力为办学定位，目标是培养高水平、高层次的应

用型人才，其发展方向以科学知识、专业技术的实际应用为导向，以传授和积累技术技能为主，倡导产教融合、校企合作。①

表 3-7 的数据是 2019 届上海部分高校就业报告呈现的数据，其中上海工程技术大学、上海电机学院、上海建桥学院均是应用型高校。数据显示，应用型高校是以就业为导向，相比于其他类型高校，应用型高校在升学率方面明显低于其他类型高校，而在就业率上无明显差异，几乎旗鼓相当，就业率均处于98%以上的高位水平。

表 3-7 2019 届上海部分高校就业报告的就业率和升学率

高 校	属 性	就业率（%）	升学率（%）
复旦大学②	部属	97.94	29.27
同济大学③	部属	99.02	33.34
华东师范大学④	部属	96.91	22.54
上海大学⑤	市属公立	99.21	45.85
上海工程技术大学⑥	市属公立	98.03	13.11
上海电机学院	市属公立	98.95	10.05
上海建桥学院⑦	私立	98.91	9.17

三、工作环境

工作环境可以从行业环境、职业环境和企业环境三个方面去分析。行

① 李书涵，欧阳忠明. 新时期普通本科高校向应用型高校转型的理论诉求与实践探索 [J]. 教育与职业，2020 (2)：5-11.
② 复旦大学学生职业发展教育服务中心. 2019 年度复旦大学毕业生就业质量报告 [EB/OL]. (2020-01-17) [2021-03-24]. https：//career. fudan. edu. cn/News/newsXiang. html? cateid=ee9f59f3-7294-5a32-eeca-93ef7bbe9281&id=7a88a4ed-cdc5-e251-d724-bace61f653e4.
③ 同济大学学生就业指导中心. 同济大学 2019 届毕业生就业质量报告 [EB/OL]. (2020-01-09) [2021-03-24]. http：//tj91. tongji. edu. cn/content. jsp? urltype=news. NewsContentUrl&wbtreeid=1016&wbnewsid=18329.
④ 华东师范大学学生职业发展中心. 华东师范大学 2019 年就业质量报告 [EB/OL]. (2019-12-31) [2021-03-24]. https：//career. ecnu. edu. cn/commonpage/NewsDetail. aspx? sn=m3elq9FTlzg=.
⑤ 上海大学招生与毕业生就业工作办公室. 上海大学 2019 年度毕业生就业质量报告 [EB/OL]. (2020-01-05) [2021-02-24]. http：//news. shu. edu. cn/info/1012/55292. htm.
⑥ 上海工程技术大学学生部（处），武装部. 上海工程技术大学 2019 届毕业生就业质量年度报告 [EB/OL]. (2019-12-30) [2021-02-24]. http：//infopub. sues. edu. cn/19/93/c19a6547/page. htm.
⑦ 上海建桥学院 2019 届毕业生就业质量报告 [EB/OL]. (2019-12-31) [2021-02-24]. http：//career. gench. edu. cn/InformationDetail. aspx? XXID=2416.

业环境分析包含所从事行业的发展状况、国内外重大事件对行业的影响、国家战略对行业的影响、目前行业优势、发展趋势等。职业环境分析包含所选职业在社会大环境中的发展状况、技术要求、社会地位、未来发展趋势等。企业环境分析包含所就职单位的单位类型、企业文化、发展前景、战略目标、发展阶段、产品服务、团队氛围等方面。

1. 行业环境分析

对于应用型高校大学生而言，绝大多数同学毕业后从事的工作是进入制造业，小部分进入第三产业。为什么制造业到现在一直在稳健拉动就业？传统意义上拉动国家经济的三驾马车——投资、消费和出口对国家经济的贡献加大，尤其是出口对国家 GDP（国内生产总值）的贡献程度十分明显。2008—2018 年世界贸易额占世界 GDP 的比值一直维持在52.318%—60.785%，其中中国从 2006 年的顶峰 64.479% 一路下滑至 2016 年的 36.894%。美国从 2011 年的30.789%下降到 2016 年的 26.497%，2016 年至今皆在出口上有抬头趋势；日本的贸易则与中美相反，从 2009 年的 24.491% 提升到 2018 年的36.817%。[①]毋庸置疑，贸易在经济中的地位举足轻重，但第三产业的贸易是以第二产业为支撑，因此各国在工业上强调了产品的竞争力，力图主要从提高劳动水平和技术入手，促进产业结构的调整。随着近年来各国工业改造致使西方工业在产业中地位下降，使得其对国际市场的依赖度增强，"回归"实体经济成为未来发展趋势。

我国重视制造业的原因主要有：制造业仍是我国经济增长的主要引擎，也是国际竞争的核心领域，更是当前我国经济中的突出问题；[②] 受国际形势所迫，当前全球局势仍然不太稳定，影响了贸易的稳定性，尤其对制造业产业链的影响非常剧烈，如 2008 年金融危机、2020 年新冠肺炎疫情给全球产业链带来的冲击；制造业作为促生第三产业发展的引擎，在各国经济中备受重视；当前制造业正向高质量化方向发展，这种高质量像各国在工业计划中强调的一样，趋向信息化和技术改进，同时重视劳动力素质的提高。这些因素对全球各国制造业提出了更高的自我供给要求，也对

---

① 贸易额［占国民生产总值（GDP）比例］［EB/OL］.（2020 - 05 - 06）［2021 - 02 - 24］. https：//data. worldbank. org. cn/indicator/NE. TRD. GNFS. ZS? locations=CN.
② 许召元. 制造业高质量发展的核心标准和关键环节［N］. 中国经济时报，2019 - 01 - 01（005）.

当前大学生就业技能和应用型高校人才培养方案提出了更高的要求。

2. 职业环境分析

职业环境分析就是要认清所选职业在社会大环境中的发展现状、技术要求、社会地位、未来发展趋势等方面的内容。对比全球最大职场社交平台领英发布的《中国新兴职业报告》《美国新兴职业报告》和罗兰贝格发布的《2020 中国行业趋势报告》，其结果见表 3-8。

表 3-8　中美新兴职业、行业趋势、就业机会对比

	2020 中国新兴职业报告	2020 美国新兴职业报告①
新兴职业	新媒体运营、前端开发工程师、算法工程师、UI 设计师、数据分析师	人工智能专家、机器人工程师、数据科学家、全栈工程师、可靠性工程师、客户成功经理
行业趋势	汽车行业，政府与公共行业，消费品和零售行业，大文娱行业，能源、公共事业与化工行业，金融服务行业，工业产品与服务行业，医疗与健康服务行业，房地产行业，高科技、媒体与通信行业，交通运输与物流行业②	线上教育、技术行业、智能汽车
就业机会	北京、上海、广州、深圳、杭州	二线城市，远程工作成为主流，科技主导政府

与美国新兴职业的高科技人才不同，中国的新兴职业是新媒体和高科技人才相结合。近年来新媒体发展火热，带动了线上消费和网络娱乐的发展，从而拉动了新媒体人才的需求。在行业趋势上，中国的第三产业仍占据主导地位，制造业行业面临产业结构升级，如汽车的新能源升级；美国的行业趋势朝着信息化和高科技方向发展。在就业机会上，中国的行业发展聚集在一线城市，而美国人才流向和就业机会分布呈现出"逆城市化"发展的趋势，而这也可能成为未来中国城市化的特点，如雄安新区成为疏散北京非首都功能的集中承载地。政策因素影响着行业发展和职业更替，从而会极大程度上影响大学生的未来职业生涯规划。

① 领英 2020 年新兴工作报告［EB/OL］.（2021-02-08）［2021-02-24］. https：//business. linkedin. com/content/dam/me/business/en-us/talent-solutions/emerging-jobs-report/Emerging _ Jobs _ Report _ U. S. _ FINAL. pdf.
② 罗兰贝格.2020 中国行业趋势报告［EB/OL］.（2020-01-07）［2021-02-24］. https：// www. rolandberger. com/zh/Publications 罗兰贝格中国行业趋势报告-2020 年度特别报告. html.

职业环境分析还可以从以下三点展开：了解该职业的人才标准和需求状况、该职业对人员聘任的要求以及当前的人才供给状况；了解从事该职业需要具备的能力素质、职业证书等；通过实习亲自体验该职业的特点，并向前辈了解更多详情。

3. 企业环境分析

企业环境分析包括分析就职企业的单位类型、组织架构、企业文化、发展前景、战略目标、发展阶段、产品服务、团队氛围等内容。单位类型按照性质主要划分为政府单位、事业单位、企业单位。企业单位主要包括国有企业、民营企业、外商投资企业等。对于应用型高校毕业生而言，绝大多数学生会到企业单位就业。在 2019 年广东某理工学院毕业生就业去向中，88.74％的毕业生选择去企业就业，而且其中去制造业的占比高达24.43％，7.31％的学生去向为中等和初等教育单位和其他事业单位，仅有2.10％的学生去向为国家机关。① 随着近年来国家战略突出重视向"制造业强国"发展，未来的制造业也将为应用型高校大学生提供更多的就业机会。

企业作为一个生态系统，是一个需要不断适应外部环境变化，自我运作与发展的生命有机体。U 型组织结构、M 型组织结构、矩阵制结构、事业部制结构等分别决定了企业岗位的设置。了解清楚企业的组织结构会对未来职业的发展空间有清晰的脉络，这对应用型高校大学生而言尤为重要，多数同学毕业后都是从基层一线的岗位开始逐步培养成长起来，了解企业的组织架构，对企业的职业发展路径也会有更清楚的认识，有助于职业生涯目标的实现。

企业文化在一定程度上影响了企业选择员工的标准。如在政府单位中讲原则和立场坚定尤其重要，日企偏向于忠诚度和严谨性，美企员工在自信和团队合作中表现突出……企业文化的外在形式体现在单位用人制度上，如企业领导风格、员工培养方式、企业管理方式、个人待遇提升空间等。

在企业环境中，表 3 - 9 提供了可供参考的框架。设想你未来想要应聘的工作单位及职位，参照表中所列的问题来评估自己的职业竞争力，也能了解所选择的工作单位的特点及自身的优劣势。

---

① 东莞理工学院. 东莞理工学院 2019 毕业生就业质量报告［EB/OL］.（2020 - 11 - 07）［2021 - 02 - 25］. http：// job. dgut. edu. cn/zlxz/resource/3cbd6da0535910926606a52202a35726. pdf.

表3-9 工作单位和岗位分析

问 题	内 容
单位类型和规模	
单位产品和服务	
单位组织	
单位文化	
我的目标岗位	
岗位职能和工作内容	
我现有的优劣势	
岗位准入标准	

图3-2为职业-行业-专业定位分析图，从工作环境各方面提供了职业定位的思路，即从行业、组织、职能和要求四个方面进行分析，最终聚焦于某具体职业，获取职业在图中的位置，从而帮助学生准确定位职业目

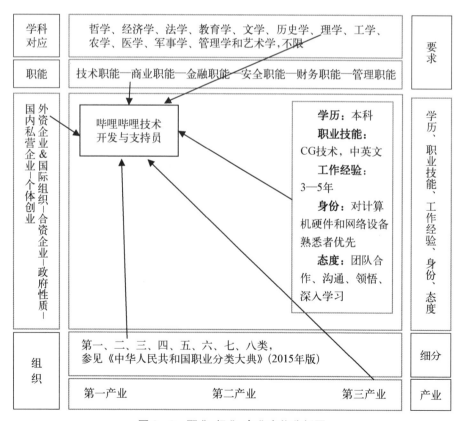

图3-2 职业-行业-专业定位分析图

标。在行业部分，按照产业结构布局和《中华人民共和国职业分类大典》（2015 年版）对职业进行明确的归类；在组织部分，遵循由外及内的方法对企业进行分类，将国有企业、事业单位等归类为政府性质；在职能部分，参照法约尔（Henry Fayol）的组织管理定义，将活动分为技术职能、商业职能、金融职能、安全职能、财务职能、管理职能；[①] 学科对应依据国务院学位委员会、教育部颁发的《学位授予和人才培养学科目录设置与管理办法》中的一级学科十三个学科门类进行对照；在要求部分，选择了学历、职业技能、工作经验、身份、态度五大维度，这里的身份主要是指户口、政治身份等。

下面以上海哔哩哔哩科技有限公司招聘的 CG 技术开发与支持员为例：

上海 CG 技术开发与支持广告招聘

薪资：12—15 k，五险一金，补充医疗保险，定期体检，全勤奖，年终奖，股票期权，带薪年假，餐补……

岗位职责：1. 掌握 CG 流程设计原则及开发技术，优化团队流程；2. 开发插件或小程序，提升流程效率；3. 参与制订 CG 项目技术方案。

任职要求：1. 对流程 CG 技术均有了解，并可以按照要求持续深入学习，并向团队共享学习成果；2. 有较好的沟通能力和领悟能力，有良好的团队合作精神；3. 熟悉 Houdini 优先，有 USD 使用经验者优先；4. 日常工作语言可以使用中文和英语；5. 对计算机硬件和网络设备熟悉者优先。

按照如图 3－2 所示的职位-行业-专业定位分析图进行分析，该职位所处行业为第三产业，根据《中华人民共和国职业分类大典》（2015 年版）细分中属于第二大类专业技术人员；所处组织类型为外商投资企业；所需职能为技术职能，对应学科要求为理学；该职位对学历的要求为本科，对职业技能的要求为 CG 技术和中英文，对工作经验的要求为工作 3—5 年，对身份的要求为对计算机硬件和网络设备熟悉者优先，对态度的要求为团队合作、沟通、领悟、深入学习等。

① 亨利·法约尔. 工业管理与一般管理（珍藏版）［M］. 迟力耕，张璇，译. 北京：机械工业出版社，2016：3.

思考与讨论题

1. 结合本章内容，谈谈作为一名应用型高校大学生，你该如何发挥宏观环境对职业生涯规划的积极作用。

2. 结合当前国内外职业世界正在发生的变革创新，谈谈这些对你职业生涯规划的影响，以及你的应对之策。

3. 运用学校就业优势分析模型，结合自身职业生涯发展目标，分析你所就读学校的特色与优势。

4. 对照你的意向职位，运用职业-行业-专业定位分析图进行分析，明确未来职业方向。

第四章　职业生涯目标与规划

学习目标：

1. 理解和掌握职业生涯目标概念、生涯决策风格概念，并能通过测评了解自己的职业生涯决策风格。

2. 掌握三种职业生涯决策方法，并能正确使用三种职业生涯决策方法帮助个人进行职业生涯决策。

3. 结合所学，撰写一份完整的职业生涯规划书。

4. 掌握目标管理、时间管理、学习管理和情绪管理方法，并运用于个人的生活和学习中。

【案例 4-1】

我的职业生涯目标我做主[①]

我是 2017 级经济与金融专业的学生，在高三填报志愿之时，我就决定将金融行业相关工作作为我今后的职业选择。我的父母均是金融行业从业人员，从小我就在他们向我讲述的一个个故事中感受到了金融的魅力，由此对金融行业产生了兴趣和向往。

在学习专业课的过程中，我开始逐渐意识到金融远比我想象的更深邃更复杂。我被眼前展开的新世界淹没。于是，我和父母及老师经常作深入交流，认为既然无法在四年间穷尽金融的知识，那么便以就业为目标，在四年间磨炼自己，等到真正踏入金融行业之后，和这个行业一起成长。

---

① 本案例来自某应用型高校经济与金融专业学生的就业分享。

为了能顺利进入金融行业，在大学期间，我决定提升个人学历，去日本继续学习金融专业。我将个人大学目标分解为掌握金融专业的专业知识，具备扎实的业务能力，而且拥有强大的分析问题能力、解决问题能力和沟通能力。

为丰富个人的专业知识，我利用课余时间辅修法律第二专业，参加 CFA（金融分析师）课程的学习。为深入了解金融行业，我先后作为基金管理公司、证券公司、律师事务所诉讼组和非诉讼组的实习生从事金融行业工作。为锻炼自己的沟通处事能力，我参加了校级部门和社团锻炼个人处事能力，通过 N1（日语能力测试）考试，备战托福考试提升个人语言沟通能力。同时，我认真学习每门课程，提高个人绩点。这些经历在带给我难忘的大学生活的同时，也赋予了我开阔的眼界和对金融专业的独特思考。之后，我将前往日本继续深造，在国际化的背景下，将自己投入到更广阔的金融世界中去。

我认为，大学是提升自己的最佳平台，大学期间有明确的职业生涯目标，而且全力以赴去实现的过程非常美妙。看到自己一步一步成长，不断实现自己的小目标，这种成就感太美妙了！

上述案例中，这位同学通过家庭的熏陶和影响，立志进入金融行业，而且通过专业学习和各项活动锻炼，提升个人专业能力和沟通处事能力。正因为有明确的目标，这位同学方能做好充分的规划和实践准备，从而实现了大学期间的职业生涯目标。通过前面各章的学习，我们已经逐渐认识了自己的大学，对职业生涯规划有了初步的认识，学会了从职业兴趣、职业性格、职业价值观和职业能力等多角度去发现并发展独特的自我，学会了从宏观环境和微观环境的分析中探索职业世界。在知己知彼中可以进行职业定位，确定合理的职业生涯目标，并制订相应的实施规划去实现。

第一节　职业生涯目标

【案例 4 - 2】

　　哈佛大学有一个关于目标对人生影响的跟踪调查。调查对象是一群智力、学历、环境等各方面都差不多的人。调查结果发现，27%的人没有目标，60%的人有较模糊的目标，10%的人有清晰而短期的目标，只有3%的人有清晰而长期的目标。

　　25 年的跟踪结果显示：3%的人 25 年来都不曾更改过目标，他们朝着目标不懈努力，25 年后他们几乎都成为社会各界的顶尖人士；10%的人生活在社会的中上层，短期的目标不断地被达成，生活状态稳步上升；60%的人几乎都生活在社会的中下层，他们能够安稳地生活和工作，但似乎都没什么特别的成就；27%的人几乎都生活在社会的最底层，25 年来生活过得不如意，常常失业，靠社会救济，并常常抱怨他人，抱怨社会。目标对人生有着巨大的导向作用。成功在一开始，仅仅就是一个选择。你选择什么样的目标，就会有什么样的成就，有什么样的人生。

　　哈佛大学的上述研究表明，人生目标是一个人取得成就大小的重要因素。清晰的人生目标和持之以恒的努力，是实现人生成功的关键因素。坚定而一致的人生目标对人的成功具有长期的决定作用，而短期的小目标能引导人在短时间内取得成功，没有目标的人则会碌碌无为地度过一生。

一、生涯目标与职业生涯目标

（一）生涯目标

　　目标，英语中用"goals"表示，指获取生活中想要获得东西的路标，以期望的结果为终点，内容明确具体，期限可长可短，是一种持续进行的过程，是一项能拓展人生局限性的挑战。① 生涯目标，是指个人在选定的特定领域内特定时间点上要达到的具体目标。生涯目标在人生阶段中就像灯塔一样指引人生的航船朝着指定方向前行，而且提供前行的动力。每个人在不同阶段的生涯目标都不相同。一旦人在某个阶段有清晰明确的生涯目标，并进行详细明确的规划，认真执行，一定会不断接近目标，将生涯目标变成现实。

生涯目标有多维度、多元化的特征。比如，每个人在生活中既是学习者的身份，也分别具备工作者、子女、家长、公民等多维度的身份。你是学习者，那你必须完成自己的学业任务，争取取得优异的学习成绩；你是工作者，你必须在职场中有出色的表现，能尽职尽责完成本职工作；你是子女，那你必须照顾父母，不让父母操心，承担他们晚年的赡养义务；你是家长，你必须关心子女成长，承担子女的养育者、人生的引路人这些角色。身兼数职的每个人在人生的各个角色中都有自己的目标，有时候可以兼顾，但更有许多冲突的时刻，需要做好平衡。

（二）职业生涯目标

在职业生涯发展过程中，个人扮演的角色是工作者，承担的责任是工作赋予的，那么个人期望从事什么类型的工作，期望在工作中获得怎样的发展，想要达到什么样的水平等，这些都是职业生涯目标需要确定的内容。

1. 职业生涯目标分解

职业生涯目标根据时间的长短，可以分为最终目标、长期目标、中期目标、短期目标。最终目标是指跨越几十年的目标，这类目标是个人经过长时间思考、综合个人各项外部环境后形成的、符合个人价值观的、贯穿个体大部分时间的目标。长期目标主要是指五年以上的职业生涯目标，经常比较模糊且概括，与个人职业生涯最终目标方向一致，体现个人在不同职业生涯阶段的目标。长期目标时间跨度较长，具有挑战性，需要努力才能实现，并符合个人的价值观。长期目标可以分解为中期目标、短期目

---

① 戴安·萨克尼克，丽莎·若夫门. 职业指导——职业生涯规划教程（第11版）[M]. 中国就业培训技术指导中心，清华大学学生职业发展指导中心，译. 北京：中国劳动社会保障出版社，2019：173.

标，并逐步落实。中期目标是指与个人长期目标一致，三至五年内较为清晰而且能定量描述，能评估，有明确的时间且可作调整的目标。中期目标能分解为短期目标。短期目标是指与中期目标方向一致，能以年、月、周、日为单位的清晰的、可定量描述的、可评估的、具体的、可操作执行的逐步实现的目标。实现短期目标是一步一步实现长期目标的前提。

正所谓"罗马不是一天建成的"，在一阶段内将终期目标逐步分解成更细小的阶段性目标，并逐步实现阶段性目标，这是实现终期目标更有效的方法。在人的职业生涯发展进程中，若能学会将职业生涯最终目标逐步分解为长期目标、中期目标、短期目标，并逐步实现，也是实现最终目标的有效方法。

2. 应用型高校大学生的职业生涯目标定向

有调查显示，大多数应用型高校大学生在进入大学后缺乏对个人的清晰定位，对大学期待过高，缺乏对职场应有的了解，期待在大学毕业后能一步到位，成为职场精英。事实上，任何成功的职场人士都需要从基层开始，逐步积累、脚踏实地地做好本职工作才能在职场胜出。因此，应用型高校大学生的职业生涯目标也应该定位在基层，从基层开始做起。

不少应用型高校都具备各自的行业特色，面向国家战略需求、区域经济发展需求培养人才。作为应用型高校大学生更应顺势而为，立志服务于国家战略和本地区域经济发展，在不同行业、不同区域的发展中成就自己。

二、大学期间的职业生涯目标

大学是个人生涯中的重要阶段，奠定了一个人未来生涯中的职业身份，决定职业生涯的起点。大学期间的职业生涯目标主要以学业规划实施和职业生涯探索为主，要在深入了解个体的职业性格、职业兴趣、职业价值观、职业能力的基础上，对自我有较为全面的认识；还要从个体所处的宏观环境和微观环境出发充分了解外部世界，从而达到知己知彼，为确定合理的职业生涯目标和制订可行的职业生涯规划奠定良好的基础。

【案例 4-3】

　　A 同学的父母是 20 世纪 90 年代来到上海打拼的，随后顺利在上海定居。从小在上海长大的 A 同学，也期待大学毕业后能和父母一样，在上海工作，扎根发展。但天有不测风云，在 A 同学大二时，她的母亲突发脑溢血，留下了严重的后遗症。A 同学从大二开始就要兼顾学习和照顾母亲，一到周末就回家陪伴母亲，帮助她恢复身体，建立生活的自信。与此同时，A 同学的父亲随着年龄的增长，感觉到在事业上没有帮手，在激烈的竞争中力不从心，于是心生倦意，想回福建老家过安稳的生活。作为家中的独生女，A 同学选择了尊重父母的决定，毕业时她选择了回福建老家就业，尽管相比于上海这样的大城市，A 同学在福建的求职机会少了很多，求职之路也非常艰辛，但是想到能和家人一起，能照顾家人，她觉得一切都很值得。

【案例 4-4】

　　B 同学上大学之后的目标非常明确，那就是毕业后要出国留学，继续深造。于是，他一进入大学，就一边着手详细了解学校的留学政策和相关文件，熟悉留学的申请流程和需要准备的所有材料，一边刻苦学习确保每门功课都能拿到最高绩点，积极参与社会实践、科创竞赛等为自己积累更多的比赛和获奖经历，积极参与学生会、社团等的活动，并从中培养自己的工作能力……转眼到了大四，正当万事俱备只欠东风之时，突如其来的新冠肺炎疫情打乱了他的计划。2020 年新冠肺炎疫情爆发并迅速在全球蔓延，国外的疫情形势日益严峻，出于安全和健康考虑，他的父母否决了他的出国留学计划，他本人也服从安排，重新思考调整了他的目标。

　　在上述案例中，A 同学、B 同学的职业生涯目标分别因为家庭变故、国际疫情爆发的原因不得不重新调整。因此，大学期间职业生涯目标的确立也是一个不断深入探索、不断调整和取舍的过程。大学期间职业生涯目标的调整有些是主动的，也有些是被动的，但是通过调整仍然能为实现个人的职业生涯目标服务，收获充实而丰富的人生。

三、应用型高校大学生职业生涯目标的特点和制定原则

（一）应用型高校大学生职业生涯目标的特点

许多应用型高校大学生在进入大学初期，普遍存在职业生涯目标模糊、职业生涯规划不明确等情况。应用型高校大学生在自我定位、自我规划、自我约束等方面还不成熟，需要加强引导。2019 年，某应用型高校在职业生涯规划课前对 1 500 多位大一新生进行了一项调查，了解新生的职业生涯规划意识。研究发现，接近82.2％的大一新生对未来三到五年的学习和工作计划有一点概念，但是并不完全清晰；81％左右的大一新生对自己的职业有一点规划，但是没有仔细考虑过；3.92％的大一新生对自己的职业没有规划过；2.87％的大一新生对未来三到五年的学习和工作计划完全没有概念。应用型高校大学生应尽早明确个人大学期间的职业生涯目标，让自己的大学生活更有方向，增加个人学习和生活的内驱力。这也是应用型高校更注重职业生涯教育的原因之一。

（二）应用型高校大学生职业生涯目标的制定原则

应用型高校大学生要在充分认识自我、全面认识外部世界之后制定个人职业生涯目标。管理学大师德鲁克（Peter Drucker）在《管理的实践》中提出，在管理企业中制定目标时必须遵守 SMART(SMART 是五个英文单词首字母的缩写）原则。同理，在制定个人职业生涯目标时，也可以遵循 SMART 原则。

【案例 4 - 5】

C 同学自进入大学后，曾经非常迷茫。她在大一的时候看到许多同学都在准备考插班生，也曾想去考复旦大学。但是，后来她了解到复旦大学的插班生只招收高考分数超过当地本一分数线的学生。她高考分数并不高，所以便放弃了。

后来 C 同学经过深思熟虑后明确了大学毕业后的职业生涯规划目标：在大学毕业后做一名小学英语教师。她仔细了解了上海教师的准入要求。不同阶段的教师要求不一样。当前上海的本科毕业生能进入

幼儿园或者小学担任教师，她可以考虑以后做小学教师。另外，她现在虽然是理科专业的学生，但是她的英语非常好，她明确了想做英语老师。为了实现英语教师的职业生涯目标，她需要考取小学英语教师资格证，通过她所在区县当地教育部门的编制考试。"考取小学英语教师资格证，通过当地教育部门的编制考试"，是C同学实现"大学毕业后成为小学英语教师"这一职业生涯目标的路径。与其他许多同学在制定职业生涯目标时的模棱两可，如"大一，完成课程学习"这样非常模糊的职业生涯目标相比，C同学的职业生涯目标和实施路径非常明确。

为了实现这个目标，C同学认真学习，制定了非常紧凑的日程安排，积极锻炼英语口语，确保每天至少有半小时的英语口语学习时间，而且定期通过参加测试进行检测。她在大一的时候就顺利通过大学英语四级考试、大学英语六级考试。在大二的时候，她又申请参加了华东师范大学英语专业辅修。她大一、大二连续两年积极参加校内外组织的英语竞赛，分别获得全国英语竞赛二等奖、一等奖。大三时，与其他专业的同学一起参加了国际贸易比赛，发挥自己英语口语较强的优势。同时，她也顺利考取了教师资格证。大四的时候，她找到一所小学担任英语实习教师，准备编制考试。

最后，C同学在毕业时非常顺利地实现了她做小学英语教师的职业生涯目标。

上述案例中C同学之所以顺利实现个人职业生涯规划的目标，主要是因为她非常认真地贯彻了SMART原则。

S（specific）即目标制定必须明确，要用具体的语言清楚地说明要达到的目标。目标越明确，则越有可能实现；目标制定模棱两可，目标实施路径也模糊，则难以实现。C同学的目标非常明确具体："大学毕业后成为小学英语教师。"同时，她也明确自己为了实现职业生涯目标需要做的准备：考取小学英语教师资格证，通过当地教育部门的编制考试。

M（measurable）即可衡量的，指目标应该是准确的，而不是模糊的，应该有明确的量化数据，可供测量，作为是否达到目标的依据。如果目标无法测量，则无法判断是否达成目标。这个原则在制定小目标时尤其有效。如C同学每天至少要花半小时用于英语学习，练习口语和听力等，同时积极参加英语相关的测试：大学英语四级考试、大学英语六级考试、全国大学生英语竞赛，这些小目标都是可以检测的。

A（attainable）即目标制定必须可实现，指在制定目标时必须考虑是否具备帮助自己实现目标的外界条件。制定个人的目标时，必须考虑个人的情况是否符合实际情况。C同学最初没有选择考插班生，因为她通过认真了解，发现自己不符合考心仪学校插班生的条件，所以她选择了另外的目标。

R（realistic）即目标制定必须是实际的，具备可行性和可操作性，这样才有可能实现。C同学通过与家人、朋友等商量后，明确自己的目标是"考取小学英语教师资格证，通过当地教育部门的编制考试"。这个目标对C同学当前的情况来说是实际的，具备可行性和可操作性。因此，目标的制定必须在充分调研客观条件与主观条件的基础上，方可制定可行且可操作的方案。

T（timed）即目标制定需要有切实可行的时间节点。制定一个目标必须有切实可行的时间节点。将时间节点和短期目标结合，以这样的方式制订的规划将更容易执行。[1] 案例中C同学制定的职业生涯目标是在大学毕业后，这有明确的时间规定。同时，她通过每年定期参加相应的考试实现自己的小目标。明确的时间节点的要求让C同学更清晰地了解自己努力的方向。

一旦制定了时间表，就要克服一切困难去认真执行。如果一切顺利，这将会有助于达成目标。如果发现目标执行不顺利，则需要反思调整时间表，或者改变目标。

（三）应用型高校大学生大学四年的学业规划示例

学业规划是大学生实现职业生涯规划的第一步。以下为某应用型高校大学生大学四年的学业规划参考清单，应用型高校大学生可以此清单为蓝本，将大学四年期间的学习、实践等目标细化成每一年、每一学期甚至每月、每周的目标，便于落实。

---

① 戴安·萨克尼克，丽莎·若夫门. 职业指导——职业生涯规划教程（第11版）[M]. 中国就业培训技术指导中心，清华大学学生职业发展指导中心，译. 北京：中国劳动社会保障出版社，2019：174.

应用型高校大学生大学四年学习、实践目标清单（示例）

大一：

☐养成每天关注学校主页通知的习惯；

☐认真学习学生手册；

☐认真了解本专业培养计划；

☐参加一个社团，并且在社团中积极参与五次以上的活动，争取担任一次活动的组织者；

☐参加一个校级或者院级学生工作部门，确保参加五次以上的活动；

☐认真完成大学生职业生涯规划课程，为自己的大学生活制订一份详细且可执行的职业生涯规划方案；

☐与学业导师做一次深入沟通，明确个人专业学习方向和目标；

☐按照人才培养方案完成第一学年相应的学分；

☐阅读与专业相关的书籍，增加知识积累。

大二：

☐对照人才培养方案修完大二课程；

☐与本专业校友做一次深入沟通，思考未来职业生涯发展方向，做好专业准备；

☐利用业余时间做一份兼职，初步接触职场；

☐明确未来专业发展方向，获得一份为进入职场准备的证书，如计算机等级考试、英语等级考试；

☐与专业老师做一次沟通，初步明确自己未来的职业方向；

☐组队参加一次科创活动，尝试将所学理论与实践相结合。

大三：

☐对照培养计划，查漏补缺修课程；

☐与专业教师做深入交流，进行本专业理论与实践的探讨研究；

☐组队参加科创活动，将理论应用于实践；

☐考取一份与未来职业相关的资格证书；

☐完成就业指导课，制作一份进入职场的有质量的个人简历；

□参加实习面试，成功获得一份与未来职业相关的实习，并且至少坚持一个月；

□如果想报考研究生，合理、认真地规划自己的学校和专业；

□如果想出国，请合理安排好语言考试，确保绩点超过3，认真规划目标学校和专业；

□如有条件，申请参加一次海外交流活动。

大四：

□对照培养计划，确保修完所有课程，完成毕业论文，达到毕业的学分要求，并且绩点大于2；

□针对目标单位、目标岗位高质量制作个人简历；

□与就业指导老师、专业老师沟通，做好充分的面试准备；

□通过面试、实习等环节顺利获得一份理想的工作。

第二节　职业生涯决策

既然职业生涯目标对应用型高校大学生的大学学习具有导向作用和驱动作用，那如何进行职业生涯决策，制定职业生涯目标？这是本节讨论的主要内容。

一、职业生涯决策的理论

1. 职业生涯决策的定义

决策主要指作出决定或选择。决策主要有三种语境：一是提出问题，确立目标，设计和选择方案；二是从几种备选的行动方案中作出最终挑选，选取最优方案；三是在未知情况下遇到偶发事件所作的处理决定，这样的事件既无先例借鉴，也无可遵循的规律，作出选择存在一定的风险。

职业生涯决策，最早源于英国经济学家凯恩斯（John Maynard Keynes）的经济学理论，后来被引入心理学领域。凯恩斯认为，个人在选择职业生涯目标时，将以最大收益和最低损失为标准，即争取获得最大收益，将损失降到最低。1974 年，杰普森（D. A. Jepsen）首次使用了职业生涯决策这一概念，他认为职业生涯决策是一个复杂的认知过程，通过这一过程，决策者组织有关自我和职业环境的信息，仔细考虑各种可供选择职业的前景，作出职业行为的公开承诺。职业生涯决策不单单是选择的过程，也是放弃的过程。选择了一种可能性，即意味着放弃了其他的可能性。在职业生涯决策中，尽管有很多情况可选，但是最后只能被动地作出自己的选择。因此，主动选择职业，才能掌握自己的命运。这也是学习职业生涯决策的意义所在。

2. 职业生涯决策理论

职业生涯决策理论较多，其中职业生涯决策风格理论和职业生涯决策社会学习理论在职业生涯教育理论界影响较大。

职业生涯决策风格是指人在面对职业生涯决策情境时表现出来的行为偏好和心理倾向，它反映了一个人在职业生涯决策过程中习惯性的反应模式。

丁克拉格（L. B. Dinklage）提出职业生涯决策风格理论，认为人的职业生涯决策风格与四个因素有关：作决策的快慢；作决策时是否依赖他人；作决策时对信息的掌握程度；决策过程中是否犹豫不决。他按照个体决策时对自己和环境认知的多少，总结出八种职业生涯决策风格（见图 4-1）。

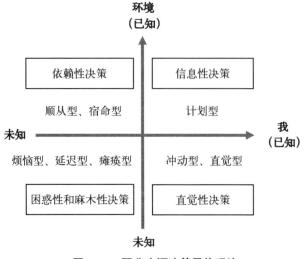

图 4-1 职业生涯决策风格理论

从图 4-1 中看出，丁克拉格将人们作职业生涯决策时采用的风格归结为计划型、顺从型、宿命型、烦恼型、延迟型、瘫痪型、冲动型和直觉型八类。职业生涯决策者在了解自我和环境后作出信息性决策，属于计划型决策风格。职业生涯决策者在了解自我但不了解环境后作出的依赖性决策，属于顺从型、宿命型决策风格。职业生涯决策者不了解自我，也不了解环境后作出的困惑性和麻木性决策，属于烦恼型、延迟型、瘫痪型决策风格。职业生涯决策者在了解自我却不了解环境的情况下作出的直觉性决策，属于冲动型、直觉型决策风格。以下是八类职业生涯决策风格的特征。

计划型：这类决策者会在全面了解自我和环境的基础上作出职业生涯决策。

顺从型：这类决策者会通过顺从别人的安排作出职业生涯决策，而不是个体独立地作决策。这类风格的决策者相信其他人都觉得好，自己也会适合，而忽略个人自我感受。

宿命型：这类决策者将决定留给命运，依赖外在环境，被动地作出职业生涯决策。这类风格的决策者往往人生态度比较消极，对自己和环境表现出无助感。

烦恼型：这类决策者收集了大量的信息，却犹豫不决，瞻前顾后，不能果断地作出职业生涯决策，而陷入无限烦恼中。

延迟型：这类决策者往往喜欢把职业生涯决策往后推，害怕承担决策的结果，选择其他方式回避决策。

瘫痪型：这类决策者接受职业生涯决策的责任，但往往因为过于焦虑而不能对决策作出有建设性的工作，导致想到这事就害怕的局面，以至于无法决策、无法承担决策后的后果。

冲动型：这类决策者抓住遇到的第一个选择，而不再考虑了解其他选择或者拒绝收集了解其他职业生涯信息。基本想法是"先做吧，以后再说"。比如，选择了一份这样的工作后，就拒绝再了解其他工作的信息。

直觉型：这类决策者因为感觉是合适的、正确的而作出职业生涯决策，但无法说出原因。直觉是人们对环境无法作出判断时的处理方式，但可能日后会发现不合适。

以上八类职业生涯决策风格没有绝对的优劣之分，各有各的适应性和局限性。职业生涯决策风格既受个体性格影响，更受个体所在的环境影响。职业生涯决策风格是可以改变的。①

美国心理学家克朗伯兹（John D. Krumboltz）提出职业生涯决策社会学习理论，认为职业生涯决策过程受四类因素影响：遗传天赋和特殊能力（如内在素质、身体障碍、音乐和艺术能力等）；环境条件与事件（如劳动法规、技术进步、社会机构变化、家庭资源等）；学习的经验（如各种工具性学习、行为和认知反应、观察学习）；完成任务的技能（如设定目标、工作习惯、情绪反应方式等）。基于职业生涯决策社会学习理论提出的决策模式，包括以下七个步骤。

界定问题：描述必须完成的决策，估计完成所需时间并设定确切的时间表。

拟定行动计划：描述决策所需采取的行动，并估计所需时间和完成的期限。

澄清价值：描述个人将采取哪些标准，以作为评价各种可能选择的依据。

描述可能的选择：搜集资料，论证可行的方法。

评价各种可能的选择：依据自己的标准，对各种可能的选择方案进行评价。

权衡方案：比较各种选择，从中选取最符合决策者理想的选择。

开始执行方案：方案确定以后开始实施。②

职业生涯决策社会学习理论重视个人环境和事件的作用，提醒个人保持开放的心态采取行动。虽然没有人能掌控结果，但是积极的行为可以增加出现期待成果的可能性。克朗伯兹也称这一过程为职业生涯行动的学习或者职业生涯学习的行动。③

二、职业生涯决策的方法

为了帮助大家更加清晰明确地作出职业生涯决策，可以采用以下三种常见的

① 徐俊祥，兰华. 幸福密码：大学生学业与职涯发展导航［M］. 北京：现代教育出版社，2017：187.
② 同上：189.
③ 吴沙. 遇见生涯大师［M］. 北京：北京大学出版社，2017：55.

职业生涯决策工具，即 SWOT 分析法、5 "WHAT" 法和决策平衡单分析法。

（一）SWOT 分析法

SWOT 分析法，也称优劣势分析法、态势分析法，由美国旧金山大学国际管理和行为科学教授韦里克（Heinz Weihrich）于 20 世纪 80 年代初提出，即基于内外部竞争环境和竞争条件的态势分析，就是将与研究对象密切相关的各种主要内部优势、劣势以及外部的机会和威胁等通过调查列举出来，并依照矩阵形式排列，然后用系统分析的思想把各种因素相互匹配起来加以分析，从中得出一系列相应的结论，而结论通常带有一定的决策性。SWOT 分析能帮助毕业生成功地认识自我、规划自我和管理自我，帮助个人挖掘自身优势，找出劣势，并综合分析外部环境的机会和威胁，找到定位，调整自己，作出适合自己的职业生涯决策。

1. SWOT 分析模型

优势(strengths)	机会(opportunities)
劣势(weaknesses)	威胁(threats)

图 4 - 2　SWOT 分析模型

如图 4 - 2 所示，SWOT 就是优势（strengths）、劣势（weakness）、机会（opportunities）、威胁（threats）的英文首字母缩写。对个人来说，SWOT 分析法实际上是对内外部条件各方面内容进行综合和概括，进而分析个人的优劣势、面临的机会和威胁的一种方法。它可以通过分析帮助个人把资源和行动聚焦在自己的强项和有最多机会的地方。

优势和劣势都是针对自身的分析，即"知己"；机会和威胁是针对外部环境的分析，即"知彼"。通过分析知道自己的个人优势和劣势在哪里，并仔细地评估出自己感兴趣的不同职业道路的机会和威胁，从而作出适合自己的职业生涯决策。具体步骤有四。

步骤一：认识自己的优势，具体见表 4 - 1。

表 4 - 1　认识自己的优势

分析自己的长处	比如你从学校学到什么有价值的东西，获得哪些方面的知识和能力？在校期间获得过什么奖励，获得过什么证书或者有什么特长，等等

了解自己的优点	比如做事细心，能够洞察细节，迅速适应环境
思考自己的资源	比如你的亲友在某公司任职，可以帮助你更好地了解和应聘该公司
找到自己的强项	你做过的最成功的事情是什么？如何成功的？通过分析，可以发现自己的长处，比如坚强的意志、创新精神，以此作为个人深层次挖掘的动力之源和魅力闪光点，从而形成职业生涯设计的有力支撑
对比自己的"竞争对手"	他们在哪些方面不如我？

步骤二：认识自己的劣势，具体见表4-2。

表4-2　认识自己的劣势

分析自己的短板	什么事情是你没有把握做好的，做不好的原因是什么，如何努力克服和提高？
思考自己的弱点	人天生就都有弱点，这是我们与生俱来且无法避免的。比如性格过于内向，不敢在公共场所演讲等
找到自己的不足	你做过的最失败的事情是什么？如何失败的？通过分析来避免在以后的职业生涯中再次失败，防止在跌倒过的地方再次跌倒
对比自己的"竞争对手"	他们在哪方面比我强？

步骤三：发现外部的机会，具体见表4-3。

表4-3　发现外部的机会

社会层面	经济快速发展为我们提供了发展空间，网络技术的发展使我们能了解更多的信息，出国深造的途径多了，择业的双向选择给了我们自主选择权，等等
学校层面	不断改进和完善就业工作，积极拓展就业市场和渠道，为大学生提供了更多的就业选择
行业环境	了解自己要从事的行业有哪些潜在优势，比如急需什么样的人才？
从企业发展来看	了解自己有意向加入的企业的发展前景是否广阔，比如是否有很好的培养机制、多种人才晋升渠道，等等

步骤四：发现外部的威胁，具体见表4-4。

机遇与挑战并存。虽然外部环境的很多挑战和威胁无法控制，但是通过提前分析和了解能够在职业生涯决策中及时规避风险。

表4-4　发现外部的威胁

社会层面	毕业生人数的逐年增加以及近几年受经济下行的影响，就业和创业机会减少，岗位竞争越来越激烈

学校层面	同专业毕业的竞争者以及名校毕业的竞争者都是潜在的威胁
行业环境	了解自己想要从事的行业专业领域发展是否受限
从企业发展来看	初出茅庐的毕业生可能会受到具有丰富技能和经验的求职者的威胁，以及工作晋升机会的限制，等等

2. SWOT 战略选择

在分析好自身的优劣势以及外部环境的机会和威胁后，可以按照图 4-2 梳理出如表 4-5 的表格，根据现实情况选择适合自己的战略。

表 4-5　SWOT 战略选择

	内部优势（S）	内部劣势（W）
外部机会（O）	SO 战略 发挥内部优势 利用外部机会	WO 战略 克服内部劣势 利用外部机会
外部威胁（T）	ST 战略 发挥内部优势 化解外部威胁	WT 战略 克服外部劣势 化解外部威胁

SO 战略：着重考虑优势因素和机会因素，目的在于努力使这两种因素都趋于最大。

ST 战略：着重考虑优势因素和威胁因素，目的是努力使优势因素趋于最大，使威胁因素趋于最小。

WO 战略：着重考虑劣势因素和机会因素，目的是努力使劣势因素趋于最小，使机会因素趋于最大。

WT 战略：着重考虑劣势因素和威胁因素，目的是努力使这两种因素都趋于最小。

3. 用 SWOT 分析法进行职业生涯决策实例

某应用型高校 Q 同学，财务管理专业应届毕业生，他面临的职业生涯决策有三个：直接参加工作；报考财务专业研究生；参加公务员考试。表 4-6 是他根据自身条件进行的 SWOT 分析。

Q 同学可以选择 SO 战略，将优势因素和机会因素发挥到最大，可以直接就业，选择财务相关岗位。

表 4 - 6　用 SWOT 分析法进行职业生涯决策实例

S	O
对财务专业比较感兴趣，专业课成绩不错，而且愿意从事专业相关工作 适应、沟通、组织能力强，曾担任学院学生会主席，策划过多次大型活动 逻辑性和条理性好，有一定的书面表达能力	财务管理专业发展前景广阔，人才需求量大就业渠道广，就业领域选择机会多 身边有很多优秀的同学，可以向他们学习，构建良好的人际关系
W	T
在校期间基础学科，如英语、政治等成绩一般 自制力不强，经常容易被琐事干扰 工作、学习上比较保守，冒险精神不够，缺乏长远计划	毕业生人数增加和经济下行压力让就业市场竞争更加激烈 公务员录取指标少，不确定因素大 学校社会认可度不高，求职中会增加难度

（二）5"WHAT"分析法

1. 5"WHAT"分析法概念

5"WHAT"分析法，即在职业生涯规划过程中通过回答如下五个问题，找到它们的最高共同点，从而作出最适合自己的职业生涯决策。

What are you? 你是谁？应该对自己有一个深刻的反思，清醒地认识到自己的优点和缺点，并按重要性一一列举出来。

What do you want? 你想做什么？这是对自己职业生涯发展的一个心理趋向检查，每个人在不同阶段的兴趣和目标是不尽相同的，但是随着年龄和阅历的增长最终会逐渐固定，并确定自己的终生理想。

What can you do? 你能做什么？这是对自己能力和潜力的全面总结，一个人的职业定位最根本还要归结于自身的能力，你的职业生涯发展空间的大小取决于自身的潜力，比如对事的兴趣、做事的韧力、临事的判断力以及自身知识结构是否合理，等等。把确实证明的能力和自认为可以开发的潜能一一列举出来。

What can support you? 环境支持或允许你做什么？这包括主观和客观两个方面。客观方面包括经济发展、人事政策、企业制度和职业空间等；主观方面包括同学关系、导师关系和亲戚关系等。应该将两者综合起来考虑，认真想想自己可以获得什么支持，弄清楚后按重要性排列出来。

What you can be in the end? 你最终的职业生涯目标是什么？综合前四个问题，从各个问题中找到实现职业生涯目标的有利和不利条件，列出不利条件最少、自己想做且能达成的职业生涯目标，即能构建一个清楚明了的框架。

2. 利用 5 "WHAT" 分析法进行职业生涯决策实例

【案例 4-6】

　　某应用型高校女生 H 同学，工业工程专业，临近毕业时还难以确定自己的职业生涯决策。她认为，就现在来说，工业工程需求量比较大，找份差不多的工作并不难，但由于自己是女生，在就业时肯定又不如同班的男生；她对教师的职业也比较喜欢，想要尝试一下小学教师的岗位；同时她班内一位同学打算创业，想要邀请她加盟；另外，她觉得就业形势严峻，出国读研充电也是一种不错的选择。

　　What are you? 你是谁？某普通高校工业工程专业；班级班委，优秀学生干部；学业成绩优秀，英语通过国家六级考试，有中小学教师资格证书；辅修过心理学、管理学相关课程；参加过高校演讲比赛，拿过名次；家庭经济状况一般，既不属于富有之列，也不是生活拮据的那种，父母工作稳定，身体健康，暂时还不需要有人特别照顾；自己身体健康，性格不属于内向，但也不是特别活跃，喜欢安静。

　　What do you want? 你想做什么？很想成为一名老师，这不仅是儿时的梦想，自己还比较喜欢这种职业；其次可以成为公司的一名技术人员；如果出国攻读管理学方面的硕士，回国成为一名企业管理人员也是可以接受的。

　　What can you do? 你能做什么？做过家教，虽然不是自己的专业，但与孩子交流有天生的优势，做家教时当学生成绩进步时很有成就感；当过学生干部，与干事相处比较好，组织过几次有影响的大型活动；实习时在公司做过一些工业优化项目，虽然没有大的成就，但感觉不错。

　　What can support you? 环境支持或允许你做什么？家里亲戚推荐去一家公司做工业工程师；GRE 考得还可以，已经申请了国外几所高校，但能不能有奖学金还很难说，况且现在签证比较困难；去年认识的几个学姐去了心仪的学校做老师，今年的招聘通知还未发出；同学开了一家公司，希望自己能够加盟，但自己不了解这个公司的具体业务，也不知道它有多大的发展前途。

What you can be in the end? 你最终的职业生涯目标是什么？到一所学校当老师，自己有这方面的兴趣和理想，在知识和能力方面并不欠缺，在素质教育大趋势下，与师范类专业相比，自己有专业方面的优势，授课时可以让学生了解更多的前沿知识，而且自己有信心成为学生心目中理想的好老师，不足的是缺乏作为一名教师的基本训练和一些教学技巧，但这可以逐步提高；到公司做技术人员，收入上会好一些，但通过这几年的发展看，这种行业起伏较大，同时由于技术发展较快，得随时进行知识更新，压力较大，信心不足，兴趣也不是很大；去同学的公司丢掉专业从最底层做起，风险较大，这与自己求稳的性格不符，同时家庭也会有阻力；如愿获得奖学金，能够出国读书，回国后去做一名企业管理人员，不确定因素较多，而且自己的把握较小，自己始终处于被动状态。

通过上面的分析，H 同学在对比中逐渐清楚直观地对自己期望的职业有了明确的意向，最终把成为一名老师作为自己的最终职业生涯目标。

（三）决策平衡单分析法

1. 什么是决策平衡单

决策平衡单作为一种职业生涯决策的工具，能够帮助求职者系统地分析每一个可能的选项，综合分析判断各个选择的利弊得失，按照重要性给每个考虑因素赋予不同权重，之后通过加权计分排定各个选项的优先顺序，择一而行。

2. 决策平衡单实施步骤

首先，列出潜在的 3—5 个职业选项，排列在决策平衡单的顶部，参照表 4 - 7 从四个方面分析各个职业选项的得失。

表 4 - 7　决策平衡单实施步骤

自我物质方面的得失	包括收入、升迁机会、工作稳定性、工作环境的安全性、休闲时间、对健康的影响、就业机会、足够的社会资源等
他人物质方面的得失	包括家庭经济、家庭地位、与家人相处的时间等
自我精神方面的得失	包括兴趣的满足、能力的满足、价值观的满足、生活方式的改变、成就感、自我实现的程度、挑战性等
他人精神方面的得失	包括父母、亲戚、朋友的理解和支持等

其次，对各项因素赋予权重。对个人而言，每个因素的重要性是不同的，个体可以主观地为每个因素赋予权重，一般是1—5，因素越重要，其权重越高，比如"5"代表"非常重要"，"3"代表"一般重要"，"1"代表"最不重要"。

再次，针对各项因素进行评分。为每个项目赋予数值，代表得失程度，"+"代表"优势"，"—"代表"劣势"，分值在—5到5，其中"5"代表"完全满足"，"0"代表"不知道或无法确定"，"—5"代表"完全不满足"。之后，将各项职业生涯决策的得分与各项因素的权重相乘进行计分，将结果记录在相应的空格内。

最后，将每一选择下所有的正负积分相加，计算出它的总分。对所有总分进行比较和排序，从而排出各项职业生涯决策的优先顺序，将其作为个体职业生涯决策的有力依据。

3. 职业生涯决策平衡单样表

根据以上步骤的描述，可以绘制出一张如表4-8所示的职业生涯决策平衡单样表。

表4-8　职业生涯决策平衡单样表

选择项目 加权分数 考虑因素		重要性权重 (1—5)	选择一		选择二		选择三	
			+	—	+	—	+	—
个人物质方面的得失	1. 收入							
	2. 升迁机会							
	3. 工作稳定性							
	4. 工作环境的安全性							
	5. 休闲时间							
	6. 对健康的影响							
	7. 就业机会							
	8. 足够的社会资源							
	9. ……							
他人物质方面的得失	1. 家庭经济							
	2. 家庭地位							
	3. 与家人相处的时间							
	4. ……							

续表

选择项目 考虑因素	加权分数	重要性 权重 （1—5）	选择一		选择二		选择三	
			＋	－	＋	－	＋	－
自我精神方面的得失	1. 兴趣的满足							
	2. 能力的满足							
	3. 价值观的满足							
	4. 生活方式的改变							
	5. 成就感							
	6. 自我实现的程度							
	7. 挑战性							
	8. ……							
他人精神方面的得失	1. 父母的理解和支持							
	2. 亲戚的理解和支持							
	3. 朋友的理解和支持							
	4. ……							
总得分								

4. 利用平衡单决策法进行职业生涯决策实例

【案例 4-7】

某应用型高校女生 M 同学，计算机专业三年级，性格外向，开朗活泼，是学院学生会干部，策划组织能力强。还有一年就要毕业了，她根据自己的情况对未来的职业生涯决策确定了三个发展方向，分别是中学计算机老师、企业研发工程师、报考计算机专业硕士研究生。以下是她的具体想法。

中学计算机老师：与自己学的专业契合，存在择业优势，同时工作稳定，但是目前岗位需求量不大。

企业研发工程师：市场缺口大，福利待遇相对优厚，但是工作强度高，竞争激烈。

报考计算机专业硕士研究生：可以进一步提升自己的专业水平，未来职业生涯决策更加广阔，但是家庭负担较大，而且报考研究生不确定因素很多。

　　M同学根据个人需求对各项影响因素进行评分，利用职业生涯决策平衡单作出的职业生涯决策结果（见表4-9），根据加权分值，M同学能够清楚直观地选择适合自己的职业，最后她决定选择教师这份工作。

表4-9　M同学的职业生涯决策平衡单

考虑因素	选择项目　　　加权分数	重要性权重(1—5)	教师 +	教师 −	工程师 +	工程师 −	报考研究生 +	报考研究生 −
个人物质方面的得失	1. 收入	4	3		4			5
	2. 升迁机会	4	3		3			
	3. 工作稳定性	4	5			3		
	4. 工作环境的安全	4	4		3			4
	5. 休闲时间	3	4			4		
	6. 对健康的影响	5		1	4			1
	7. 就业机会	4		3	3			4
	8. 足够的社会资源	3	2		3			4
他人物质方面的得失	1. 家庭经济	3	2		4			3
	2. 家庭地位	3	4			1		3
	3. 与家人相处的时间	4	4			3		
自我精神方面的得失	1. 兴趣的满足	3	4		3			2
	2. 能力的满足	4	4		4			2
	3. 价值观的满足	3	3		3			1
	4. 生活方式的改变	3	3			2	4	
	5. 成就感	3	4		3			3
	6. 自我实现的程度	4	4		3			2
	7. 挑战性	2	1		3			5
他人精神方面的得失	1. 父母的理解和支持	4	4		2			3
	2. 亲戚的理解和支持	1	5		2			3
	3. 朋友的理解和支持	1	2		3			2
	4. 学长学姐的理解和支持	2	3		4			3
总 得 分			196		93		68	

　　上述职业生涯决策的三种工具可以帮助我们在面临多种职业选择时进行一个理性、客观的比较，从而选到一个相对满意的岗位。当然在实际操

作过程中，职业的选择往往还与个人兴趣、气质、性格和能力等密切相关，可以综合考虑。

三、职业生涯决策的影响因素

每个人的职业生涯决策都受到许多因素的影响，总体来说，这些因素分为内部因素与外部因素。内部因素包括心理特征、专业背景、即时状态。外部因素主要涉及职业外部宏观环境与微观环境的探索，包括社会环境因素、家庭和成长环境因素。这些影响因素之间的关系如图 4-3 所示。

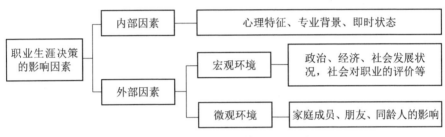

图 4-3　职业生涯决策的影响因素

1. 内部因素

影响职业生涯决策的内部因素主要包括职业兴趣等在内的心理特征、专业背景、即时状态。心理特征主要指包括本教材第二章涉及的性格、职业兴趣、职业能力、职业价值观等在内的一系列影响个人职业生涯决策的因素，这些共同组成个人决策风格。专业背景是学生在经过若干年专业学习后，都希望能在本专业领域找到专业对口或专业相差不大的工作。他们在作职业生涯规划时不自觉地将专业背景列入个人职业生涯决策的考虑因素内。即时状态是指决策过程中会遇到许多障碍，这些障碍会影响个人的职业生涯决策。因此，在作决策时需要让个人的身体、情绪和精神状态保持在最佳状态。

2. 外部因素

影响职业生涯决策的外部因素主要包括政治、经济、社会发展状况，社会对职业的评价，家庭成员的意见，以及朋友、同龄人的影响。政治、经济、社会发展状况是影响个人职业生涯决策的外部因素。国家政治、经济和社会的发展决定国家某一阶段就业结构变化、劳动力流向、行业选择等变化，是个人职业生涯决策的宏观背景因素。社会对职业的评价是影响个人职业生涯决策的又一外部宏观因素。当前大学生的职业生涯决策也将社会评价、社会声望作为考虑因素之一。家庭成员的状态和意愿是大学生在进行职业生涯决策中需要考虑的外部微观因素之一。家庭成员的身心状态，家庭成员中父母的价值观、性格、行为、人际关系、个人职业经历和职业资源等都会成为影响学生职业生涯决策的因素。当前大学生作职业生涯决策时，受朋辈影响也较大。朋友、同龄人群体的职业价值观、行为、态度等会不自觉地成为个人职业生涯决策时的参照指标，个人的职业生涯选择也会因为周围人的价值判断、评论或建议等改变。

四、职业生涯决策的主要任务

作为职业人，在职业生涯决策时需要明确这样几个关键问题：选择什么职业；选择什么行业；选择这个行业的什么工作；怎么努力才能获得这一岗位；在许多就业机会中，选择适合自己的工作机会；选择工作地点；选择职业生涯目标或系列的提升目标。

大学生在校期间，需要明确以下五个具体的职业生涯决策任务。

1. 自我定位决策

自我定位决策，就是需要通过自我探索，深入而全面地了解自我。大学生可以通过部分量表、征询他人评价、自我评价等方式深入了解个人性格、职业兴趣、职业价值观、职业能力等信息，同时还需要了解自己所在班级、全校、全市甚至全国同专业、同年龄水平学生的特点，通过比较清晰定位自我，避免在职业生涯决策时自我评价过低或过高。

2. 行业定位决策

在自我定位基础上，需要进行行业定位。通过认真细致了解目标行业整体状况、发展趋势、人才基本需求，从而结合自身实际情况，作出行业定位，避免出现盲目择业或者无从择业的现象。同时，行业的选择也会受经济和社会发展、社会评价、家庭成长环境和个人理想的影响。许多应用型高校都具备相应的行业背景，学生可以多关注学校就业资源，将此作为个人行业定位决策的重要参考，而不是盲目跟随社会大流，将高薪作为自己选择行业的唯一指标。当前高端制造业是国家重点关注的行业，决定国家制造业水平，是国家核心竞争力的重要体现。应用型高校毕业生可以将高端制造业作为个人职业生涯决策的目标行业。

3. 岗位定位决策

岗位的选择主要由个人特质决定，与个人性格、兴趣、价值观、能力等心理特征相关。学生在自我探索基础上分析个人优势与劣势，在了解岗位工作内容基础上予以匹配，使个人的优势在目标岗位上得到充分发挥，或者使个人通过努力能胜任岗位要求，并得到成长。如果不顾个人特点，盲目跟从他人的选择，则会出现人职不匹配的情况，阻碍个人职场发展，不利于个人成长。

4. 地域定位决策

地域定位主要指个人工作时对工作区域的考虑。工作区域的选择不光是个人意见，也是整个家庭的意愿。选择不同的工作区域意味着要做不同的准备工作，未来的人生也会因此不同。沿海地区经济发展迅速，机会较多，许多专业在沿海城市会有很多工作机会，但生活成本较高。内陆地区经济发展相对较缓慢，生活成本相对较低，但许多专业毕业生找到对口的工作机会比较困难。应用型高校大学生在考虑个人的工作区域时要综合考虑个人的能力、优势和资源，使个人未来职业生涯能得到最大化发展。

5. 收入定位决策

个人职场收入也是许多人最关注的问题。学生需要先综合考虑企业情况、个人能力、同类高校毕业生的收入情况、岗位未来的发展前景等再作判断。许多职业起步待遇并不高，但未来发展前景好，个人在职业生涯决策中不能只关注眼前的待遇而忽略长远的职业生涯发展。

五、应用型高校大学生职业生涯决策的困难及其解决方案

每个人在职业生涯决策中都会出现不同的困难，应用型高校大学生也不例外。以色列职业心理学家盖伊特（L. Gait）等人 1996 年依据职业生涯决策理论构建出理想职业生涯决策者(ideal career decision maker)模型。[1] 他们认

① Gati, L., Krausz, M., & Osipow, S. H. A taxonomy of difficulties in career decision making [J]. Journal of Counseling Psychology, 1996，43（4）：510-526.

为，顺利的职业生涯决策过程应该是职业生涯决策者具备职业生涯决策的意识，愿意作出决策，能作出"正确的"、基于个人职业生涯目标的决策，采取与系统步骤一致的决策。

（一）职业生涯决策困难的表现

盖伊特认为，任何达不到理想职业生涯决策状态的人都有职业生涯决策困难。这些困难以两种形式影响人的职业生涯发展：一是阻碍职业生涯决策的过程；二是妨碍决策者作出最优决策。[①]下文将探讨应用型高校大学生职业生涯决策困难的类型和解决方案。调查显示，应用型高校大学生在职业生涯决策中更多表现出冲动型、顺从型、延迟型、烦恼型或者直觉型的决策风格，计划型决策风格占比不到10％，这或多或少导致应用型高校大学生的职业生涯决策困难。

【案例4-8】

W同学是应用型高校的大四学生，他现在手中握有好几个录用通知，如国有企业、外商投资企业、中小企业……但是他无法作出让自己最满意的选择，他很苦恼。他担心选了A企业，却不能获得B企业的待遇；选择B企业，能享受良好的待遇却无法获得更好的发展平台。W同学为此非常纠结，迟迟拿不定主意。

W同学是典型的烦恼型职业生涯决策风格。他期待自己的选择能达到效益最大化，但是职业生涯决策过程本身就意味着选择了一项就得放弃其他更多的可能。

（二）职业生涯决策困难的类型

在校大学生在职业生涯决策中主要出现三类困难：职业生涯决策缺乏准备；职业生涯决策信息不充分；职业生涯决策面临矛盾冲突。

1. 职业生涯决策缺乏准备

对于应用型高校大学生而言，缺乏准备是职业生涯决策困难的首要问

---

① Asher, G. L. The PIC model for career decision making: Prescreening, in-depth exploration, and choice [M] // Leong, F. T. L., & Barak, A. Incontemporary models in vocational psychology: A volume honor of Samuel H. Osipow. Mahwah, NJ : Lawrence Erlbaum Associates, 2001: 7-54.

题，主要表现为缺乏职业生涯决策的动力，对职业生涯决策犹豫不决，对未来的职业生涯有着不切实际的期待。相较于其他综合类、研究性高校，应用型高校大学生在职业生涯决策自主性、学习主动性方面需要不断努力。同时，学生缺乏职业生涯决策信心，表现为职业生涯决策风格的犹豫型、拖延型等，常常会纠结于以下问题："我本来的第一志愿不是这个学校、这个专业，出于无奈才选择了它……""我现在进了这个专业也不知道未来可以做什么……""关于未来，我完全没有方向和目标……""我觉得 A 企业所在的行业发展前景非常好，B 企业薪资待遇水平高，上次还面试的另外一家企业提供的岗位是我喜欢的，我该选择哪一个……""我觉得报考研究生可以试试，报考公务员也可以试试，实在不行，我就去考教师资格证……"以上同学出现职业生涯决策困难的原因在于对自己所学专业缺乏了解，对所在学校的就业资源和就业情况缺乏了解，对自身的职业价值观缺乏了解等。

2. 职业生涯决策信息不充分

应用型高校大学生的职业生涯决策困难还源于对信息了解不充分，主要表现为对职业生涯决策过程信息了解不充分、对自我了解不充分、对职业信息了解不充分、对外部世界了解不充分等。

【案例 4 - 9】

某应用型高校大学生 D 同学过五关斩六将地去了一家银行担任柜员工作，但是时间一长，发现自己很不适应企业氛围，每天去上班内心都非常抗拒。最后 D 同学实在受不了，离职了，需要重新寻找自己的职场起点。

【案例 4 - 10】

某应用型高校大学生 E 同学想去一家国有企业工作，但是发现这家国有企业将英语四级考试作为录用的基本必备条件，而 E 同学在大学期间并未通过英语四级考试，所以只能望洋兴叹了。

【案例 4 - 11】

　　某应用型高校大学生 F 同学拒绝了一个企业的录用通知，因为这家企业创办时间不长，工作非常辛苦。但是没多久，这家企业由于是高科技创业企业，成功上市了，企业获得了更大的平台和更多的发展机会，员工们从此也大大获益。为此，这位同学感到很后悔。

　　D 同学职场失利的原因在于对自己的职业兴趣、职业性格等了解不充分，没有根据自己的职业兴趣来选择匹配的工作；E 同学失利的原因在于没有在求职前充分了解心仪国有企业的用人要求，错过了提前准备的关键期；F 同学失利的原因在于对企业的发展前景和战略目标等缺乏充分了解，为此错过了与企业共同成长的良机。

　　3. 职业生涯决策面临矛盾冲突

　　职业生涯决策中经常会面临许多内部和外部的矛盾冲突。内部的矛盾冲突主要指应用型高校大学生在职业生涯决策中会面临来自个体的需求与喜好之间的冲突。诸如，上文提及的许多应用型高校大学生在择业中经常会面临"喜欢 A 公司的职位，因为这个职位的工作内容非常符合个人兴趣爱好，但是 B 公司待遇较好"这类情境，这就是个体的内部特质与外部生活需求相冲突的情况。想在上海从事本专业工作的同学因为家庭计划有调整，为了照顾家人而去其他城市发展的案例也是个体规划与外部家庭需求冲突的体现。①

　　（三）职业生涯决策困难的解决方案

　　如何进行有效的职业生涯决策，是应用型高校大学生能走好职业生涯规划的关键一步。应用型高校大学生应从学校提供的多元职业选择出发，充分利用校内外资源提升职业生涯决策能力。

　　1. 认真上好学校专业课程，提升专业能力

　　校内专业课程学习是大学生掌握职业生涯决策能力的前提，只有掌握扎实的专业知识和技能方能有足够的底气进行职业生涯决策。应用型高校

---

① 刘洪超，张蕾，鲁燕. 大学生生涯决策能力现状、趋势与应对策略——以陕西某高校为例［J］. 中国大学生就业，2020（20）：53 - 57＋52.

大学生需要在大学期间认真学好专业知识，掌握专业技能，多了解本专业在日常工作中的应用，不断提升个人专业能力。许多应用型高校大学生在提及个人专业时，经常埋怨所学专业并非个人所选、个人所爱。但是，放弃个人专业学习，在大学期间放任自我、不学习是不可取的。应用型高校大学生可以在完成个人专业基本要求的前提下，通过辅修专业、自学等形式学习个人感兴趣的专业。扎实的专业基础知识和能力是应用型高校大学生作出职业生涯决策的前提。

【案例 4-12】

　　G 同学是某应用型高校大四学生，由于大一到大三均有挂科，大四的他还要继续重修挂掉的课程。与此同时，他周边的其他同学大部分已经找到工作，有的已经去企业实习，有的已经签好就业协议等待入职。对于 G 同学而言，他担心重修课程无法通过而影响正常毕业，在职业生涯决策风格中表现为延迟型：抗拒就业，颓废，抑郁，窝在寝室不愿意与外界接触。班主任老师了解情况后与 G 同学做了深入交流。G 同学说出了自己的担忧，学业上经常挂科的他担心自己同样不能胜任职场，害怕面对找工作的失败。班主任老师耐心地向 G 同学分析了当前的就业形势、所处的关键阶段、面临的主要问题以及他自身的优劣势等，逐步引导他转变认知，树立自信，鼓励 G 同学积极作出职业生涯决策。最终，在班主任老师的鼓励、引导和帮助下，G 同学从校企合作用人单位资源库中找到了一份能兼顾学业与实习的工作。

　　在案例 4-12 中，G 同学由于学业上的准备不够充分，担心自己胜任不了职场，从而在职业生涯决策风格中表现为延迟型。经过老师的引导，在充分了解自己的需求和优势后，G 同学开始逐渐转变认知，抓住求职就业的关键期，利用学校校企合作的资源优势求职成功。

　　2. 积极选修职业生涯类课程，提升职业生涯决策知识

　　应用型高校大学生在大学期间要认真完成职业生涯规划类课程的学习。当前大学生职业生涯规划在各高校得到高度重视，开设了职业生涯类的必修课程和相关的选修课程。这些课程涉及职业生涯决策的知识、方

法、流程步骤等信息，同时也涉及就业指导相关的知识和技能。另外，部分课程涉及职业生涯相关的时间管理、心理素质提升等相关内容。但是这些课程并未得到高度重视，许多同学只是从学分要求的角度修完课程，并未将课程完全内化于心，外化于行。思想上的忽视导致这些课程达不到预期效果。因此，应用型高校大学生需要提升思想认识，认真学习职业生涯类相关课程，在职业生涯实践中尝试探索了解自我，了解外部世界，从而作出最适合的职业生涯决策。

3. 利用校内外实践，提高职业生涯决策心理素质

应用型高校大学生可以充分利用校内外实践活动，增加职业生涯决策信息，提高职业生涯决策心理素质，为职业生涯决策做好准备。学生们应充分利用校内各类讲座信息、校友分享、校史参观等了解学校的活动；参加各类科创活动、校外志愿服务活动、校外参观、实习等增加职业生涯决策信息的活动，同时也通过以上活动提高职业生涯决策的心理素质。应用型高校的各类校友资源、产学研资源都与学校的行业背景相关，与国内高端制造业相关。关注以上资源可以帮助同学们真正了解学校、了解行业及企业等的职业信息。当前中国正从制造业大国向制造业强国转变，学生们应该积极利用以上资源，明确未来行业、职业的发展方向，立志投身于高端制造业，为提升中国制造业实力作出自己的贡献，同时使自己在未来有更好的职业生涯决策能力。

第三节　应用型高校大学生的多元化职业生涯目标

在当前多元化社会背景下，应用型高校大学生的职业生涯目标也呈现出多元化趋势。职业生涯目标与毕业去向紧密相关，大学生的毕业去向分为就业、参军入伍、升学深造以及其他。

一、就业

对于应用型高校大学生而言，绝大多数毕业生的职业生涯目标是就

业。就业是达到法定年龄的个体为获得报酬而从事的务工劳动，以教育部对就业率的统计口径来分，就业除了签约就业、合同就业、灵活就业之外，还包括国内升学、出国出境、定向委培和自主创业。以上海某应用型高校 2020 年就业质量报告为例，其就业率[①]高达 96.96％，其中签约就业或合同就业的占比 78.27％，灵活就业占比 6.06％，升学比例仅有12.63％。这些数据从一定程度上反映出应用型高校人才培养是以就业为导向的。

（一）企业就业

1. 就业单位分析

按单位性质统计，应用型高校大学生在国有企业、三资企业、民营企业等各类企业就业，其中中小型民营企业已逐渐占据主导地位。某应用型高校 2019 年就业质量报告显示，51.3％的毕业生流向中小企业。

2. 就业行业分析

应用型高校大学生多数前往"制造业""信息传输、软件和信息技术服务业""交通运输业、仓储和邮政业"等与学校专业设置和人才培养定位高度契合的行业。某应用型高校毕业生 2019 年就业质量报告显示，39.53％的毕业生选择了"制造业"，其次为"信息传输、软件和信息技术服务业"。

3. 就业岗位分析

应用型高校大学生就业岗位多数为工程技术人员、其他专业技术人员等。某应用型高校 2020 年毕业生就业质量报告显示，毕业生就业岗位为工程技术类的占比为 31.92％，其他专业技术人员占比 18.35％，技术性、应用性特色明显。

（二）公职类就业

也有小部分同学通过公务员、事业编制考试，成为国家各级党政机关、事业单位、人民团体的工作人员，被纳入国家编制，统称公职类就业。这类就业由于有较好的福利体系，社会地位较高，工作稳定有保障等，成为不少大学毕业生十分向往的选择。这类岗位往往都要通过考试进

---

① 按照教育部统计口径：就业率＝（签约就业＋国内升学＋出国出境＋定向委培＋合同就业＋灵活就业＋自主创业）/毕业生总人数。

行选拔，招录职位明确要求具有基层工作经历，部分地区公务员对社会人员报考有居住证积分和户籍的限制。公务员考试分笔试和面试，笔试内容包括公共科目考试和专业科目考试。公共科目一般为"行政职业能力测验"和"申论"。专业科目不同地域有不同要求，如上海公务员考试专业科目分为"政法""财经管理""信息管理""城市建设管理""卫生健康管理"五大类。

（三）基层就业

"到基层去，到西部去，到祖国最需要的地方去"，为响应国家号召，越来越多的热血青年加入基层就业的队伍。

1. 基层就业项目类型

基层就业项目类型包含"三支一扶"项目、"高校毕业生到村任职"项目、"大学生志愿服务西部计划"项目以及"社区工作者"。

"三支一扶"项目是中央部门组织实施的四大基层就业项目之一，岗位包括"支农、支教、支医和扶贫"岗位，以及基层公共服务岗位。招募的高校应届毕业生服务期间的身份是"三支一扶"志愿者。"三支一扶"项目一般服务期为2年，服务期满后在公务员招录、事业单位招聘、报考硕士研究生、自主创业以及国家补偿学费和代偿助学贷款等方面都享有优惠政策。

"高校毕业生到村任职"项目指"大学生村官"项目。早在2008年，中共中央组织部、教育部、财政部、人力资源和社会保障部出台了《关于选聘高校毕业生到村任职工作的意见（试行）》（组通字〔2008〕18号），计划用五年时间选聘10万名高校毕业生到农村担任村党支部书记助理、村委会主任助理或者团支部书记、副书记等职务。从2010年开始，扩大选聘规模，逐步实现"一村一名大学生村官"计划的目标，一直延续至今。"大学生村官"选聘对象原则上为全日制本科及以上的学生党员或优秀学生干部。选聘的基本条件为思想政治素质好，作风踏实，吃苦耐劳，组织纪律观念强；学习成绩良好，具备一定的组织协调能力；自愿到农村基层工作；身体健康。选聘对象和选聘条件的具体规定，由省（自治区、直辖市）党委组织部根据实际情况确定。

"大学生志愿服务西部计划"项目。2003年，共青团中央、教育部、财政部、人力资源和社会保障部根据国务院常务会议和全国高校毕业生就业工作会议精神，联合实施"大学生志愿服务西部计划"项目，招募普通高等学校应届毕业生或在读研究生，到西部基层开展为期1—3年的志愿服务工作，鼓励志愿者服务期满后扎根当地就业创业。"大学生志愿服务西部计划"项目按照服务内容分为基础教育、服务"三农"、医疗卫生、基层青年工作、基层社会管理、服务新疆、服务西藏7个专项。自2010年开始参加"大学生志愿服务西部计划"项目的，服务期满2年且考核合格的志愿者，3年内报考研究生，初试总分加10分，同等条件下优先录取。报考公务员等享受相关优惠政策，出省服务的和在本省服务的志愿者优惠政策必须保持一致，具体政策规定由省级人力资源和社会保障部门确定。① 党中央、国务院高度关心"大学生志愿服务西部计划"项目志愿者，曾多次作出批示或给志愿者回信，肯定志愿者们在西部地区辛勤耕耘、默默奉献，为当地经济社会发展、民族团结进步作出了贡献，勉励越来越多的青年人以志愿者为榜样，到基层和人民中去建功立业，让青春之花绽放在祖国最需要的地方，在实现中国梦的伟大实践中书写别样精彩的人生。

社区工作者隶属于国家民政局，是国家为推动城市化发展和维护社会稳定而设立的岗位，以自然居住小区为服务单位的工作人员，是活跃在我国社区建设工作第一线的社会工作者队伍，是专门从事中国社区社会工作的专业人员。社区工作者一般要求具备大学专科及以上学历，年龄在45周岁以下，身体健康，品行良好，具备符合岗位职责要求的组织协调、综合分析、交流沟通和解决问题的能力。部分经济发达地区，社区工作者的待遇可以参照当地事业编制的待遇。

2. 基层项目就业的重要意义

很多大学生对基层项目就业存在一些疑虑。事实上，基层项目就业岗位的设置是有其特殊意义的。

第一，基层项目就业有利于引导高校毕业生到艰苦地区、到基层建功立业，引导他们自觉地把个人的理想和现实的需要结合起来，帮助大学生

① 大学生志愿服务西部计划项目介绍 [EB/0L]. (2018 - 05 - 03) [2020 - 06 - 02]. http://xibu. youth. cn/xmjs/201510/t20151015 _ 7212132. htm.

深入了解国情、了解社会，树立行行建功、处处立业的观念，建立志存高远的人才观、世界观和价值观。

第二，基层项目就业有利于促进农村教育、卫生、农业与扶贫等社会事业的发展，改善当地的人才队伍结构，为基层建设增添新的活力。对于应用型高校毕业生而言，学有所用的感受会更加明显，也会对未来更加充满信心。

第三，基层项目就业有利于培养造就一批既有现代科学文化知识又有基层工作经验和强烈社会责任感的优秀青年人才队伍，推动经济社会的全面、和谐发展。①

综上所述，基层项目就业无疑给广大应用型高校毕业生提供了一个施展才华的舞台，给他们提供丰富的基层工作经验，锻炼他们坚强的意志。从基层项目就业岗位走出来的大学生，在日后择业上机会比其他未在基层工作的同龄人大得多，这也是基层项目就业的一个很大的优势因素。对于应用型高校毕业生来说，尤其应该抓住机遇，多到基层历练，积累基层工作经验，为更好的发展做准备。

【案例 4-13】

用一年不长的时间，做一件终生难忘的事
——Z 同学的"大学生志愿服务西部计划"故事

我来自山西忻州，有大家熟知的五台山和醋。四年前，我怀着对上海的憧憬和向往，踏上了前往大学的路；四年后的现在，我又怀着对新疆的追寻和渴望，奔向了西部志愿的征程。

我生在农村，长在城市，又看遍了国际化大都市——上海的全貌。终于，我毕业了，可一场疫情让本来就对未来迷茫的我更加不知所措。大四这一年，我报考研究生，报考公务员，投简历，面试，实习，经历了无数个毕业生都该经历的种种，可我每一天都在问自己：我想要的到底是什么？

① 正确认识"三支一扶"岗位的重要意义［EB/OL］.（2020-03-17）［2021-02-02］. https：//jinzhou.huatu.com/2020/0317/1585565.html.

参加"大学生志愿服务西部计划"项目是我从入校参与学生工作后就扎根在心中的愿望。很多同学可能不理解我们做团学工作（团委/团总支工作和学生会工作）的学生干部，我也只有那有限的力量带动我的团队做好每一件看起来微不足道的事情。当然会面对很多的质疑和否定，可我就是不服输不甘心，"没有试过怎么就知道一定做不到"也成了我最常说的一句话。认识我的小伙伴都觉得我在工作上是一个很严谨、很严格的人。我认为，工作和生活是要分清楚，工作就要严谨，生活就要自然。

在三年多团学工作的积淀下，我不断完善自身，积极向党组织靠拢，终于在大四第一学期结束时，成为一名光荣的正式党员，当然要很感激老师和同学们对我的指导和帮助。每一次党组织生活会，我都在思考，到底怎么样才是"不仅思想上要向党组织靠拢，行动上更要切实做到全心全意为人民服务"。"大学生志愿服务西部计划"项目的口号解答了我的疑惑。"到西部去，到基层去，到祖国最需要的地方去"，这句话说起来容易，做起来就会遇到很多实际问题了。我知道不能单靠一腔热血就奋不顾身赴疆，于是我查阅了"大学生志愿服务西部计划"项目相关文件以及新疆历史等资料，希望去之前可以做好一定的心理准备。父母也很支持我去祖国西部锻炼，他们说现在的年轻人还是缺乏吃苦的精神，所以我的赴疆之路没有任何后顾之忧。

虽然来到新疆之后的实际情况与想象之中的有出入，服务地和服务单位也有些许调整，但总体来说还是比较顺利的。当我脚踏实地地做真正喜欢的和有意义的事情时，我觉得我很快乐，很幸福，能感受到在大都市里工作不能感受到的美好。

趁着我们还年轻，用一年不长的时间，做一件终生难忘的事，我做到了，我没有遗憾，也祝愿各位学弟学妹都能找到适合自己的路！

二、参军入伍

"宰相必起于州部，猛将必发于卒伍。"从军报国，慨当以慷。如今，越来越多的大学毕业生，响应祖国号召，携笔从戎，到军营建功立业。

我国现在的兵役制度是义务兵和志愿兵相结合。大学生（包括应届毕业生）通过征兵体检，合格入伍前两年就是义务兵（士兵）。服役两年后，如果再进入军队就是志愿兵（士官），士官是领工资的职业军人。军官则是有特定的培养渠道，需要有本科学历或者从军校毕业的背景，士官与军官有严格的界限，战时可以根据需要将士官任命为军官。很多大学生在义务兵期间选择报考军校，如成功考取，毕业后则可以获得军官身份，按照部队的要求到指定的战区任职。义务兵第一年的"兵衔"为列兵，第二年为上等兵；士官分为三等七级，三等为高级士官、中级士官、初级士官，七级为一级军士长、二级军士长、三级军士长（以上是高级士官）、四级军士长、上士（中级士官）、中士、下士（初级士官）；军官的军衔分为三等十级，三等为将官、校官、尉官，十级为上将、中将、少将、大校、上校、中校、少校、上尉、中尉、少尉。[①]

（一）毕业生"直招士官"与报考"军队文职人员"的相关介绍

大学应届毕业生还可以选择"直招士官"和报考"军队文职人员"的方式入伍。

"直招士官"入伍需要满足的基本条件：已经取得大学毕业证，男性未婚，年龄不能超过24周岁，大学所学专业需要符合部队的发展需求，也就是专业对口，"直招士官"一般涉及计算机、道路运输、自动化、通信、机电设备、机械设计制造、医学技术、语言等270余个军民通用专业。高校和所在专业已经开展职业技能鉴定的，应当获得国家颁发的中级以上资格证书。

"直招士官"入伍，进入部队直接就是下士军衔，专科毕业生是下士第一年，本科毕业生则是下士第二年，享受下士的工资待遇。大学毕业生"直招士官"入伍，经过4个月的新兵连和岗前培训之后，都会分配到对应的工作岗位上。也就是说，大学所学的专业和部队的岗位是相匹配的，在部队里面能够发挥出自己的专业特长，是真正意义上的携笔从戎，用知识和技术来为国防和军队的发展作贡献。

---

① 中华人民共和国兵役法 [EB/OL]. (2016 - 02 - 19) [2020 - 06 - 02]. http：//www. mod. gov. cn/regulatory/2016-02/19/content_4618040. htm.

"军队文职人员"是指在军民通用、非直接参与作战且社会化保障不宜承担的军队编制岗位从事管理工作和专业技术工作的非现役人员，是军队人员的组成部分，主要为从事科学研究、工程技术、医疗卫生、教学、新闻、出版、文化艺术、体育等单位的部分专业技术干部职务，以及为机关、院校、医疗等单位内部服务的部分行政事务、生活保障干部职务。文职干部的政治待遇和生活福利待遇按照现役军官的有关规定执行，工资水平与相应级别的现役军官相同。文职干部承担着与现役军官基本相同的义务，享有与现役军官同等工作、学习、参加政治生活、获得政治荣誉和物质鼓励的权利；与现役军官依隶属关系和所任职务，构成上下级或同级关系，工作需要时可改任现役军官。①

（二）大学生参军入伍的意义

联想集团创始人柳传志说过这样一句话："正是曾经的军营，才成就了今天的我。"从法律层面上讲，参军入伍是每个公民应尽的义务。

"身体是革命的本钱"，火热军营的训练是力与美的完美体现，能够练就阳刚的气质、敏捷的反应、矫健的体型和结实的肌肉。几年下来，一个普通青年在部队也能被训练成一名身体强健、英姿勃发的合格军人。沙场点兵、铁马冰河的壮丽人生并不是人人都能经历的。当过兵，扛过枪，为祖国人民站岗放哨，必然是一生的荣耀。

当兵即入学，退伍就毕业。军营是一所"大学校"，不仅能学习军事，还能学技能，学管理，学文化，甚至能学到一些前沿科学。部队每年都要选送士兵到院校、厂家、集训队等培训单位学习驾驶、炊事、修理、卫生救护等"军地两用"技能，掌握一技之长，这为士兵将来走向社会打下专业和实践基础。军营里有欢笑，也有泪水，有成长的烦恼，也有成功的喜悦。正是因为生命中有了当兵的历史，我们的回忆变得美好和珍贵；正是因为生命中有了当兵的历史，一辈子都不会感到后悔。

一人当兵，全家光荣。当戴上大红花走进军营的那一刻起，全家就获得了一份政治荣誉——"光荣军属"。立功受奖，人民武装部会配合退役

---

① 大学毕业参军入伍，走直招士官和义务兵有很大区别，建议了解［EB/0L］.（2020 - 06 - 03）［2020 - 06 - 10］. https://www. sohu. com/a/399869855 _ 120675767.

军人事务部门登门送喜报、慰问品等。如果军人家庭遇有困难、纠纷或涉法问题，部队、地方人民武装部和政府有关部门都会积极协调解决。各行业"军人依法优先"通道逐步开通，更让你倍感荣幸！①

（三）大学生参军入伍的准备

1. 及时获得信息

首先需要做的就是在全国征兵网（https：//www. gfbzb. gov. cn/zcfg/index. action）报名，里面有详细的报名流程。因每年征兵入伍时间存在一定的差异，需要应征学生及时关注各类通知信息，多与学院辅导员老师沟通交流。同时各学校每年都会提前将征兵信息在各高校校园内进行大规模宣传。有意向的同学也可以通过各校武装部等部门了解征兵具体信息。

2. 认真完成学业

应届毕业生征兵入伍是一项针对毕业生的就业方式。按照要求，同学们必须顺利完成大学学习，获得毕业证书和学位证书方能以毕业生身份征兵入伍。因此，有意向入伍的同学在大学期间必须认真完成学业，获得毕业证书和学位证书方才顺利参军入伍，否则不予入伍。

3. 保持身心健康

体检是大学生参军入伍的必经环节之一，而且体检要求高于一般体检。许多学生进入大学后忽视身体锻炼，熬夜、久坐都是影响身体素质的不良因素。只有在大学期间注重锻炼身体，保持健康乐观的心态，确保身心健康，这样才能顺利通过体检这一环节。

同学们每天可以坚持锻炼，俯卧撑，三公里跑，仰卧起坐等，不仅有助于应征学生通过体检，入伍后部队的体能训练也会很快适应。②（体检要求参见《应征公民体格检查标准》摘要，https：//www. gfbzb. gov. cn/zbbm/zcfg/byfg/tjbz. shtml；jsessionid＝D1F3B26EC3AB0DF89A2C13F8564F5C59。）如应征学生平时很少锻炼，初入军营时体能会很吃力。

---

① 大学生参军入伍系列宣传——参军入伍的十大好处［EB/OL］.（2019－05－28）［2020－06－10］. https：//www. sohu. com/a/317512325_675555.
② 参军入伍前可以做哪些准备［EB/OL］.（2020－02－28）［2020－06－10］. https：//zhuanlan. zhihu. com/p/109799145.

【案例 4-14】

给你一个实现军旅梦的机会[①]

看热搜，考"军队文职"。

时间过得飞快，转眼间已毕业接近一年的时间。依然记得那是去年三月份的一个下午，大家都在忙着写论文，找工作，我也不例外。很偶然的一个机会，在网上看到一条热搜，"军队文职"，怀揣着好奇，我点了进去，原来是军队招聘的消息，全军面向全社会公开招考文职人员。正在犹豫签哪家 offer（录用通知）的我，瞬间就被吸引住了。

细查询，定应招决心。

看完信息后，我明白了军队文职人员的属性。《中国人民解放军文职人员管理条例》从两个方面明确了文职人员身份。在国家层面，文职人员依法享有国家工作人员相应的权利，履行相应的义务；在军队层面，文职人员是军队编制岗位中从事管理工作和专业技术工作的非现役人员，是军队人员的组成部分。工资待遇以现役军官为参照，军队建立统一的文职人员工资制度（以应届本科生为例，试用期 7 200元，转正后 9 000 元以上），其他福利待遇也十分优厚（包含住房待遇、社会保险、福利抚恤、探亲休假等）。我接着又去网上查找了一些关于军队文职人员的信息，看完之后更加坚定了我报考的意向。在三月底，我报考了军队文职人员，因为四月底就要进行笔试了，所以在这中间的一个月里，我购买了一些课程和资料，为笔试做好准备。

斩荆棘，启军旅之涯。

笔试过后，就是漫长的等待。直到六月份，笔试的成绩才出来，我以岗位笔试第一的成绩进入面试，而之后七月的面试录取比例是5∶1，和我一起参加面试的还有另外三名入围的同学（一人未参加面试自动放弃）。面试过程非常严格，由于自己发挥得也不是很好，面试成绩第三名。结合之前的笔试第一，最后综合成绩我是第一名。接下来就是非常严格的政审。九月份政审结束，十月份正式入职，军队文职

之路也因此顺利开启。

仍欢喜，盼子衿入麾。

现如今，入职也已逾半年时间，再回头来看当初选择的这份工作，我依然十分庆幸，丝毫没有后悔当初的选择，它不仅圆了我的军旅梦，同时也是一份十分不错的工作。如今，新一轮的招聘即将拉开序幕，期望能有更多优秀的同学选择军队文职，加入军旅！

三、升学深造

在应用型高校中，还有部分同学通过国内升学或出国深造继续深造，攻读硕士学位，提升学术水平。

（一）国内攻读硕士学位

国内攻读硕士学位需要通过硕士研究生考试。硕士研究生考试，俗称"考研"，指具有本科学历或同等学力的考生，报考硕士研究生招生考试的行为。高等学校和科学研究机构（以下简称招生单位）招收硕士研究生，旨在培养热爱祖国，拥护中国共产党的领导，拥护社会主义制度，遵纪守法，品德良好，具有服务国家服务人民的社会责任感，掌握本学科坚实的基础理论和系统的专业知识，具有创新精神、创新能力和从事科学研究、教学、管理等工作能力的高层次学术型专门人才以及具有较强解决实际问题的能力，能够承担专业技术或管理工作，具有良好职业素养的高层次应用型专门人才。[1]

教育部按照一区、二区制定并公布参加全国统考和联考考生进入复试的初试成绩基本要求。一区包括北京、天津、河北、山西、辽宁、吉林、黑龙江、上海、江苏、浙江、安徽、福建、江西、山东、河南、湖北、湖南、广东、重庆、四川、陕西等21省（直辖市）；二区包括内蒙古、广西、海南、贵州、云南、西藏、甘肃、青海、宁夏、新疆等10省（自治区）。

复试是硕士研究生招生考试的重要组成部分，用于考查考生的创新能

---

[1]　教育部关于印发《2020年全国硕士研究生招生工作管理规定》的通知（教学函〔2019〕6号）[EB/OL].（2019 - 08 - 12）[2020 - 05 - 19]. https：//yz. chsi. com. cn/kyzx/jybzc/201908/20190819/1814520332. html.

力、专业素养和综合素质等，是硕士研究生录取的必要环节，复试不合格者不予录取。复试时间、地点、内容、方式、成绩使用办法、组织管理等由招生单位按教育部有关规定自主确定。

随着经济形势的变化，"考研"成为很多人规避就业的挡箭牌，报考人数越来越多，难度亦日渐增加。然而，"考研"本身并不是一个具有普遍适用性的选择，宜慎重考虑。从近几年针对应届毕业生的就业意向调研数据来看，应用型高校本科毕业生普遍存在自视过高的现象。许多学习能力有限、学习习惯不佳、专业水平距离合格的要求尚有很大距离的学生选择报考硕士研究生，此类行为意在以"考研"的名义规避学校的就业管理，给自己逃避进入社会寻找借口，更是缺乏社会责任感与劳动意识淡薄的表现，断不可取。

根据某应用型高校 2020 届毕业生考研录取情况的抽样调查，在 190 个样本中，仅有 17 人考取"一流学科建设院校"，而且录取人数中包括非全日制研究生，89.6% 的学生选择了专业学位硕士研究生。由此观之，应用型高校毕业生充分发挥其应用型教育的背景优势选择同类型的高校进行深造，这是一条更适合的成长路径。①

（二）应用型高校大学生国内升学的建议

1. "考研"误区和盲区②

"考研"动机决定了"考研"能走多远。表 4 - 10 和表 4 - 11 简要作了一些分析。

表 4 - 10 "考研"动机分析一览表

	类 别	观 点
1	逃避就业派	对踏入社会没有信心，选择"考研"作为"避风港"。如果你无法直面问题，就不可能解决问题。既然就业是一个必不可免的归宿，那么逃避心理万万要不得。如今就业形势严峻，研究生文凭的"含金量"对未来说也是个未知数，把"考研"当作"避风港"，到最后必然会工作和"考研"都将以失败告终。对于应用型高校大学生来说，去社会上历练几年更值得
2	赌气"考研"派	在现实中你是否有过被家里人催促报考公务员或事业单位的经历？许多"90后"和"00后"会觉得公务员的工作很枯燥，在和家里人赌气的状态

① 教育部关于印发《2020 年全国硕士研究生招生工作管理规定》的通知（教学函〔2019〕6 号）[EB/OL].（2019 - 08 - 12）[2020 - 05 - 19]. https：//yz. chsi. cn/kyzx/jybzc/201908/20190819/1814520332. html.

② 2016，你为什么选择考研 [EB/OL].（2016）[2020 - 06 - 01]. https：//yz. chsi. cn/yzzt/ky_why2016.

续表

	类别	观点
2	赌气"考研"派	下选择了"考研"。更有甚者,为了自己的男(女)朋友选择了"考研"。建议这类考生一定要权衡清楚两者的利弊,如果你真的下定决心"考研",那就找时间好好和他们谈一谈,"考研"期间没有身边亲友的支持和理解,你也会缺乏前进的动力
3	莫名其妙派	也许你只是跟着同学去听了一场"考研"的讲座,就充满鸡血地喊着要"考研";又或许是在班级"随大流"申请了自习室,然后就加入"考研"的队伍。这种莫名其妙的"考研"派撑起了"考研"大军的半边天。但当激情褪去时,你会发现,没有目标和理想的"考研"是乏味和疲惫的。选择"考研"的同学们需要理智,不盲目的投入才不会有无奈的退出

表 4-11 "考研"动机分析①

	类别	观点
1	获得继续深造的机会	大学四年,能传授给学生的专业知识并不是很多。本科阶段并不仅是要教会学生多少专业知识,这个阶段的课程大多会比较宽泛,往往是知识面广而深度不够。而进入研究生阶段后,主要培养的就是学生的科学研究能力,能在某一个领域或某一个方向深入下去,从而对该方向能有清晰的认识、准确的把握和深刻的理解,掌握相关的知识和技术,并具备进一步技术开发或学术研究的能力。有深造目标的人,选择"考研"进而"读研"是一个值得肯定的选择,而且这类"考研人"也是最有可能成功的,研究生导师也更喜欢真正想做科研的学生
2	追求兴趣的专业化	很多人的本科专业不是自己的兴趣所在。或是由于当初填报专业的时候对所报专业的研究领域、应用价值、发展前景一无所知,或是因为分数低而被硬性调剂的,或是由父母、亲人代为选择的。进了大学之后,他们才发现自己对所学专业实在提不起兴趣,通过某些途径或机缘巧合,反而对其他专业产生了兴趣,于是想在自己感兴趣的专业领域深造和发展。也许你在工作岗位上待了几年之后,终于发现了自己的兴趣所在,于是想在感兴趣的领域深造,那么"考研"进而"读研"也是最理想的选择之一。只有热爱自己的专业,才能作出非凡的成绩
3	在备考中提升自己	在备考的过程中,考生的思维能力、理解能力、总结归纳能力、写作能力、记忆能力等都将得到升华;其抗挫能力、看待成败的人生态度、时间规划与管理能力等都将得到极大提高或转变,对今后的人生无疑是有极大的促进作用。"考研"最大的收获,不是一张录取通知书,而是在"考研"过程中获得的能力与收获的良好心态、态度和习惯。这样的同学,即使"考研"失败,也能够坦然面对,以高度的责任感加入求职队伍中,不会执拗于"考研"来蹉跎岁月

2. 国内升学考试准备

好的方法是成功的一半,"考研"复习也要讲方法(见表 4-12)。

① 2016,你为什么选择考研 [EB/OL]. (2016) [2020-06-01]. https://yz.chsi.com.cn/yzzt/ky_why2016.

表 4-12　"考研"备考方法①

	方　法	观　　点
1	专业选择——适合的才是最好的	选专业，兴趣肯定是最重要的因素之一。既然是报考研究生，就注定要在这个领域进行深入的学习研究，而且在很大程度上你的专业就是将来要工作的领域，如果没有兴趣或兴趣不大，很难在该领域有所开拓，取得科研成果。除了兴趣，还要考虑难度，有些专业近些年招生过于火爆，分数偏高，难度太大。对于应用型高校大学生，要学会找准定位，这样的专业明显不适合报考，宜早些放弃。如果是跨专业"考研"，则需要慎重决定，早做准备，花更多的时间和精力进行专业课复习。另外，跨专业"考研"初试、复试中专业知识背景不占优势，更需要慎重选择
2	院校选择——"考取为干，择校为枝"	院校的选择，可考虑以下三个因素：一是未来工作的城市，将来打算在哪里就业，就选择哪里的高校，这样既熟悉当地环境，又有人脉资源；二是个人的能力，"考研"目标院校的选择一定要量力而行，要确保有机会考上，理想的目标院校应该是在个人能力与个人抱负的交叉点上；三是所选择的专业，要考虑所选择的院校是否有目标专业，以及目标专业的强弱等
3	复习备考	对于政治的复习，在刚上大三时不用过急，因为每年考试大纲变动都很大，只要跟着教学进度学习就可以了。此时的复习重点是全面夯实基础，为"考研"作些知识点的积累，有政治敏锐性，能运用所学知识解决现实重大问题 对于英语的复习，很多学生往往考完四、六级后便把英语弃置一边，等到"考研"时现抓一把，这是不可取的。英语这门课程平时打牢基础非常重要，包括扩充词汇量，培养语感，提高阅读速度和理解能力，提高写作能力等 对于数学的复习，如果还没有学完，就一定要好好学，打下坚实的基础。如果已经学完所有课程，这一阶段最主要的目标就是把全部的内容都复习一遍，巩固基础。全面整理一下基本概念、定理、公式及其基本应用，同时配合一定量的练习。真题是最好的练习题，结合真题发现不足之处，以便在日后备考中有针对性地加以弥补 对于专业课的学习，首先要做的是调查所报院校专业指定的参考书，并设法购到或借到这些书，还可以把该校学生做的笔记借来作参考。对于跨校跨专业的学生，应及早开始专业课程的复习，有条件的话可旁听一些重要的专业课

【案例 4-15】

学习先进典型，汲取榜样力量②

　　五月，正处春末夏初，也是不舍的季节，因为毕业正在款款而来。不过莘莘学子可不只有儿女情长的不舍，我们要在毕业季逐前任风浪，

---

① 未雨绸缪　大三的你如何备战考研［EB/OL］. (2017)［2020-06-01］. https://yz.chsi.com.cn/yzzt/dsbk2017.
② 本案例来自某应用型高校学生 K 同学的经历分享。

成后起之秀。

这一次，带大家走近一位颇有传奇色彩的 K 学长——2015 届毕业生，曾从军入伍两年，并在退伍归来后，意气风发地考取上了上海理工大学的研究生。

● 开端——迷茫中寻路

和绝大部分同学一样，我也是经历了十多年的寒窗和高考，来到了这所学校。虽说不是自己最想去的大学，当时的我还是对大学满怀着激动和向往——一个充满未知、充满机会的新环境，也有着一腔大干一番、闯荡天地的豪气。然而一下子突然失去了十多年来种种的束缚与约束，学习、生活逐渐怠惰。每天总在教学楼、食堂、寝室三点之间来回。碌碌无为的生活节奏使得对未来充满了迷茫，总感觉心中缺了点什么。

● 转折——投笔从戎，安邦卫国

从小就听别人说："当兵后悔两年，不当兵后悔一辈子。"虽说不知道这话的真正含义，但"军人"二字打小就成为我心中最高的偶像。无数的红色电影、纪录片的涤荡不断刺激着我心中冉冉的从军梦。终于——迎着征兵的浪潮，我义无反顾地参军入伍，成为那个自己从小羡慕的人——军人。

● 蜕变——两年从军，磨砺血性阳刚

二十多年来，人生最浓墨重彩的时刻就是那年的军旅生活。"魔鬼周"的训练磨炼着每个人的精力和耐力。烈日下，众多从未练过的项目以及高强度的体能训练真正阐释了"钢铁是怎样炼成的"。男人的血性、阳刚的气魄、健壮的身体，无一不受益于当年的军旅生活。

接下来，是我们的小记者对 K 学长的详细采访：

1. 学长，你是退伍士兵，当初是什么让你想去投笔从戎、参军入伍的呢？

从小便受到红色书籍、军旅电影的熏陶，我对部队充满了向往。军队的神秘色彩、一腔热血报效祖国的壮志始终在心间涤荡。同时，学生活相对平淡，对未来发展的迷茫更让我坚定了从军的信念。

2. 可以和我们分享一下军旅生活中最让你珍视的回忆吗？

永生难忘那七天的魔鬼训练——不同于平时的训练，那些全新的训练项目和训练方式、令人窒息的训练强度是对我们往日积累的战斗能力、极限体能、应急处突的一次综合检验和挑战。在那样的磨砺中，我真正体会到"度日如年"四字的真实感觉。同时，我的综合能力和思维模式获得了很大突破，也更明白了团队协调作战的重要性。

3. 军旅生活对你之后的学习和"考研"有哪些帮助和激励呢？

"考研"前两个月的备战正如从军两年般的艰苦，最后一周的冲刺更让我想起魔鬼特训的点滴——军人的铮铮铁骨、永不服输的凛然傲气时时刻刻回荡在我心中。

4. 大学四年的学习生活中肯定有不少记忆深刻的瞬间，和我们说说吧！

印象最深的一件事是我当兵回来之后，做了我们学校的军训教官。在学弟学妹身上，我感受到校园里面的生机勃勃，更有动力和勇气去面对今后的挑战。

5. "考研"的路途漫长艰苦，学长你是怎么走过来的？有没有特别想感激的人呢？

"考研"之路确实非常艰辛。总分500分，每一分都来之不易。我想感谢我爸妈能够在我"考研"这段时间非常支持我。更要感谢学校老师为我的学习提供了帮助。还有我的室友一直跟我奋战在"考研"一线，一同共渡难关。

第四节　职业生涯规划书

在明确个人职业生涯目标后，还需要撰写职业生涯规划书。这是个人职业生涯规划的最后一步，也是进一步梳理个人思路，是对自我的再认知，对目标职业再分析和再确认的过程，同时也为职业生涯规划下一步的实施指明方向。

一、职业生涯规划书的制定原则

（一）匹配性原则

大学生制定职业生涯规划书必须考虑人职匹配这个首要原则，具体是指个人的职业定位要与职业需求相匹配。前期在通过全面了解个人性格、职业兴趣、价值观、职业能力等基础上制定的职业定位，需要与目标职业对人的要求匹配，不能出现不相关甚至背道而驰的状况。

（二）现实性原则

大学生制定职业生涯规划书必须充分考虑职业现状和个人现状。许多大学生在制定生涯规划书的时候重点关注个人喜欢什么，想做什么，忽略了对目标职业的了解、分析与评价。部分行业中的职业准入要求较高，如果以应用型高校大学生的身份进入该行业存在困难，则探索行业准入途径是当下需要考虑的问题。另外，部分行业已进入衰退期，是否值得再进入，这也是在制定职业生涯规划书中需要慎重考虑的问题。大学生在做外部世界探索中需要立足当下，对职业作充分深入的了解，多查找资料，多与职业生涯人物访谈交流，多分析，多思考，争取尽可能全面深入地了解职业，这样才能合理地制定职业生涯规划。

（三）辅助性原则

大学生职业生涯规划设计是一个个人阶段性职业生涯管理的辅助性过程，并不是职业生涯管理的终点。应用型高校大学生通过撰写职业生涯规划书明确大学期间的职业生涯目标，这只是个人职业生涯中的一个中长期目标，但并不能代替一个人整个职业生涯过程，也不能代替职业生涯实践。大学生职业生涯规划的过程也是一个探索自我，了解外部世界，制定目标，实现自我认识、自我教育、自我提升的过程，以落实职业生涯实践提升自我。

（四）发展性原则

同学们在制定职业生涯规划书过程中基本确定了未来的职业方向，因此制定职业生涯规划书并不仅仅局限于大学期间，应该至少考虑未来十年的职业生涯发展规划。职业生涯规划书的制定必须在充分了解自我和立足"当下的我"基础上，应该更具前瞻性和长远性，考虑"未来的我"。同时，应用型高校大学生更应明确当下制定职业生涯规划书是为个人指明实施路径，在完成在校期间学习任务的基础上更要考虑个人长远发展，在符合时代和社会的前提下多实践，多尝试，拓宽个人视野，丰富个人实践经验，放眼未来，方能为个人发展奠定坚实基础，实现大学规划和未来职业生涯规划的有效衔接。

（五）实践性原则

同学们的职业生涯规划书不应仅仅是规划，或只是停留于口头和书面材料，更应落实到个人行动，成为个人在大学期间的行动指南。"美丽的空想比不上踏实的行动"，只有将规划付诸行动，个人的规划才有意义，否则规划将毫无作用。大学生不光要认真做好规划，更要努力实践规划，做到知行一致，规划落实于行动。

二、职业生涯规划书的基本内容

同学们的职业生涯规划书的规划时间视个人情况而定，可以是半年、一年、五年，甚至十年，建议根据大学生学业等情况将时间定为五年。一份完整的职业生涯规划书应具备以下六项内容。

（一）标题

标题包括姓名、专业、联系方式等基本个人信息。

（二）自我分析

自我分析包括借助测评工具、自我评价、他人评价等方式对个人进行全面而深入的分析。

（三）职业分析

职业分析包括对个人外部世界的探索，包括宏观环境分析和微观环境分析。宏观环境分析包括社会环境分析（如国内外政治、经济、文化、就业形势、就业政策、竞争对手等）和职业环境分析（行业分析、职业分析、企业分析、地域分析）。微观环境分析包括学校环境分析（如学校特色、专业学习、学校本专业就业情况分析等）、朋辈环境分析（重要伙伴分析等）和家庭环境分析（如经济状况、家人期望、家族文化等及其对本人的影响）。

（四）职业定位

职业定位是指通过职业生涯决策方法（SWOT 分析法、5 "WHAT" 法、决策平衡单分析法等）确定个人职业生涯目标，具体包括行业方向、职业方向、总目标和阶段目标。行业方向、职业方向指未来从事的目标行业和目标职业方向，是对职业的选择。职业定位需要明确职业生涯规划书的起始时间和结束时间，设置这一阶段的终极目标（也就是长期目标），并将长期目标分解为中期目标和短期目标。

（五）实施方案

实施方案是指针对当前状态与职业目标需要之间的差距、通用能力和专业能力之间的差距而制定的阶段性行动方案，旨在缩小两者之间的差距，以实现各阶段目标。实施方案是为了实现个体长期目标、中期目标和短期目标而制定的分解的、具体且可执行的、可衡量的小目标，尤其突出大学期间分解的、可执行的、可评价的有质有量的行动方案。

（六）评估调整

根据前期目标设定的原则，各项阶段性的目标应该是可以衡量和评价的。在职业生涯规划书的实施中发现距离职业生涯目标有较大差距，可以通过调整职业生涯规划总目标来重新规划，也可以通过调整职业生涯规划的阶段性目标来实现生涯规划总目标。

三、应用型高校大学生职业生涯规划书的制定误区

部分应用型高校大学生在制定职业生涯规划书时，未能充分认识到职业生涯规划书的重要性，使职业生涯规划书未能充分发挥作用。

（一）敷衍了事

部分应用型高校大学生在制定职业生涯规划书中未能充分认识到职业生涯规划的重要性，态度不端正，敷衍了事。思想上的不重视导致行动上的敷衍和怠慢，内部缺乏对个人深入的思考，外部缺乏对宏观环境与微观环境的认识。缺乏认真细致的规划导致他们大学期间生活的迷茫和毕业时的失落。

（二）缺乏逻辑

部分应用型高校大学生撰写职业生涯规划书时未能把握其内在逻辑关系，出现因果错位、资料不全、结论不明、分析不全、措施不当的状况。

（三）目标模糊

部分应用型高校大学生在制定职业生涯规划书时未能认真进行内外部探索和规划，目标模糊粗放，"这也好那也行"，导致目标得不到落实。模糊的缺乏时间性和测量性的阶段性目标永远只能停留在书面上，得不到有效执行和落实。

（四）缺乏针对性

部分应用型高校大学生撰写职业生涯规划书时缺乏"对症下药"的阶段性目标和措施。这些针对性不强的阶段性目标和措施主要体现为"什么都想要"和"什么都没用"。以商科学生为例，"什么都想要"表现为学生制定的职业生涯规划书中阶段性目标几乎囊括了常见的"教师资格证""初级会计证""证券从业资格证"等职业证书；"什么都没用"则表现为缺乏针对性的职业生涯实施措施。例如，立志从事人力资源管理类工作的学生却将考取一些与此职业不相关的职业资格证书作为职业生涯实施措施。

缺乏针对性的职业生涯目标和措施的根本原因仍在于未能对目标职业有深入而透彻的分析和了解。因此，深入了解外部职业环境也是许多应用型高校大学生在制定生涯规划书过程中缺失的环节。当前各应用型高校重视校企合作也是解决这类问题较合理有效的措施。希望同学们在日常生活中抓住机会多了解社会，多了解不同职业，从而作出合理有效的职业生涯规划。

四、职业生涯规划书的写作要点

（一）态度端正

职业生涯规划对应用型高校大学生起灯塔和驱动力的作用，指明同学们的行动目标和方向，而且提供实现目标的途径。

（二）逻辑严密

一篇合格的职业生涯规划书必须包含"为什么""是什么""怎么做"三部分内容。"为什么"是探索个体内部特征、外部世界等内容；"是什么"是指个人在某一阶段的职业生涯目标;"怎么做"指制定阶段性的可执行的、可测量的并可分解细化的措施。也就是说,通过分析个体内部特征,探索外部世界等这些"为什么"的论据来论证个人在某阶段的职业生涯目标"是什么",然后通过阶段性的可执行的、可测量的并可分解细化的措施落实要"怎么做"。作为"为什么"的内外部世界的探索论据要有说服力,能确切地论证个人的职业生涯目标"是什么"。同时作为"怎么做"的职业生涯目标实施措施也需要具有针对性,能分析实现"是什么"的目标。

(三)目标明确

职业生涯目标是职业生涯规划书的中心,职业生涯规划书的撰写则是围绕这一中心展开。职业生涯目标需要目标清晰明确,合理适中,切实可行,不能过于笼统模糊,也不能过于理想化。

(四)论证有据

职业生涯规划书的撰写必须充分探索个体特征,达到明确的"知己";理清外部宏观环境和微观环境,实现"知彼"。不严谨的测评结果会对个人造成错误的判断,模棱两可的猜测和未作具体而详细信息的搜集会对职业生涯目标造成错误分析和判断。因此,全面深入地剖析自我,准确有效地掌握外部职业环境是有效论证个人职业生涯目标的前提。①

第五节 应用型高校大学生的职业生涯目标实施

应用型高校大学生目标的制定是一个自我探索、外部探索和个人决策的系统过程。职业生涯目标的实施是将职业生涯目标落地,而且由起点不断接近这一时期终点的过程,这个过程更考验个人的实践策略和智慧,而且是个人自律的体现。

---

① 徐俊祥,兰华. 幸福密码:大学生学业与职涯发展导航 [M]. 北京:现代教育出版社,2017:202-205.

【案例 4-16】

某应用型高校 L 同学的职业生涯目标实施①

　　四年前，我带着美好的憧憬、父母的期盼，孤身一人从大西北来到繁华的上海，开始了自己的大学生活。习惯了往日匆忙的高中生活，初来大学感到很不适应。没有老师的督促和家长的监督，我对刚开始的大学生活感到极度无聊，整天浑浑噩噩，更多的时间都花费到与同学的吃喝玩乐上，顿时失去了人生目标。由于大学生活比较自由懒散，没有了父母的监督，自然花费到学习上的时间也相对较少。第一个学期很快就结束了，当提心吊胆地看到自己的成绩单时，内心既欣喜又很无奈。欣喜自己没有挂科，但我也在不停地反问自己：难道这就是我想要的大学生活吗？整整一个假期，我都在不断地思考人生，不断地问自己将来准备做什么，想要过什么样的生活。一个月的假期很快就结束了，临走前，我决定好好和父母谈谈，他们毕竟是过来人，经验也肯定比我们丰富。父亲语重心长地和我聊了很久，也讲了很多自己亲身经历的故事。刚上大学，遇到这样的问题很正常，第一次离开家，离开父母，独立生活，能主动地去思考人生，已经是一个很大的进步。

　　新学期，新气象，我决定开始改变自己，毕竟大学生活才刚刚过了一个学期，一切还为时未晚。新学期，我为自己制订了一份详细的学习计划，每天按时作息，规定自己的学习时间，同时也学着去做一些自己未曾尝试过的事情，我主动加入了学生组织，成为学生会大家庭中的成员。课余时间，我和学生会的小伙伴参加各种学生活动、志愿者活动，有时候虽说很辛苦，但大家在一起工作很开心也很充实。由于工作认真负责，我逐渐从一名学生会的普通干事变成纪检部部长，从自己做事转变成带领自己的团队做事，这是一个质的转变。作为一名学生干部，考虑的事情就更多了。作为一个团队的领导者，每个同学的性格各有不同，特长也有所差异，我会考虑让大家做自己擅长的事情，各尽其职。学生干部，不仅工作能力要强，在任何方面都要起

① 本案例为某应用型高校大学生 L 同学的职业生涯目标实施分享内容。

到先锋模范作用。纪检部作为监督同学的组织，首先要做到自我监督，在要求别人的同时也要严格要求自己。每天早晚自习，我都会提前到达班级。作为学生干部，不仅工作能力要强，学习同样也不能落下。平时学生工作忙，晚上学习时间也很少，我只能利用好周末的时间。当其他同学还在睡梦中的时候，我已经开始在图书馆整理一周所学过的知识。就这样，一个学期下来，我的工作能力有了很大的提高，学习成绩也突飞猛进，还获得当年的"博学"三等奖学金。在接下来的两年时间里，我先后担任了汽车学院学生分会主席、校学生会副主席、校学生会主席等职务。三年学生干部经历让我学会了很多课本以外的知识，它不仅让我学会如何与不同性格的人交流，也让我学会更多处理事情的方式方法，为我将来找工作奠定了良好的基础。

功夫不负有心人，我相信机遇总会留给每一个有准备的人。虽然离毕业还有半年多的时间，但此时的我已经为自己的将来做好了充分的准备，奔波在各个大型招聘会现场。因为学习成绩比较优异，又有学生干部经历，很多企业都向我抛来橄榄枝。但我并没有因此就感到骄傲自大，沾沾自喜，而是静下心来，分析各个公司的利弊，与自身的特点相结合，找一份适合自己的工作。经过层层面试，我顺利通过中船重工集团公司第704研究所的人才选拔。虽说整个就业过程比较顺利，但要想找到一份满意的工作需要我们提前做足准备。没有天上掉馅饼的好事，命运始终掌握在自己手中。

作为即将毕业的学长，我也想用自己的亲身经历为学弟学妹们留下几点建议：(1)请珍惜自己的大学生活。大学虽说是一个相对自由、无拘无束的地方，但请每一位有梦想的同学时刻严格要求自己，安逸的生活会让人变得懒惰。(2)定期为自己制订合理的学习工作计划。一个有计划的人，逻辑思维会有条理，知道轻重缓急。(3)如果时间允许，请大家多参加一点学生活动。学生会是一个大家庭，通过这个平台，你不仅会结识各种朋友，还会有锻炼自己的机会，为人处世的能力都会有所提高。(4)学会勤思考,多总结。思考会活跃人的思维,尽量将手头工作往前做,不要养成拖拉的习惯。多总结,会让我们在问题中得到更多收获。"九层之台,起于累土;千里之行,始于足下。"成功,需要用自己的努力去创造。

在本案例中,L同学从最初的迷茫到最后能顺利实现职业生涯目标,综合分析,主要在于做好了自我管理。根据应用型高校大学生的特点,我们认为,应用型高校大学生在职业生涯目标实施中需要关注的四个关键问题:(1)目标管理;(2)时间管理;(3)学习管理;(4)情绪管理。作为应用型高校大学生,如果能有意识地学习处理这四个问题,便能顺利实现个人职业生涯目标。

一、目标管理

(一)应用型高校大学生的目标实施状况

【案例 4-17】

　　N同学是一名应用型高校大学生,他在大一入学时期待自己能留在上海工作,但是后来他发现想留在上海工作太难了。他努力了半学期以后发现看不到成果就索性放弃了。然后每个学期开学初就开始雄心勃勃,不到一个月就又懈怠了。后面临近毕业,假期看到同学在备考公务员,也开始跟着复习,打算参加老家的公务员考试。

案例 4-17 中的 N同学的状态是许多应用型高校大学生的典型状态:中途放弃实现职业生涯目标或者改换跑道,选择与最初的职业生涯目标不一样的目标。

要实现跨越四年的职业生涯目标是一个辛苦的过程,如果没有坚定的目标,并把大目标分解成小目标,就会出现像上述案例这样的状况。因此,将中期和长期的职业生涯目标分解为小目标是职业生涯目标实施的有效方式。

（二）大目标与小目标

相较于应用型高校大学生的职业生涯目标这样的中期和长期大目标，这里涉及的小目标主要指为了实现中期和长期的职业生涯目标而将职业生涯目标分解为不同阶段的小任务。人的时间和精力是有限的，而目标的实施是长期的过程。如何在长期的过程中确保努力方向不偏离最初的目标，或者确保在实施的过程中不懈怠？可以将大目标分解成小目标，在逐步实现这些小目标的过程中不断接近大目标。

（三）制定小目标的原则

目标的制定，旨在促进目标的实现。制定目标要遵循 SMART 原则。S 即明确的，目标一定要明确，不能模棱两可；M 即可测量的，目标尽量用数据表达；A 即目标要符合个人内在条件和外在实际，可实现；R 即实际的，目标要具备可行性和可操作性；T 即具备一定的时间要求，即目标制定要有切实可行的时间节点。

二、时间管理

（一）应用型高校大学生的时间管理现状

同时读大学四年，同一个班级的同学最后的毕业收获各不相同。有些同学顺利实现大学入学初设定的目标。有些同学只是勉强毕业，其他的收获基本为零。还有些同学甚至都不能顺利毕业。为什么差不多的学习水平，同样大学四年，四年后差别如此巨大？

以上是许多应用型高校大学生身上都会出现的状况：缺乏时间管理能力，以至于在大学阶段就会出现虚度光阴，勉强完成学校的毕业要求，却无法有额外的收获。主要原因是每天 24 小时，应用型高校大学生的时间被很多不重要的、不紧急的事情占用，许多碎片时间被浪费，那些重要的事情却往往被搁置在一旁。因为前期缺乏规划和有效执行而被很多紧急且重要的事情逼迫着整天处于忙碌的状态。这种状态最终会导致职业生涯目标无法得到有效实施。同学们可以通过学会有效利用每天 24 小时，即掌握时间管理法则，来使个人职业生涯目标得到有效实施。

（二）时间管理法则

每个人都有自己的时间管理方法，提高效率是时间管理法则的目标。

无论哪种时间管理方法，以下两大原则在时间管理中都要遵循。

1. 学会取舍——明确大目标

每个人每天都是 24 小时，除去睡觉和吃饭需要的时间，每个人每天可用于支配的时间是 15 小时左右。每个人可以用这段时间来处理人生中的各大问题。某一段时间用来处理事务 A，那么必然就不能处理事务 B、事务 C……所以时间管理的首要原则是要学会取舍，明确这段时间内每天 15 小时要处理的大目标，将重要时间和精力花在大目标上。

每个人在每个阶段要面临的主要问题各不相同。时间管理能力强的人会明确每一阶段的大目标，将主要精力投入在大目标上。每次他们做事之前会预估这件事需要投入的时间和精力，权衡这些事情是否会对实现大目标有利，是否与大目标方向一致。

【案例 4-18】

O 同学是一名应用型高校大学生，他在大一就制定大目标：本科毕业后能顺利在上海落户。为此，他研究了上海市落户政策，在政策提及的各个打分项上努力。他通过努力学习获得奖学金，积极参加科创竞赛，积极准备大学英语四级和六级考试、计算机考试，同时他就业的时候将目标聚焦在特定企业。O 同学对标这个大目标进行努力，毕业后他顺利落户上海。当然，O 同学在为这个目标努力的同时，也存在取舍。他在进入大学后选择了学习和准备考试，放弃了部分社交、爱好以及与家人的团聚时间。这位同学就是聚焦大目标，进行取舍。

2. 时间分配——立刻着手重要事情

图 4-4 是时间管理方法中的事情紧急重要模型。日常生活中，每个人都会碰到图 4-4 所示的四类事情。

第一象限的事情紧急且重要，是需要立即处理的，通常被称为"危机"或"问题"。如果有人整天处理这类被称为"危机"的事情，那么他每天都会消耗大量的时间和精力。如果有人整天关注第一象限，那么第一象限的这类事情范围会越来越广，占据他的全部时间和精力。

第二象限的事情不紧急但重要，主要是一些可预见性的，包括制定规

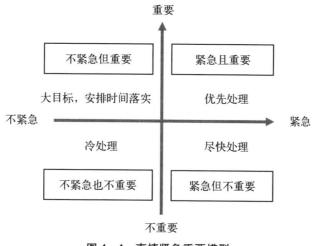

图 4 - 4　事情紧急重要模型

则，撰写方案，规划长期目标，制定部分预防性措施。这类事情非常重要但并不需要立刻落实，对未来有预防性作用，所以需要安排时间落实。因为不紧急，许多人往往忽略，但这类事情正是决定了投入与产出的关系，是个人处事能力最重要的体现。

第三象限的事情不紧急也不重要。如果有人整天忙于这些不重要也不紧急的事情，而缺乏对重要事情的关注，那么这类人缺乏计划和目标，缺乏自制力，人际关系也较脆弱。这类人就是日常生活中所说的"拖延症"患者。

第四象限的事情紧急但不重要。如果有人把大量的精力花在这类事情上，那么这样的人往往被认为不负责任，不被社会认可。[①]

时间管理能力强的人会把精力大量集中于第二象限，这样既节省精力，又能获得更多成绩，会尽可能地获得成功。

（三）应用型高校大学生的时间管理方法

与其他大学生一样，应用型高校大学生进入大学后需要处理内容更加丰富的生活：他们从以前单一的学习为主的生活变为一下子面对多个问题的生活。如何有效地处理这些问题，不紧急但重要的事情是大学生时间管理的重要工作。

----

① 秋叶. 时间管理 7 堂课［M］. 北京：人民邮电出版社，2019：26.

锻炼	学习	爱好
爱情	休息	社交

图 4-5 大学生内容逐渐丰富的
人生时间分配图

锻炼 （重要 不紧急）	学习 （重要 紧急）	爱好 （不重要 不紧急）
爱情 （不重要 不紧急）	休息 （重要 不紧急）	社交 （重要 不紧急）

图 4-6 大学生各类事情
紧急重要分配图

1. 明确大学阶段主要任务的属性

大学阶段学习仍是学生的主要任务，可以根据图 4-5 所示的六大问题的重要性和紧急性进行归类。如果以一周为例，图 4-6 是一位应用型高校大学生对自己大学生活六类事情的归类。

2. 选择目标

这位同学需要制定一个阶段性的具体目标。这些目标中一定要有属于重要且不紧急的事情，让每周的这些短期目标与一个阶段的长期目标相关。

以案例 4-18 中想落户上海的 O 同学为例，他为了争取落户，每周都制定目标。例如，他每周都要背单词，课程学习上也毫不松懈，每周都要完成老师布置的作业。同时，他还利用课余时间组织同学去做志愿者，多与不同的人接触。他每周的小目标都与他大学的大目标相关。

3. 以周为时间单位安排日程

以周为时间单位安排日程，将每天的时间充分利用。许多同学都自嘲的"拖延症"往往是由于个人追求完美的性格，做事情时易被打扰造成的低效行为导致的。以周为时间单位安排日程，则可以避免出现这类问题。

案例 4-18 中的 O 同学每周都会根据自己的目标制订周计划，比如计划将背单词安排到每一天固定的时间。O 同学会在每次课程结束后的固定时间内立刻完成老师布置的作业。考虑到志愿活动的特殊性，O 同学会安排在周末组织同学们去做志愿者。前期他会花时间和部分同学策划、协商活动方案，也会和同学一起去参加培训或者传达培训内容。

4. 重要事情先做，寻找最高效状态

重要事情在所有事情中所占权重很大，处理好重要事情，其他事情的处理也变得顺利得多。许多同学处理事情时习惯把重要事情放最后，往往最后的时间段分给处理重要事情的时间和精力最少，重要事情得不到有效处理。同时，每个人也需要寻找自己处理事情的最佳状态，在这一时间阶段内排除一切干扰因素专注学习或工作，这是最高效的状态。

图4-7是意大利学者西里洛（Francesco Cirillo）创立的番茄工作法示意图。① 也就是，用一种类似于番茄形状的计时器作为计时工具，设定25分钟为一个工作时间阶段，规定在这一时间阶段内排除一切干扰因素，全身心投入做一件事情。25分钟以后，不管有没有完成这件事情，先休息5分钟，再进入下一个无干扰的专注的25分钟。这就是上述所说的学会寻找高效学习和工作时间。

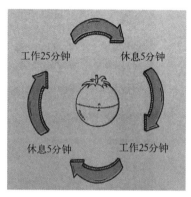

图4-7 番茄工作法示意图

5. 分解目标，安排进度，充分利用碎片化时间

确定大学阶段的大目标后，把大目标分解为一系列阶段性的小目标。每次完成都要有可以衡量的阶段性进步，即能完成阶段性小目标，能让大目标有阶段性进展。同时，充分利用碎片化时间，用碎片化时间完成阶段性小目标，有进展地推进目标的实现。

6. 每日调整

制订以不紧急但重要的事情为中心的周计划后，需要每日反思自己的计划是否得到落实，计划的执行是否需要调整。

案例4-18中O同学每天晚上会经常复盘每一天的收获。他会经常对照个人目标复盘，确定并审视自己是否按照目标执行。如果有需要，则目标制定者需要调整学习时间、学习内容、学习方式等。经过一阶段的探索，发现自己早上的学习效率比较高，于是他每天按时早睡早起，比其他

---

① Staffan Nöteberg. 番茄工作法图解：简单易行的时间管理方法［M］. 大胖，译. 北京：人民邮电出版社，2011：78.

同学早一两个小时去学习。

7. 及时反馈

如果自己制定的阶段性目标实现了，则个人可以通过内部奖励或外部奖励激励自我。内部奖励是享受个人内心的成就感、满足感。外部奖励是抛开自我因素以外的奖励。这两种奖励都是自我激励的手段，自我激励可以提高个人完成目标的动力。

个性化的时间管理方法是个人通过不断尝试和纠正逐步形成的。而且每个阶段，个人的时间管理方法都会有所不同。掌握上述时间管理的两大原则和七个核心办法是个人实现增能提效的关键。

三、学习管理

【案例 4 - 19】

P 同学是一名从西部省份考入上海某应用型高校的大学生，他对自己期待很高，期待自己能有更好的学习表现。但是他刚入大学后就发现自己无从下手，大学的学习速度太快了，全凭上课时的听讲，他无法跟上老师的讲课节奏。前面没听懂，再抬头发现老师又讲了好多，又有许多不懂的。就这样，一节课没听懂，下一节课又是这样。他高中时的数学学习优势在大学完全丧失了。尤其是那些英语课程和计算机课程，对于一个从西部省份农村家庭出来的学生来说，有些无所适从。后来他通过与学长、学姐交流，通过预习、及时复习、线上听课这些方式调整自己的学习状态，课程学习也渐渐变得没那么累了。最后通过第二学期的期末考试，他成功获得了奖学金。

高校学生的学习管理主要体现在他们自主学习能力的提升上，这在当前互联网时代、终身学习社会中尤其重要。

（一）自主学习能力

自主学习能力是决定学生学习效果的重要能力。自主学习能力主要是指应用型高校大学生运用已有的知识与能力独立完成自主学习任务，获取新知识和新技能的学习能力。[①] 大学生自主学习能力有四个方面的内容：一是自我定向能力，即自主制定学习目标、学习内容和学习计划的能力；二是应用学习策略能力，即能够运用各种学习资源和利用学习环境，选择恰当的学习方法和手段；三是自我监控能力，即通过自我检查、反馈、调节和控制等监控自身学习过程的能力；四是自我评价能力，即对自主学习效果进行自我反思和自我总结的能力。因此，大学生自主学习能力既是一种学习能力，也是一种心理能力，更是一种适应社会的持续生存与发展能力。

（二）应用型高校大学生的自主学习能力状况

当前应用型高校大学生的自主学习能力状况并不乐观，主要存在三方面问题：（1）自我定向能力较弱。应用型高校大学生缺乏明确的学习目标，对个人的学习缺乏系统规划。许多应用型高校大学生在高考前对学习有强烈的目标感，但是进入大学后，目标感模糊、缺失。（2）应用学习策略能力较弱。应用型高校大学生在学习过程中缺乏综合运用各项学习资源和学习环境的能力，很少能形成适合自身特点的学习方法。（3）自我监控和评价能力较弱。应用型高校大学生自我监控和评价能力较弱，同学们缺乏对自己学习状态关注、监控、总结评价的意识。[②]这三方面的问题也导致许多应用型高校大学生进入大学后不适应大学生活，出现各种适应问题。

（三）互联网时代应用型高校大学生自主学习能力提升的措施

应用型高校大学生的自主学习能力提升主要从以下四方面进行。

1. 加强自主学习能力意识培养

同学们在进入大学后要调整个人学习意识，明确在当今的终身学习社会，大学的学习目的不只是获得知识，更重要的是学会学习。学会学习是指，明确个人在不同阶段的学习目标，掌握适合自己的学习方法和策略，找到适合自己的学习风格，经常反思自己的学习状态，评价自己的学习过程，对自己的学习状态作出阶段性总结。

2. 逐步摸索个人学习策略，形成适合个人特点的学习风格

同学们在学会学习的过程中，要充分利用各类资源，帮助个人学会知

---

①②　郑红梅. 大学生自主学习能力的培养与评价研究［J］. 中国职业技术教育，2016（13）：67 - 70.

识或者掌握技能，从中不断探索、总结和评价个人学习状态，形成独特学习风格。

3. 积极思考，主动质疑

应用型高校的同学在日常学习中需要培养个人发现问题、主动思考、善于坚持的品质，这正是学生自主学习能力的关键特点。主动质疑，即发现问题，主动思考，寻找问题解决的入口，发现自己的不足，而且坚持不懈，直至顺利解决问题。同学们的自主学习能力在这个过程中得到锻炼和提升。

4. 充分利用互联网资源

同学们的自主学习能力可以通过互联网资源得到提升。当代互联网为自主学习提供强大的资源库，同时也是自主学习的工具。同学们要充分利用开联网不断获取个人需要的知识和技能，同时也提升个人自主学习的能力。

四、情绪管理

（一）情绪管理的概念

情绪管理就是社会发展到一定阶段出现的一种新的管理理念和管理方式，即在了解自己情绪特征的基础上，有意识地培养健康积极的情绪体验，建立科学的情绪宣泄和调控机制，自觉克服和消除负面情绪的影响，保持积极的人生态度。[①]

情绪管理能力主要包括情绪感知能力、情绪表达能力和情绪调节方式。情绪感知能力是指当某种情绪刚一出现就能觉察的能力。这里不仅指情绪的自我认知，还包括对他人情绪的识别。情绪表达能力是指在识别自我情绪和他人情绪的基础上对情绪进行总结，并能精确表达自己的感受。情绪调节方式是指帮助个体采取适当的方式调节情绪，把消极情绪的积极面表现出来，克服消极情绪带来的影响。

情绪管理是一门重要的学问，是个人正常生活中重要的因素之一。[②]首先，良好的情绪管理能促进个人积极地生活。良好的情绪管理能在个人遭

---

①② 杨维东. 以情绪管理教育促进大学生健康人格养成 [J]. 中国高等教育，2016（19）：52－53.

遇各类困境下帮助其调整心态，采用适当的方式应对各类问题。其次，良好的情绪管理能促进个体顺利应对人际交往。良好的情绪管理能力能使个人在人际交往时作出适当的情绪反应，促进人际交流效果。最后，良好的情绪管理能力也是个体所在环境良好运行的前提。每个个体良好的情绪管理能力既能调整个体的状态，又能通过个体调整群体成员之间的良性互动，有利于促进个体整个环境的和谐发展。

（二）应用型高校大学生的情绪管理状况

当前应用型高校大学生的情绪管理状况并不乐观，主要存在以下四方面问题。

1. 情绪管理重要性意识薄弱

长期以来，学校教育、家庭教育历来忽视学生的情绪管理能力，致使包括应用型高校大学生在内的许多青年学生情绪管理重要性意识较薄弱，许多同学意识不到情绪管理的重要性。主要是因为在学校教育中，班级管理者和任课教师忽视学生的情绪，未能引导学生正确地表达自己的情绪。学生的情绪表达主要依赖于班主任的个人觉悟和意识，以潜移默化的隐性方式存在于日常教育中，未能以显性的方式在学校教育中宣传引导。在家庭教育中，学生的情绪管理受家长的情绪管理影响较大，家庭氛围、父母和谐度等都会影响学生的情绪管理能力。中国的家庭教育中推崇的"严父慈母"的亲子相处模式反映了家庭教育中对子女情绪管理缺乏重视。

2. 缺乏情绪感知能力

个体的情绪感知能力需要不断强化锻炼和引导，尤其需要在与同伴的交往中加以强化。当代应用型高校大学生大多为独生子女，而且课业压力较重，缺乏情绪感知体验的锻炼。当前许多大学生往往在与人交往中表现出缺乏共情能力，即只关注个体自身的情绪体验，忽略他人的情绪体验。这就是个体缺乏情绪感知能力的表现。

3. 情绪表达能力相对较弱

同样，许多应用型高校大学生在长久以来的成长环境中形成较为极端的情绪表达方式。部分同学在人际相处时，很难清晰而准确地表达个人情绪。如果情绪表达长期处于抑制状态，容易形成个人较抑郁、消极或者躁狂的状态。

4. 很难掌握适当的情绪调节方式

许多同学因为缺乏情绪管理的引导，导致缺乏调节情绪的合理宣泄方式，长此以往，个体会产生抑郁、内耗的状况。部分同学面对不良情绪状态会以逃避、懈怠等消极方式应对，使个体在这些不良情绪中陷得更深。

（三）应用型高校大学生情绪管理的建议

应用型高校大学生的情绪管理是一个系统工程，需要个体、学校、家庭和社会共同努力。

1. 加强对情绪管理的认识

应用型高校大学生应该深刻意识到情绪管理的重要性，有意识地觉察情绪，进而处理不良情绪。学校也需要通过多种渠道或方式宣传和引导学生关注个体的情绪管理，使情绪管理的意识逐渐深入人心。另外，学校和个人也需要逐渐引导家庭成员重视情绪管理，从而为学生营造良好的情绪管理环境。

2. 增强与他人的交流，学会觉察个体和他人的情绪

应用型高校大学生的情绪管理能力需要在交流互动中提升。人在互动交往中会产生个体情绪，也能培养个体及时觉察个体情绪、他人情绪的能力，如此方能有效促进人际交往互动。因此，学校、家庭和个人需要重视人际交往，在实践中提升个人情绪觉察和管理能力。

3. 学会接纳处理各类情绪，并会精确表达个体情绪

要引导应用型高校大学生正确认识在交往中出现的情绪，而且正确表达这些情绪。个体在人际交往中出现一些负面的情绪，这是正常的。学校和家庭可以通过多种方式引导学生正确看待自己的情绪，学会适当地表达和接纳这些情绪，这样才能有效促进人际交往。

4. 学会宣泄不良情绪，严重时有必要去寻找专业机构

应用型高校大学生在生活中肯定会遇见不如意、不顺心的事情，从而产生不良情绪。此时，同学们要学会通过倾诉、唱歌、散步等方式宣泄不良情绪。部分同学如果长期陷入不良情绪，影响正常的生活和学习，则非常有必要去寻找专业机构帮忙解决问题。

职业生涯目标的实施是一个调动各方资源，不断提升各项能力，以及

持之以恒不断实现目标的过程。情绪管理在职业生涯目标的实施中也是一个非常重要的环节,人的情绪管理能力需要经过长时间的训练、更多的人生体验来获得。

思考与讨论题

1. 请使用教育部学职平台（https：//xz. chsi. com. cn/home. action）的职业测评系统,测测你的职业决策风格。

2. 请运用 SMART 原则将你的职业生涯目标细化成大学期间每学年、每学期、每个月、每周的职业生涯小目标。

3. 撰写你大学阶段的职业生涯规划书。

4. 分享一下你在目标管理、时间管理、学习管理和情绪管理中做得较好的经验。

第五章 能 力 准 备

学习目标：

1. 了解能力模型以及应用型高校大学生的能力模型。

2. 了解职业能力的分类、应用型高校大学生应具备的职业能力，掌握识别职业能力的工具和方法。

3. 掌握应用型高校大学生职业能力培养的重要关键期和若干路径，不断提升职业能力水平。

【案例 5-1】

厚积薄发，入职小米①

出于对未来职业生涯规划的考虑，Q同学填报志愿时在精挑细选之下，最终选择了物联网工程这个新兴且具有良好发展前景的专业。

第一次踏进物联网世界的大门，Q同学坦言自己也曾担心过，迷茫过。但很幸运的是，他在大一遇到自己的启蒙老师，并有幸参与了老师的智能家居科创项目。在项目完成过程中，他跟随着团队中几位优秀的学长学姐一起学习，一起做实验，将自己大部分时间都泡在实验室里。这次经历让他对物联网工程这个专业在整体上有了更深层次的理解，在接触安卓开发并逐渐爱上应用开发的过程中，他也逐渐意识到自己知识的匮乏和能力的不足。于是，Q同学开始投入疯狂的学

----

① 本案例为某应用型高校大学生 Q 同学的分享内容。

习中。为了能让自己的知识架构能更快地建立起来，他制订了提前跨学期选课去学习相关理论基础知识的计划。"数据结构""计算机网络""数据库设计""安卓应用开发""操作系统""面向对象的程序设计"等专业课程，他都一个不落地学下来。在课上他认真听课、思考、领悟，在课后他也经常和导师交流探讨自己的想法。很快，他的能力便有了很大的提升。在建构好理论基础知识的框架后，接下来就是要在实践中不断发现并改进问题。

"如果你不是天才码农，就要学着去模仿大佬"——Q同学说的这句话一直以来都是激发他在实践中不断提升和发展自己的精神动力。学习之余，他经常会在网上看一些大神写的博客，比如CSDN、掘金，等等。通过这样互相学习的方式，Q同学说自己可以不断发现自己存在的问题，吸取对方值得学习的经验，从而不断优化和改进自我。试着仿照别人的框架来写代码也是他的学习方式之一。起初他需要在练习中寻找感觉，时间长了也发现其中的套路，慢慢地积累了很多安卓开发相关的知识。在这一过程中，他也发现了其中的规律，最终他独立完成"智能家居"App的设计，顺利完成科创项目并申请了相关专利。随后，他在大学的第一个暑假就被老师推荐到企业去实习，校企联合培养的宝贵经历为他从事这个领域的工作打下了基础。

随着不断丰富的知识积累和各种项目的历练，他向大赛发起挑战。当时正值科大讯飞举办AI开发者大赛，他和团队同心协力开发了"校园精灵"项目，并在第20届工业博览会上成功展出。之后，他又在老师的带领下去济南参加"2019中国服务机器人大赛"，他负责的物品识别项目获得专项赛的三等奖。谈及这些比赛经历，Q同学说自己从中学到很多，也懂得如何用专业的态度、专业的知识去处理一个很专业的问题。

正是他一步一个脚印，一直坚定地走在追梦的路上，这份坚持、这份坚毅帮助他在大四那年的秋季校园招聘上拿到小米的offer（录用通知）。

案例 5-1 中的 Q 同学，从初入物联网工程专业学习时的迷茫，到潜心学习，打牢专业基础知识，再到投身项目、比赛等的实践中，不断提升专业知识、技能和职业素养，最终厚积薄发，到了大四成功斩获小米的offer（录用通知）。由此可见，在职业生涯规划的过程中，如何制订能力的提升计划，苦练扎实的内功至关重要。本章重点探讨能力模型、职业能力及其分类以及如何培养和提升职业能力等内容。

第一节　能　力　模　型

能力是由诸多要素构成的，各要素之间相互联系、相互作用构成能力模型。国内外学者经过长时间的研究，从不同角度建构了能力模型。能力模型（competence model）的核心就是为完成某项工作，达成某一绩效目标所要求的一系列不同能力要素的组合，包括不同的动机表现、个性与品质要求、自我形象与社会角色特征以及知识与技能水平。借助能力模型可以判断并发现导致个体绩效好坏差异的关键驱动因素，从而成为改进和提高绩效的基点。①

一、能力模型与大学生能力模型

（一）能力模型

冰山模型由美国心理学家麦克利兰（David C. McClelland）于 1973 年提出，它将人员个体素质的不同表现形式划分为表面的"冰山以上部分"和深藏的"冰山以下部分"（见图 5-1）。"冰山以上部分"包括行为、知识、技能，是外在表现，是容易了解和测量的部分，相对而言也比较容易通过培训来改变和发展。"冰山以下部分"包括价值观、态度，自我形象，人格特质以及内驱力、社会动机，是人内在的、难以测量的部分。它们不太容易通过外界的影响得到改变，但对人员的行为与表现起着关键性的作用。用麦克利兰的话来说，"胜任素质（能力）可以是动机、特质、自我

---

① 李玲，国内外素质和素质模型研究述评［J］. 广西师范学院学报（哲学社会科学版），2011，32（2）：110-114.

概念、态度或价值观、具体知识、认知或行为技能，也就是可以被准确测量或计算的某些个体特征，这些特征能够明确地区别出优秀绩效执行者和一般绩效执行者，或者说能够明确地区别出高效率的绩效执行者和低效率的绩效执行者"。[1] 换句话说，依据胜任素质（能力）能够将绩效优秀者和绩效平平者区分开来。

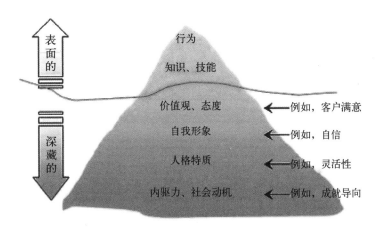

图 5-1　冰山模型

（二）大学生能力模型

关于大学生能力模型，许多学者提出不同的见解。有学者通过对已有相关研究的分析，认为大学生能力模型具有实践性、兼容性、情境性的特征。[2] 为此，下文整理出实践性、兼容性、情境性特征非常明显的三类大学生能力模型。

1. 大学生实践性能力模型

大学生的能力模型建构必须与社会生产方式的变革相适应。当前全球化背景下工业生产日新月异，新技术层出不穷，人类需求不断被满足。大学生是未来社会的建设者，因此大学生的能力模型需要具备实践性，必须适应未来工业生产的要求。通过分析不同国家、国际组织对大学生的能力要求后，总结出如表 5-1 所示的实践性能力模型。

① 姚裕群，姚清. 招聘与配置 [M]. 大连：东北财经大学出版社，2016：258-259.
② 杜瑞军，周廷勇，周作宇. 大学生能力模型建构：概念、坐标与原则 [J]. 教育研究，2017，38 (6)：44-57.

表 5 - 1 国家或国际组织的通用能力框架①

国家或国际组织	通用能力框架
澳大利亚	(1) 有效沟通能力；(2) 团队协作能力；(3) 问题解决能力；(4) 规划和组织能力；(5) 自我管理能力；(6) 学习能力；(7) 创新和创业能力；(8) 运用科技的能力
英国（苏格兰）	(1) 沟通能力；(2) 问题解决能力；(3) 个人技能；(4) 计算能力；(5) 信息技术能力。英格兰、威尔士也在发展类似的核心能力
欧盟	(1) 运用母语交流的能力；(2) 运用外语交流的能力；(3) 运用数学与科学的能力；(4) 信息与通信技术能力；(5) 学会学习的能力；(6) 人际互动与参与社会的能力；(7) 创业家精神；(8) 文化表达能力和文化意识
美国	三项基本能力：(1) 基本能力（听说读写算等）；(2) 思考能力（决策、问题解决、推理等）；(3) 个人特征（责任心、自我管理、诚实等）
	五项能力（卓越员工要求）：(1) 互动能力（领导、协商能力等）；(2) 系统思考（辨识和改进的能力）；(3) 规划与资源管理（高效利用资源）；(4) 信息；(5) 科技（应用技术解决问题）
加拿大	(1) 基本能力（沟通、问题解决、信息检索等）；(2) 个人管理（适应、终身学习）；(3) 团队合作；(4) 价值观和态度（诚实、责任心）
联合国教科文组织	学会追求新知（学习力、专注力、记忆力、思考力），学会做事（职业技能、社会行为、创新进取、冒险精神、团队合作），学会与人相处（认识自己、认识他人、同理心、实现共同目标的能力），学会发展（自我规划与定位、多元化表达能力、丰富人格特征、责任承诺），学会改变（适应改变、积极改变、引导改变、接受改变）

这些国家或国际组织认为，为了适应未来社会，沟通能力、问题解决能力和团队合作能力是大学生能力中最重要的三个能力。也有人批评这个能力模型过分关注外在需要，忽视作为大学生主体的需求。此后，学者在上述模型基础上加入主体个性要素、信息化社会特征，尤其将元认知知识（即个体对事情感知的内容）加入其中，形成更细化的模型，但沟通、问题解决和团队合作这三个能力依然是最重要的能力。

2. 大学生兼容性能力模型

有学者也认为，大学生能力模型在考虑职场需求的同时也需要兼顾学校教学和课程改革的发展。他们认为，一些学生的通用能力是在课程和教学中培养发展的，只重视职场对人的需求是过分重视大学生"人力"

① 杜瑞军，周廷勇，周作宇. 大学生能力模型建构：概念、坐标与原则 [J]. 教育研究，2017，38 (6)：44 - 57.

的作用，是把学生"工具化"。因此，在此基础上，有学者综合学校教学和课程改革发展、职场需要的能力，提出如表5-2所示的大学生能力模型。

表5-2 从学校视角建构的通用能力模型①

自我管理	信息管理
· 有效管理时间 · 设置目标、优先项和标准 · 对自己的学习负责 · 有意识地倾听 · 运用学术方法（分析、综合、辩论等） · 发展和应用学习策略 · 灵活运用智力 · 在新的或者不同的情境中学习 · 规划长远的目标 · 有目的地反思自己的学习 · 能够辨识建设性的批评 · 应对压力	· 合理运用信息资源（文献、检索系统、人物等） · 合理使用技术，包括信息技术 · 合理使用媒体 · 高效处理庞杂的信息 · 在不同活动中合理运用语言及其他沟通方式 · 解析不同形式的信息 · 完整呈现信息（以口头或者书面形式等） · 对不同情境/目的/听众作出回应 · 批判性地运用信息资源 · 以变革和创新的方式运用信息资源
合作管理	任务管理
· 共同协作执行任务 · 尊重彼此的价值观和观点 · 在合作中卓有成效地工作 · 适应集体的需要 · 维护观点和行动的合理和正义性 · 主动并带领他人 · 授权并退让 · 协商 · 提供建设性建议 · 发挥领导角色 · 在合作的情境中学习 · 在学习中协助或者支持别人	· 鉴别关键特征 · 运用概念 · 设置并保持优先项 · 鉴别策略 · 规划并实施系列行动 · 任务分解 · 运用并发展合适的策略 · 评估结果

3. 情境型大学生能力模型

还有些学者认为，当今世界文化日益多元化，不同文化对能力的理解和要求各不相同，大学生能力模型必须考虑学生所处文化背景。因此，这些学者认为，在确保前面强调的职场需求、学校教学与课程改革发展要求的前提下，还应考虑文化的需求。为此，经济合作与发展组织（Organisation for Economic Co-operation and Development，OECD）的"DeSeCo"项目

① Bennett，N.，Dunne，E.，& Carré，C. Patterns of core and generic skill provision in higher education [J]. Journal of Higher Education，1999，37（1）：71-93.

组总结和归纳了 OECD 成员国对核心能力厘定的异同（见表 5-3）。

表 5-3　OECD 成员国对核心能力厘定的异同①

高 一 致 性	中 等 一 致 性	低 一 致 性
社会性能力/合作能力 基本的能力及知识应用 终身学习能力 交流能力	价值定向 自我管理 政治方面的能力/民主参与能力 生态方面的能力/与自然和谐相处的能力	文化方面的能力：跨文化、媒介素养等

4. 我国大学生能力模型

国内学者在国外研究的基础上，对大学生能力模型做了本土化研究。如郑学宝等人提出的大学生核心能力模型理论框架较好地契合了当代大学生特点。根据能力的冰山模型理论，明确我国当代优秀大学毕业生至少应具备知识、技能、品质、个性、身心五个方面的一级指标的核心素质（见表 5-4）。②

表 5-4　大学生核心能力模型理论框架

知　识	技　能	品　质	个　性	身　心
政治理论 政策法规 法律常识 现代科技常识 人文科学与哲学常识 专业知识	语言表达技能 文字表达技能 科学思维能力 综合分析能力 人际协调能力 计划能力 学习力 执行力（动手能力） 创新能力 反省力 专业技能	思想政治 道德品质	个性特征 工作作风 气质风度 生活作风	身体素质 心理素质

（三）大学生能力体系测评函数

万学教育张锐等人主导研发的高端能力图谱原理，将大学生能力分为三个一级指标，即学科知识能力指标、核心通用能力指标和企业职务能力指标。三个一级指标下设 18 个二级指标，Y 为能力体系，总分为 114，

①　Rychen, D. S., Salganik, L. H., & Mclaughlin, M. E. Definition and selection of key competencies: Contributions to the second DeSeCo symposium [EB/OL]. (2002 - 02 - 11) [2021 - 03 - 22]. https://www. oecd. org/education/skills-beyond-school/41529505. pdf.

②　郑学宝，孙健敏. 大学生能力素质模型建立的思路与方法 [J]. 华南师范大学学报（社会科学版），2005 (5)：145 - 147.

Y＝F（X），X 即 18 个二级指标，每个指标按重要性程度打分，核心通用能力比分最高，共计 60 分，其次是企业职务能力，共计 35 分，最后是学科知识能力，共计 19 分，根据测评函数设置对应的问卷，可以很快评估出大学生的能力水平（见表 5-5）。

表 5-5　大学生能力体系测评函数[①]

学科知识能力指标			核心通用能力指标		
X1	学校档次指标	6 分	X7	社团职务	2 分
X2	学历层次指标	4 分	X8	高价值活动成果指标	6 分
X3	学习成绩	2 分	X9	形体魅力	3 分
X4	学术科研	2 分	X10	性格适配度指标	2 分
X5	多元学科通识	2 分	X11	心理能量	5 分
X6	外语能力	3 分	X12	思维能力指标	5 分
企业职务能力指标			X13	语言表达能力指标	7 分
			X14	人格魅力指标	8 分
X17	企业通用职能力指标	15 分	X15	复杂任务执行能力	10 分
X18	行业专属职务能力指标	20 分	X16	复杂任务领导能力	12 分

二、应用型高校大学生的能力模型

大学生的能力会因就读的高校类型、专业不同而存在一定的差异，应用型高校大学生的能力模型构成维度及其构成要素也呈现出一定的独特性。

（一）应用型高校大学生能力模型构成维度分析

应用型本科人才在能力结构上具有多层次、多元化、综合性的特点。应用型本科人才的能力包括专业能力、社会能力、终身学习能力、创新能力等，在能力的性质上更强调实践动手能力、适应岗位能力和解决工作实际问题的能力，具有突出的实践性特点。[②]

在新工科建设背景下，教育教学将以能力为取向，着力培养学生的新工科核心能力与素质显得尤为重要。核心能力和素质包括新工科通识能力与素质、新工科专业能力与素质：一是要丰富对人文知识和素养的培养，掌握经济学、社会学、哲学、文学、管理学等方面的知识，积淀人文素养，全面培育通识能力与素养；二是要强化对专业能力与素质的培养，立足新工科专业，努力提升自身的创新创业意识，始终与产业行业为伴，掌握最前沿的产业理念、行业工程技术，锐意创新，推动新工科理念与实践不断向前，为新经济的发展助力；三是要努力培育跨界融合思维，打破原有的专业藩篱，从自身专业出发，不断寻求与新技术、新领域的融合，有意识地进行跨界与交叉，激发专业发展的活力，充分发挥跨界交叉融合的优势，打造自身独特的核心竞争力，提升自己对于未来新经济发展的适应力；四是要努力培养工程技术能力。在新工科能力取向的教育教学过程中，工科类大学生要主动求变，改变以往单向知识学习的状态，有意识地参与工程技术能力锻炼，在注重工程技术能力习得的同时，对照新工科专业的发展方向与定位，深入地对自身的工程技术能力进行及时的评估，找出不足，进行针对性训练，为未来的专业就业打下坚实的专业能力基础。[1]

结合以往的研究，我们提出应用型高校大学生能力年轮模型。大学生在学习实践中能力得到不断积累，形成密集的同心轮纹，树皮这一层相当于外圈，即通用能力，是从事所有工作都需要具备的基本能力；中间层是专业能力，包含专业知识技能、行业特殊知识技能、行业专属职务能力以及工程技术能力；内部核心层是职业素养，属于个人特质，即个人效能部分，是内在的、难以测量的部分，是日积月累地经过"学习—改变—形成"而后变成习惯的一种职场综合素质（见图 5-2）。

（二）应用型高校大学生能力年轮模型构成要素分析

1. 通用能力

通用能力包含语言文字表达能力、人际沟通能力、跨学科知识和技能、创新融合思维、执行力（动手能力）、行业通用技术能力和领导管理能力七个要素。如语言文字表达能力在职业生涯发展中发挥着越来越重要的作用，而应用型高校往往关注对学生动手操作能力的培养，忽略对学生

---

[1] 张吉军. 新工科背景下大学生就业能力提升路径探索［J］. 黑龙江高教研究，2018，36（5）：130-133.

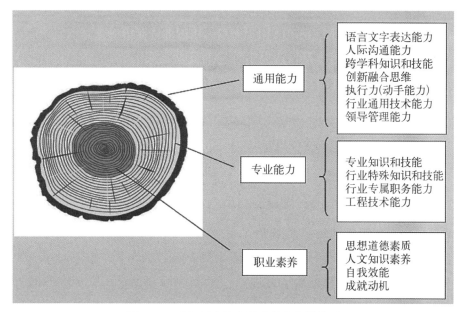

通用能力
语言文字表达能力
人际沟通能力
跨学科知识和技能
创新融合思维
执行力(动手能力)
行业通用技术能力
领导管理能力

专业能力
专业知识和技能
行业特殊知识和技能
行业专属职务能力
工程技术能力

职业素养
思想道德素质
人文知识素养
自我效能
成就动机

图5-2　应用型高校大学生能力年轮模型

语言文字表达能力的培养，毕业生在面试中因表达不畅或不善表达而受挫的情况屡有发生。在如今强调团队合作的职业环境中，人际沟通能力显得越来越重要，与上下级、各部门、合作伙伴乃至客户等群体达成良好的沟通，是促成工作任务顺利完成的必备能力。

2. 专业能力

专业能力是指与职业直接相关的基础能力，是职业活动得以进行的基本条件，是大学生通过在大学期间特定专业知识和技能的学习，从而获得的具备从事一定领域工作或者可以处理好特定行业事项的一种能力，包含专业知识和技能、行业特殊知识和技能、行业专属职务能力和工程技术能力。如某应用型高校大学生应聘软件工程师一职时，其招聘要求的其中一条是熟练掌握 HTML、CSS、JavaScript，用语义化的 HTML 标签配合 CSS 百分百还原设计稿，并使用 JavaScript 完成各种交互逻辑，以上能力只有经过软件工程专业相关学习方能掌握。

3. 职业素养

职业素养包括思想道德素质、人文知识素养、自我效能和成就动机，是一个人职业生涯成败的关键因素，是"冰山"下的、内在的、难以测量的部分。对于应用型高校大学生而言，我们倡导的"工匠精神"，其实就是职业素养的生动体现，"工匠精神"中精益求精的品质、勇于创新的精神是高成就动机的表现，开放协同的共赢意识是思想道德素质高的表现，无惧失败、追求完美是自我效能的最佳表现。

第二节　职　业　能　力

职业能力是在职业活动中需要具备的能力，职业能力直接影响职业活动的效率和职业活动能否顺利完成。[①] 一项关于应用型高校本科生职业能力的调查显示，89％的本科生认为职业能力培养非常重要，76％的本科生认为职业能力与就业关系密切，65％的本科毕业生认为职业能力是个人职业生涯发展的主要因素。如果说职业兴趣或许能决定一个人的择业方向，以及在该方面乐于付出努力的程度，那么职业能力则能说明一个人在既定的职业方面能否胜任，也能说明一个人在该职业中取得成功的可能性。

一、职业能力分类

职业能力是人们从事某种职业的多种能力的综合，主要包含三方面基本要素：一是为了胜任一种具体职业而必须具备的能力，表现为任职资格；二是指在步入职场之后表现的职业素质；三是开始职业生涯之后具备的职业生涯管理能力。例如，一位教师只具有语言表达能力是不够的，还必须具有对教学的组织和管理能力、对教材的理解和使用能力、对教学问题和教学效果的分析与判断能力等，而且对学生进行有效积极的教育，这才是一个教师的职业能力。

根据多年大量的调研和访谈，苏文平总结出基于企业招聘评价标准的大学生职业素质与就业能力指标（见表5-6）。[②] 他根据目前企业人力资源主管在招聘时筛选人员的标准，确定大学生职业素质与就业能力的五个一

① 曲振国. 大学生就业指导与职业生涯规划［M］. 北京：清华大学出版社，2015：63.
② 苏文平. 大学生职业生涯规划与就业创业指导［M］. 北京：中国人民大学出版社，2018：170.

级指标：个人属性、专业素质与能力、通用技能（可迁移能力）、实践经历及解决问题能力、成就动机与心理素质。五个一级指标的权重分别为10％、25％、25％、20％和20％，五个一级指标下分别还确定若干个二级指标，也同时设置相应的权重，形成可量化的评价标准。同学们可以参考这样的标准在大学期间培养和提升职业素质与就业能力。

表5-6　大学生职业素质与就业能力指标列表

指　　标	项　　　　　　目				
一级指标	个人属性	专业素质与能力	通用技能（可迁移能力）	实践经历及解决问题能力	成就动机与心理素质
二级指标	性别	所学专业/专业知识	学习能力	社会实践/社团活动	抗挫折/承受压力
	仪表礼仪	解决专业问题的能力	团队合作能力	实习经历	责任感
	毕业学校/学历	相关专业证书	人际交往能力	解决问题能力	主动性
	—	—	组织协调能力	—	敬业精神
	—	—	口头表达能力	—	成就动机

二、应用型高校大学生应具备的职业能力

对于应用型高校大学生而言，由于专业化的学习和实践，大学期间形成的能力结构与其他大学生必定有不同程度的差异。那么，应用型高校大学生应具备哪些职业能力？王海洲等人认为，对于应用型高校本科生而言，其职业能力的培养既要强调实践操作能力，也要注重创新能力；既要注重专业能力，也要注重沟通、协调等综合能力；既要强调就业能力，也要强调创业能力。[①]

熊德兰的调查显示，不同类型调查对象关注的职业能力差异较大。在校生认为最重要的职业能力依次是语言表达能力、沟通协调能力、专业技能、自我宣传能力。毕业生认为最重要的职业能力依次是学习能力、沟通

---

① 王海洲，梁燕. 地方高校应用型本科人才职业能力培养初探［J］. 教育与职业，2019（9）：80-82.

协调能力、语言表达能力、专业技能。而高校教师认为最重要的职业能力依次是综合素质、专业技能、学习能力、创新能力。招聘单位认为最重要的职业能力依次是综合素质、实践经验、专业技能、敬业精神。

在一项针对应用型高校毕业生赴高端制造企业就业的课题研究中，课题组调研高端制造企业在招聘毕业生时关注哪些方面的职业能力？结果显示，专业水平位列第一，其次是职业素养，第三是实习实践经历。① 另一项先后对 1 000 多家用人单位进行调查的结果表明，用人单位最看重的本科毕业生的职业能力中，责任心、团队精神、道德诚信、沟通能力、学习能力、创新能力、承受压力的能力等排在前几名。②

第三节　应用型高校大学生 职业能力培养

一、大学期间职业能力培养的关键期

关键期理论是指人类的某种行为、技能和知识的掌握，在某个特定的时期发展最快，最容易受环境影响。如果在这个时期施以正确的教育，可以收到事半功倍的效果。一旦错过这一时期，就需要花费很多倍的努力才能弥补，或者可能永远无法弥补。③ 国内学者也进行了相关研究。程冰等指出，关键期是指人类个体在发展过程中的某一特定时期对某些能力和知识的获取十分敏感。在此期间，个体可以用相对较少的精力完成某一任务，如果超出这一时期，即便面对同一项任务，个体都需要付出更多的努力，即便如此，也许还是很难达到预期效果。充分利用关键期，对提高教育效率和合理配置教育资源意义重大。④

结合大学生成长成才规律和就业规律分析，大学四年从入学到毕业

---

① 熊德兰. 应用型本科院校大学生职业能力现状调查 ［J］. 教育与职业，2014（30）：169 - 171.
② 苏文平. 大学生职业生涯规划与就业创业指导 ［M］. 北京：中国人民大学出版社，2018：59.
③ Lorenz, K. Biologische Fragestellung in der Tierpsychologie ［J］. Zeitschrift für Tierpsychologie，1937，1（1）：24 - 32.
④ 程冰，张汶，俞程成. 关键期理论视阈下的现代教育理念更新 ［J］. 教育理论与实践，2017，37（34）：17 - 20.

离校期间存在八个关键期，即大一到大四的四大关键期，以及大四一整年中的四个小关键期（见表5-7）。大一到大四的四大关键期分别为大一第一学期的入学适应期、大二一整年的职业素质养成期、大三下学期的求职准备期、大四一整年的求职行动期；大四一整年的四个小关键期为9—12月的求职高峰期、次年1—3月的求职定向期、次年3—5月的求职冲刺期、次年6—7月的毕业退出期。抓住这八个关键期，有针对性地进行职业能力培养，将有助于大学生形成合理的职业生涯发展观和正确的职业价值观，进行准确的职业定位，从而帮助学生进行择业。

表5-7 大学期间职业能力培养的八个关键期

	名　称	主　要　特　征	关　键　事　件	关键人物
关键期1	大一第一学期的入学适应期	学生刚刚踏入校门，对一切事物充满好奇，这是开展办学定位、专业认知、企业参观等教育活动，引导学生形成与学校人才培养定位和规律相适应的职业生涯发展观，从而有针对性地进行职业生涯规划和学业规划的关键期	开展入学教育，围绕专业前景、人才培养目标、课程设置、学习方法等内容进行指导；进行职业生涯规划教育，熟悉学校的人才培养定位、行业就业领域和方向，引导学生树立正确的职业生涯观；做好家校联动，共促成长工作，与家长及时沟通，加强联系，给家长介绍学校的办学定位、人才培养定位，共同做好学生学业指导、职业定位、就业观教育等工作，发挥家校合力，共同促进学生成长成才	专业教师、辅导员、学生本人及其家长
关键期2	大二一整年的职业素质养成期	参与第二课堂学习和实践锻炼，是进行创新创业意识培养的重要关键期	按学生活动（校园内各种活动）、志愿者活动、实习活动、创新创业活动四大模块，鼓励学生参与志愿服务、兼职、勤工助学、就业等实践项目，通过各种渠道参与就业活动，了解行业发展，对标岗位需求，提升就业能力	专业教师、辅导员、校内锻炼岗位各部门负责人、校友、企业人力资源经理、学生本人及其家长
关键期3	大三下学期的求职准备期	开设就业指导课，开展求职应聘、简历撰写等相关课程，提升学生的求职应聘能力，开展与实习就业相关的系列招聘宣讲活动，进行定制培养的关键期	就业求职的第一波高峰，与就业实习相关的招聘活动陆续开启，"3+1"培养方案确定、选拔工作等	辅导员、企业讲师团、人力资源经理、就业指导中心、学生本人等

	名　称	主　要　特　征	关　键　事　件	关键人物
关键期 4	关键期5：9—12月的求职高峰期	密集开展企业宣讲招聘活动	就业求职的第二波高峰，为毕业生提供尽可能多的就业岗位，推动企业、行业用人需求与学生求职意愿的精准对接	辅导员、企业人力资源经理、学生本人及其家人、其他社会关系
	关键期6：次年1—3月的求取定向期	学生陆续收到企业录用函等	在就业手续办理等方面为学生提供全方位支持和帮助，开展精准帮扶	辅导员、就业指导中心、学生本人
	关键期7：次年3—5月的求职冲刺期	是报考研究生定向、就业签约、国家项目、基层就业、公务员考试等的集中期	就业求职的第三波高峰，为毕业生在更多元的选择中提供指导和资源	辅导员、就业指导中心、学生本人
	关键期8：次年6—7月的毕业退出期	主要工作是毕业生离校教育、离校手续办理、离校活动等	协助学生做好报到证、档案转接、户口迁移等工作，继续做好未就业学生的帮扶和指导工作	辅导员、就业指导中心、同学、学生本人

如果在这些关键期能够施以正确的教育和引导，就可以帮助学生在大学期间不偏离正常轨道，朝着既定目标前进，最终到达理想的彼岸。一旦错过这些时期，就可能造成学生目标不明确、大学不适应、学业不理想、就业困难等不良现象，从而导致学生不能正常毕业、毕业后无业可就、有业不就、有业就不了等不良后果。

二、大学期间职业能力培养的若干路径

同学们可以通过参与实践、归纳总结、观察学习、模仿体会、专业训练、实习培训、业余爱好、娱乐休闲、社团活动等各种方式提升职业能力。大学期间应通过各种渠道参与志愿服务、兼职、勤工助学、实习等来培养大学生的职业能力。这些活动和工作经验的积累，将帮助大学生从事并发展通用能力、专业能力和职业素养，所有这些都将帮助学生在升学深造和就业面试中脱颖而出。这些活动可以分成四大模块：学生活动（校园内各种活动）、志愿者活动、实习实训活动和创新创业活动。

（一）学生活动（校园内各种活动）

学生活动（校园内各种活动）指的是在校园内开展的各种活动，如参

与社团活动或担任社团负责人，担任班级或校级学生干部等职务，校内勤工助学岗位的锻炼，参与校内组织的各类竞赛等。每所大学都有非常庞大且活跃的社团体系、各种勤工助学岗位以及丰富多彩的各种竞赛主题活动，同学们要在不同阶段至少参与一种类型的校内活动。参与这些活动，可以提升你的人际交往、语言表达、组织协调、时间管理等多方面的能力。

（二）志愿者活动

志愿者活动指的是运用自身的才能和优势，组织或参与符合社会实际需要、体现志愿者精神、为社会进步和福利改善而开展的各种活动，如关爱老人活动、植树节活动、海边捡拾垃圾、义务家教、爱心回收、募捐等。通过参与志愿服务，为社会作贡献。只要同学们拥有一颗志愿服务的心，志愿者活动随处可见，随时可参与。中国青年志愿者网站、校内各种志愿服务队或自行组建志愿者队伍等，参与志愿者活动的渠道广泛且开放。参与志愿者活动，既可以培养乐于奉献、无私助人的职业素养，也能在各种平台提升自己的能力。

（三）实习实训活动

实习实训活动指的是学生参加一定的实践工作，把学到的书本知识运用到实践中去，以取得实践经验、提高理论水平、锻炼工作能力的活动。对于应用型高校大学生而言，实习实训具有更重要的意义。通过实习实训，同学们可以提前了解社会，了解职场，熟悉岗位的任职要求和发展路径，还可以明确自己的职业定位和短板。因此，在大学期间，同学们应有计划地安排并参与实习实训活动。大一和大二可以利用周末或课余时间开展兼职实习，高度重视学校计划内的项目学习、课程设计、实训实习、工学结合等实践性教学活动，以培养吃苦耐劳等职业素养；大三则可以有针对性地从事与专业相关的实习实训活动，以提前适应职场环境，提前适应岗位要求，提前锁定工作岗位。如某应用型高校实施的"3+1"定制培养计划，鼓励学生大三下学期开始择业，大四一整年的课程通过与企业开展学分置换的形式来完成，学生到合作企业开展以就业为导向的顶岗实习，帮助学生抓住最佳的择业机会，锁定最优的就业资源。

（四）创新创业活动

创新创业活动指的是在校内外参与的创新创业类竞赛、科创活动、创业活动等。通过科创、项目等的实践，检验自己所学能否运用到实际中去，在动手操作中寻找差距。每年各级各类的竞赛平台多，资源丰富，以赛代练、以赛促学也是大学期间培养学生各方面能力的重要途径。同学们应抓住各种机会，主动自我加压，通过创新创业的平台，在真枪实战中充实大学时光，提升各方面能力。

【案例 5 - 2】

抓住校园实践机会，提升职业能力①

X 同学是某应用型高校机械设计及自动化专业毕业生，顺利拿到日立电梯录用通知。谈及经验，他如是说：

"刚入学我就意识到，作为一名应用型高校大学生，能做事、能把事做好的能力格外重要。于是，大学四年，我给自己制订了能力提升计划。在校期间，我参加过许多科创类比赛，如上海市互联网十、创青春、科创杯等，均取得不错的成绩，这样的经历也让我拥有较强的快速学习能力。同时，我积极参与学院学生会工作，最后一步步成长为学院学生会副主席，组织举办过许多活动，比如首届话剧大赛、迎新晚会、第八届卓越杯、模拟求职大赛等，从活动策划到人员安排再到活动总结，我都尽力做到最好，这也锻炼了我的领导能力和组织协调能力。有了以上的丰富经历，我在填写简历、参加面试的时候更加自信，更有优势。"

思考与讨论题

1. 撰写成就故事：完成 7—10 个成就故事的撰写，识别出个人最擅长并愿意在工作中使用的能力要素。

---

① 本案例为某应用型高校大学生 X 同学的个人分享。

2. 列出你的强项、素质、成功事例和特质，至少列出 40 条。如果你觉得太多，就是太低估自己了。在你认为自己最大的 10 项资本旁边画上星星，在你感到最骄傲的 7 项上画圈。

你的四十大强项

第六章　就业实践

学习目标：

1. 能识别并调整不良就业心理状态。

2. 了解就业信息的含义，掌握获取就业信息的途径和方法。

3. 理解如何准备求职材料，能够根据自己的就业目标和心仪企业的岗位描述制作高质量的简历。

4. 了解常见的面试类型，能运用所学面试技巧，做好面试准备。

【案例6-1】

应用型高校本科生 D 同学的就业故事①

D 同学是某应用型高校机械电子工程专业的本科生，品学兼优，专业课成绩一直名列前茅。转眼就到大四的第一学期，他很快就可以拿到毕业证，D 同学在开心之余却发现自己正面临"就业"这一人生大考。

习惯待在校园的他，对"找工作"这件事还没有实在的感觉。"自己应该找什么样的工作？""要不要留在大学所在的上海市？""还是等等再就业？"这些疑问出现在他的脑海中。眼看着身边几个同学都找到了工作，D 同学开始慌了，他想：先找一家公司试试，不行就当练手。

D 同学从 10 月开始密切关注学校就业指导中心的企业招聘信息，和其他同学一起投简历。由于专业成绩优异，他陆续接到某航天设备制造总厂、某半导体有限公司和某检测科技有限公司的面试通知。D

---

① 本案例为某应用型高校大学生 D 同学的分享。

同学大喜过望，他觉得自己已经做好万全准备，面试肯定没问题。谁知道企业人事部门的面试"套路深"，在第一轮面试时他就铩羽而归。此时，D同学才意识到面试经验的重要性。他为自己之前"再等等"的想法擦了一把汗，开始有意识地学习面试技巧。

经过几次面试，D同学慢慢开始学会解读招聘广告中的企业用人需求，他学会分析目标岗位的工作性质、薪酬水平、管理体制和发展前景。功夫不负有心人，最终D同学在秋季校园招聘中斩获自己非常感兴趣的某集成电路制造有限公司的offer（录用通知），开始了自己的"芯"路历程。

在求职路上，D同学总结了五点体会：

1. 一份好的简历能让求职事半功倍，提前准备相关技能证书和模拟面试对话非常重要。

2. 求职之前应当分析自身的喜好，有针对性地选择适合自己的工作岗位。

3. 多和已经毕业的学长及就业指导老师沟通，关注相关的招聘平台以获取更多的信息。

4. 在参与面试前，一定要了解公司发展前景和面试岗位性质。

5. 尝试积累面试经验与技巧。

D同学的求职故事给广大应届毕业生提供了很多启发，他两次调整求职心态，从被动等待转变为主动求职，积累了很多宝贵的求职经验，这才成功找到了心仪的工作。

本章主要从大学生的就业心理准备、获取就业信息、制作求职简历、应对求职面试等环节阐述应用型高校大学生的就业实践。

第一节　就业心理准备

成功的就业离不开成功的职业生涯决策与规划，也离不开就业最后环节的努力。如果说职业生涯决策与规划是就业的前期准备，那么就业实践则是职业生涯决策与规划的成果展示阶段。成功的就业需要应用型高校大学生在思想上高度重视，做好充分的心理准备。下面从就业实践中的几种不良心理的表现入手，分析其背后的原因，从而探索解决方案。

一、不良就业心理的表现与成因

（一）不良就业心理的表现

2020 年 2 月初，在针对一所应用型高校 2020 届毕业生的就业调查中发现，当前应届毕业生在面临就业时存在以下五种不良就业心理。

1. 自卑，想回避就业

有些毕业生缺乏面对就业的勇气，不想就业。这类毕业生的典型代表是"三无"毕业生（指无实习经历、无奖学金、无学生干部经历的毕业生）。他们要么没有勇气和信心开始找工作，要么在较短暂的求职受挫后怀疑自我，产生畏缩不前的心理，逃避就业。这类同学有的选择待在宿舍，"两耳不闻窗外事"。还有些盲目报考公务员和研究生，将考试升学当作"缓兵之计"。他们认为，秋季校园招聘太早，春季校园招聘机会少，毕业前的工作可以随意选择。

2. 自负，想高薪职业

有些毕业生同学求职时自视甚高，手握着不少企业递来的橄榄枝，却迟迟不作决定，挑三拣四：A 公司的薪水太低，B 单位的工作需要加班或者三班倒，C 企业的工作没有前途，D 单位通勤时间太长，等等。这些毕业生对现实职场的认识存在偏差，也缺乏对个人工作能力的正确评估。客观上，在新冠肺炎疫情期间以及后疫情时代，企业生存愈发艰难，对高校毕业生的需求也越来越少，毕业生的人数却在逐年增加，再加上海外学成归来的毕业生越来越多，求职出现"僧多粥少"的局面。与此同时，为了降低人力成本，企业提高了对毕业生在工作时间、工作强度和工作水平等方面的要求。主观上，这些毕业生高估了自己的工作能力，对就业的期望值过高，希望一步到位，毕业后即进入人生巅峰，因此不愿意沉下心来在企业认真学习和积累。上述这些问题都需要毕业生调整个人的求职期望。

3. 焦虑，愁不能就业

有些毕业生就业时心理压力过大。在实际求职时发现无法达到自己设定的高目标，就会产生紧张不安、害怕的情绪。他们一方面战战兢兢，担心在求职中因为表现不好而被用人单位拒绝；另一方面又担心自己找错了工作，耽误了自己初次就业的机会。这种畏首畏尾的情绪导致他们不能从容、自信地参与就业竞争。各种各样的过度忧虑和焦虑浪费了他们的时间和精力，使得他们在毕业前夕处于焦躁不安的状态。

4. 从众，欠独立决策

有些毕业生对自己的未来没有规划，也没有明确的就业目标。听别人说A单位不错，他就准备简历应聘A单位；听其他人说报考研究生是条出路，他就跟风报考研究生。他们在找工作之前没有认真审视过自己的特点，也不会仔细考察求职的具体岗位是否适合自己，结果总是失败。受挫后，他们会因为自己没有认真思考而懊悔不已，然后又会重蹈覆辙。就业中出现这样的从众心理往往会耗费这些同学大量的时间和精力，试错成本一增再增。

5. 依赖，等、靠、要

还有一些毕业生指望由学校或者家庭来解决自己的就业问题。他们不会积极寻求就业机会，遇到问题就放任不管，等待老师或者家人来主动问他们，帮他们解决。这些同学最终往往很难找到自己满意的工作，在职场上的表现也不尽如人意。

以上这些是很多毕业生在求职过程中出现的一些心理问题。其背后的原因是多方面的，包括社会、家庭和个人原因。

（二）不良就业心理的成因

1. 外部因素

如今社会上存在过分强调高薪的论调，将工资水平作为衡量一个人成功与否的绝对指标，这是造成大学生不良就业心理状态的一个原因。此外，高校扩张带来的就业竞争压力加大，也是导致大学生不良就业心理状况的另一个主要因素。近年来，高等教育规模逐年扩大，每年高校毕业生的总人数不断上升。2021年，全国高校毕业生总数高达909万人。另外，还有受新冠肺炎疫情影响从海外回来的留学生也加入求职队伍。与此相对，国内经济增长速度已经逐渐放缓，趋于平稳，各类企业每年招收的高校毕业生数量也趋于稳定，对毕业生的要求也越来越高。这些因素使高校毕业生在求职中不断受挫，产生焦虑、自卑等不良求职心理。

大学期间，就业观念指导教育的缺失，也容易造成毕业生在求职时产生心理落差。应用型高校的人才培养不同于综合性大学和研究型大学，在走出大学校门前，大学生应当正视这一区别。一旦自我定位出现偏差，就会在求职时因屡屡受挫而产生沮丧、自卑心理。

家庭中父母的价值观、求职观等也会影响学生的求职心理。部分家长社会资源多，能力强，这样的学生会出现对待工作态度消极、自负的情况。另外，部分家长对高等教育的结果怀有过高期待，期待大学教育能为孩子带来财富、社会地位、声望的改变，认为孩子大学毕业后的第一份工作就能让个人、家庭受益，但现实与想象有较大落差。这种落差使一些同学在求职中迷茫不已，出现从众、自卑和焦虑的心理。

2. 内部因素

应用型高校毕业生由于个人原因，在求职中也会产生自卑、自负、焦虑、依赖和从众的心理。有些同学在进入大学后就放松了对自己的要求，疏于自律，导致无法按时毕业。有些同学不注重社会实践经历，对自身能力和实际职场认识不深。还有一些同学在大学期间没有认真做好职业规划，求职时缺乏目标，迷茫不已。

不良心理状态的产生往往是内因和外因共同作用的结果。

二、建立积极的就业心理准备

大学生怎样才能克服不良就业心理，建立积极的就业心理准备？

（一）澄清自我认知，树立正确求职观

应用型高校大学生应当树立正确的求职观。近年来随着中国由制造大国向制造强国的转变，部分高端制造业希望招聘应用型高校大学生。这对应用型高校大学生来说是个好消息，因为应用型高校大学生在工程技术能力和核心专业技能方面具有独特的优势。但与研究型高校大学生相比，应用型高校大学生的科研能力相对薄弱。因此，应用型高校大学生在大学期间应当做好自我定位，选择适合的工作岗位，学习掌握专业知识和职场基本素养，以积极、自信的心态面对职场。

（二）做好个人规划，落实职业生涯规划

首先，应用型高校大学生应认真学习，不断提升个人的通用能力和专

业能力。在大学期间，应用型高校大学生应该认真学习，通过课堂学习锻炼个人分析问题、解决问题的通用能力。同时应用型高校大学生也应通过专业课程学习树立专业理想，掌握专业知识和技能。这两类能力缺一不可，都是应用型高校大学生走入职场的必备能力。

其次，应用型高校大学生应充分利用校内外社会实践，提升个人能力。当前应用型高校高度重视"三全育人"教育，而且与校外企业和机构建立了长期合作关系。应用型高校大学生应该充分利用校外实践平台，参与各项课程与实习活动，提升个人对专业的了解以及对职场的认知，建立合理的求职观，将个人校内理论学习外化为职场实践。

最后，应用型高校大学生需要充分落实时间管理，将个人的职业生涯目标通过个人的课程学习和日常实践结合起来，提升自己的基本素养和能力，使自己能够自信地面对职场。同时也要认识到找工作是一条布满荆棘的道路，做好充分的思想准备。在实际的求职过程中，要不断总结经验教训，及时与面试官沟通，与同伴和老师交流。择业是一个"知己知彼"的系统过程，没有最好的工作，只有最适合的工作，人职匹配是招聘的重要原则。

相信每个同学都能从中受益，找到适合自己的工作。

【案例 6-2】
现实以痛吻我，我报之以歌——经历
21 次面试，无指男生赢得岗位[①]

W 同学是某应用型高校的一名毕业生，出生时，双手就只有手掌没有手指，一路成长经历了不少磨难，靠着全家人的坚强与执着，终于叩开了大学校门。在大二时，W 同学就给自己立下"军令状"，一定要在毕业时尽最大努力找份工作。然而进入大四，他发现求职之路比想象中的要艰难得多，许多单位仅仅是看一眼他递简历的双手，就直接挂出"免战牌"。1 次、2 次、3 次……接二连三的面试失败和隐形的外观歧视打击了他的信心，他总是在一个人的夜里泪如泉涌。

---

① 本案例为某应用型高校 W 同学的分享内容。

就算不能飞过红尘，为了挚爱的人，再苦再累也要学会坚强。W同学并未从此沉沦，他通过正确评价自己的能力和优势，给予自己积极的心理暗示，始终保持以最佳的心理状态迎接下一次挑战，不仅增加了在线投递简历的力度，并奔跑于各高校的招聘会现场和人才市场，终于在第 21 次面试时等到梦寐以求的"欢迎你加入我们"的喜讯。大学期间，他还获得"2010 年上海世博会优秀志愿者"称号，更被共青团和中华全国学生联合会授予"中国大学生自强之星提名奖"。

当你无比快乐时，你的智力也是无与伦比的，同样当你忧伤、抑郁或迷惘时，思考能力就会每况愈下。由此可见，保持快乐心情对于求职非常重要。对于我们很多求职者来说，当遇到问题产生心理压力时，可以做一做心理保健操。首先要梳理整个求职过程，是准备不足抑或急于求成？理性分析失败原因并思考未来的发展方向，通过人物访谈、生涯影子、父母角色示范等途径从"过来人"身上去寻找答案，找到激励自己的法宝。人的成长是一个循序渐进的过程，谁也不能立刻成功。如果能从失败中汲取经验教训，那么这个不顺利的经历就是人生的宝贵财富。其次制订一个应对预案，提前了解岗位需要的素质和能力，以及可能遇到的难题，面对复杂多变的就业市场，我们要立足自身，立足市场，选择切实可行的职业生涯目标，这样才可以踏实地迎接工作带来的挑战。

第二节　获取就业信息

求职是一个动态的过程，大学生在初次求职时，往往不知道从哪里入手。本节将围绕就业信息的收集和整理展开讨论。

一、就业信息的获取渠道

（一）就业信息获取的基本渠道

在确立求职目标之后，大学生求职过程的第一步就是要搜集就业信息。就业信息，指的是通过各种媒介传递的与就业有关的消息和情况，包括就业政策、就业机构、人事制度、劳动力的供求状况、劳动用工制度、经济发展形势与趋势、国家发展规划、就业方式和招聘信息等。① 具体地说，在校大学生在找工作时所需了解的有关就业的信息通常包括四个方面：就业方向（干什么）、就业市场（有无机会）、岗位薪资（能否提供生活必需的物质条件）和职业生涯发展（是否适合）。

当前大学生获取就业信息的渠道呈现出多元化的趋势，可以分为线上和线下两大类。从线上渠道获取就业信息，主要是指通过网络获取就业信息。线下获取就业信息的方式则不胜枚举，在校大学生可以通过校园招聘以及应用型高校独有的招聘方式等途径获取就业信息。

1. 线上招聘

线上招聘，也称为网络招聘，是指企业人事专员运用技术手段完成招聘的过程。高校毕业生作为求职方，可以利用的网络平台很多，可以分为以下几个大类。

首先是由各级毕业生就业主管部门推出的线上就业服务平台。以"新职业网"，也称"大学生就业网"（https：//www.ncss.cn）为例，它是由教育部主管、全国高等学校学生信息咨询与就业指导中心运营的就业平台。学生可以在主页上直接浏览企业发布的职位信息并进行简历投递。这类平台一般由就业主管部门维护，信息来源需要审核，所以往往比较可靠。

其次是高校自有的线上就业服务平台，由高校的就业指导机构负责运营。一般在高校就业平台发布信息的企业对该高校毕业生的招聘意愿均比较强烈。

再次是企业自有的官方招聘网站或官方网站中的招聘栏目。这类网站一般只展示本企业的岗位需求，信息的广度有局限性，但在实时性和真实性方面有优势。这些企业的官方网站上不仅有职位信息，一般还会有企业文化等相关介绍。大学生可以在网站上挖掘更多信息，为简历投递后的面试环节做准备。

---

① 秦伟，张晓骏. 充分把好"五脉"，掌握用好就业信息 [J]. 职业，2010（32）：30.

　　还有就是各地的线上求职平台，一般在搜索引擎中搜索关键词"地名＋人才网"，就能在搜索结果页面上找到本地求职网站。如果已确定就业城市，地方求职网站是很好的选择。值得关注的是，这类网站上的招聘信息通常来自当地中小企业或劳务中介机构，信息的质量往往不高，需要仔细甄别。

　　最后是第三方招聘网站，这类平台又分为综合招聘平台和专业招聘平台。综合招聘平台，顾名思义，为不同专业、不同层次的人群提供求职信息，优势在于流量大，行业齐全。其中比较知名的有智联招聘、前程无忧等。这类平台属于第三方营利机构，有时难免会出现信息质量参差不齐的现象，使用时需要加以区分。专业招聘平台提供的是针对特定行业的招聘服务，如中国汽车人才网。这是一个汽车行业的专业招聘网站，从汽车生产、研发到销售、企业管理，都能找到相应的岗位信息。对于所学专业壁垒较高的人群，如果想从事专业对口的行业，可以多利用这类垂直网站。专业人才平台具有专业性强、针对性强的优势，但也存在行业单一、岗位数量有限等不足。

表 6-1　大学生获取就业信息的主要线上渠道

渠　道	类　　　别		特　　　点
网络招聘	就业主管部门官方平台		信息来源可靠
	高校毕业生就业服务平台		简历通过率高
	企业官方招聘网站/栏目		信息具有时效性和真实性
	地方线上求职平台		本地区信息集中
	第三方招聘网站	综合招聘平台	信息流量大，行业齐全
		专业招聘平台	信息针对性高，专业性强

　　除了以上线上招聘平台，在后疫情时代，为了帮助高校毕业生顺利就业，国家还推出了一系列就业优惠政策与服务。比如，教育部联合一些规模大、岗位与高校毕业生匹配度高的求职平台共同推出的24365服务。这个平台（https：//job. ncss. cn/student/24365）365 天24 小时全天候为毕业生服务，开辟校园招聘专区，提供真实准确的岗位信息。应用型高校大学生应当利用好这些优惠服务，积极主动地寻找就业机会。

2. 线下招聘

校园招聘，简称校招，是一种特殊的线下招聘形式。狭义的校园招聘是指招聘机构（企业等）直接进入大学校园，招聘各类各层次的应届毕业生。相较于其他求职者，应届生具有独特的优势——可塑性强，使用成本低，学习能力强，后顾之忧少，所以校园招聘一直是各大企业招聘员工的重要渠道。招聘单位直接进入高校招聘的常见形式主要有宣讲会、双选会等。

宣讲会一般是指企事业单位在社会公共场所、校园等地举办与宣传、拓展和招聘相关的主题讲座，是企业对求职者的单向选择。① 除招募员工外，宣讲会有时还承担企业对外宣传文化价值观、人力资源政策、校园招聘的程序和职位介绍的任务。因此，宣讲会一般分两步进行：首先企业进行宣传讲解，然后进行笔试和面试，初步筛选候选人。

双选会指的是针对应届毕业生举办的求职招聘会。一般情况下，众多企业进入校园，求职者选择自己感兴趣的企业，直接与企业的人事专员面谈。如果双方都满意，就可以签订一份"三方协议书"。双选会一般在每年 11—12 月和 3—4 月在各高校举行。

广义上的校园招聘则是指招聘机构（企业等）通过各种方式（包括线上招聘方式）招聘各类各层次应届毕业生，一般分为秋季校园招聘和春季校园招聘。

每年的 9—11 月是秋季校园招聘的重点时间段，多数国有企业和大型企业都选择在这一时期开展校园招聘工作。有些企业、单位甚至在 7 月前，就开始了秋季校园招聘的网上申请环节，例如上海电气集团的校园招聘。这是因为他们的筛选环节多、标准高、时间长。

表 6-2 秋季校园招聘时间表（参考往年秋季校园招聘进度）

	时 间 段	校园招聘进度	学生关键事件
关键期 1	秋季校园招聘准备期（3—4 月）	部分企业，如"互联网大厂"、联合利华等快消行业启动暑假实习项目，招募大三、研二实习生	汇总个人在大学期间个人经历，撰写个人简历

---

① 要毕业了？你知道双选会与宣讲会、招聘会的区别吗 ［EB/OL］. (2016-03-07) ［2020-10-17］. http: // cv. qiaobutang. com/knowledge/articles/56dd3efc0cf23b2a3f972829.

续表

	时 间 段	校园招聘进度	学生关键事件
关键期2	秋季校园招聘启动期（6月）	个别企业开始启动校园招聘；技术岗位招聘需求开始发布	进一步修改个人简历；开始搜集、整理招聘信息；参与暑假实习项目招聘
关键期3	秋季校园招聘网申期（7—8月）	企业开启网申通道；一般互联网企业打头阵，技术类、非技术类岗位招聘齐齐上线	制订个人秋季校园招聘时间表，开始网申，参与部分企业的笔试
关键期4	秋季校园招聘黄金期（9—10月）	校园招聘全面开启，按时间先后分别是快消行业、咨询行业、金融行业、银行业、地产行业；各大企业宣讲会进入校园	就业求职的第一波高峰：部分应届毕业生开始参与宣讲会；部分经过暑期笔试的同学开始参与秋季校园招聘面试，一般先是群体面试，通过后才是一对一面试
关键期5	秋季校园招聘热战期（10—11月）	校园招聘进入"混战期"：大企业组织层层面试挑选人才；中小企业通过学校组织的"双选会"招募人才	大部分应届毕业生开始留意招聘信息，但此时秋季校园招聘其实已经过半
关键期6	秋季校园招聘收尾期（12月）	秋季校园招聘基本落幕：大企业通过层层筛选给出offer（录用通知）；中小企业经过几轮面试也基本确定招聘结果。但也有部分企业准备补录	拿到心仪offer（录用通知）的同学准备签订"三方协议"；另一部分同学继续寻找工作或准备春季校园招聘再战

　　春季校园招聘则一般集中在来年的3月初至4月中旬这段时间，时间要比秋季校园招聘短。这个时间段更受中小型企业和创新型企业青睐。与此同时，一些国有企业和大型企业也会利用春季校园招聘来补充未饱和的岗位。与春季校园招聘相比，秋季校园招聘提供的岗位类型和数量更丰富。因此，参加校园招聘，宜早不宜晚，提前加入往往能够占尽先机。

　　应届毕业生在寻找校园招聘信息时应当"主动出击"。大型国有企业如BAT（百度、阿里巴巴、腾讯）等，以及快消类企业如宝洁、联合利华等，都设有官方校园招聘网站、校园招聘微信公众号，甚至专门的校园招聘App。在这些企业的校园招聘官方网站/官方微信公众号/官方微博上，应届毕业生可以获得全面的招聘信息，比如公司详细的招聘计划，如简历投递时间、面试地点、招聘人数、职位要求等。部分应届毕业生关心的"面筋"（即面试经验）可以在一些大学生求职论坛上浏览交流，如"应届生求职网"等。

（二）应用型高校获取就业信息的特有渠道

1. 校企合作

校企合作指的是高校与企业之间的一种深度合作，指的是学校根据企业的发展需求，为企业量身定制人才培养方案的办学模式。应用型高校大学生可以通过参与这类项目，接受企业和高校共建的特色课程，学习共建学科，在高年级时进入企业开展定岗实习，提前了解行业知识，培养专业技能。这样一来，毕业生在实际就业过程中就具有其他高校毕业生没有的优势。

2. 定向委培

定向委培是指由企业委托某高校为其培养大学生专业人才。参与定向委培项目的大学生一般在报考大学时就会以合同的形式明确其毕业后的工作单位、工作职责和职业标准。高校根据企业的要求编制教材，开设课程，培养符合企业需求的人才。学生毕业后不需要参与招聘程序，可以直接按照合同到用人单位就职。

3. 学分置换

学分置换是指学生因提前离校参加实践工作或企业实训而未能修满课程学分，利用企业的教育资源获得相应学分的一种教学管理模式。应用型高校大学生在高年级时进入学校认可的企业或单位参与社会实践，实习结束后由单位出具"成绩单"，高校为大学生置换学分。这种管理模式为应用型高校大学生"松绑"，方便他们提前进入企业在实践中学习。

总的来说，应用型高校大学生在求职过程中应做到线上、线下求职渠道多管齐下，关注各类就业政策，积极主动地获取尽可能多的求职信息。应用型高校应届毕业生应当利用好学校的各项优惠政策，为自己未来的发展争取更多的机会。

二、就业信息的整理利用

（一）就业信息的获取

常见的就业信息获取方法有以下三种。

1. 全方位获取法

全方位获取法，就是将所有与自身相关的就业信息收集起来，按照一定的标准进行整理、筛选的方法。这样做的好处是，可以获取到广泛的信息，选择的自由度高。但是，这个方法过于浪费时间精力，对应这类信息获取方法的求职方式就是所谓的"海投"，换来的往往都是漫长而无果的等待。

2. 定区域获取法

定区域获取法，就是根据毕业生择业倾向来选择地域，再有目的地搜寻某个地区或某几个地区的就业信息的方法。按照这种方式来搜集信息，可能会由于所面向地区的狭小和"地区过热"而造成择业困难。

3. 定向获取法

定向获取法，就是按照职业方向和求职的行业范围来获取相关信息的方法。这一方法以个人的专业方向、能力倾向和兴趣特长为基础，便于找出更适合自己、更能发挥作用的职业和单位。因此，应届毕业生应该怎样"有的放矢"，快速整理、利用岗位信息呢？

（二）就业信息的整理

应届毕业生在获得就业信息后，面临的另一个难题是要学会如何整理和利用信息。

首先应当把自己的目标行业和职位组合起来，打开一个招聘网站，找出自己选择的"职位＋行业"的组合，然后可以使用表格制作软件或者简单的纸笔，将自己想要做的行业组合进行标注、排序，大致选出一批具体的公司。

初选完成后，要进行下一步的筛选，应届毕业生可以查看这些职位的具体工作要求，判断自身条件是否符合岗位需求。值得注意的是，很多应届毕业生在求职初期都会犯一个错误——很多同学只是简单地浏览了招聘信息上企事业单位的职位描述，就匆忙投出简历，然后开始被动等待。事实上，虽然职位描述看似千篇一律，但是它包含很多用人单位想要传达给求职者的信息，需要仔细分析。这里可以运用第五章中提到的应用型高校大学生能力年轮模型解读招聘广告中的文本。

案例 6-3 呈现的是一则某电子产品研发生产企业的招聘广告，让我们一起来看看如何从招聘广告中提炼出关键信息。

【案例6-3】

招聘岗位：嵌入式软件实习生

岗位职责：

1. 软件开发和调试；

2. 系统开发和移植、驱动等设计开发；

3. 工作文档撰写和整理；

4. 完成部门、项目其他工作。

任职要求：

1. 硕士或本科；

2. 精通嵌入式 C/C++，了解汇编语言，精通嵌入式软件开发流程及开发规范；

3. 了解硬件基本知识，能看懂电路图，熟悉单片机各模块的工作原理，熟悉示波器、万用表等调试工具的使用；

4. 熟悉嵌入式 Linux 系统开发，了解 i.MX 平台系统移植、开发或掌握 gcc、gdb、shell、make 等开发工具；

5. 精通 Matlab/Simulink/Stateflow 建模并生成代码者优先；

6. 熟悉 AUTOSAR 标准，并熟悉相应的配置工具（如 Davinci 和 EB）者优先；

7. 熟悉汽车控制器的开发，熟悉汽车相关标准者优先；

8. 熟悉 CAN 总线技术、车载以太网技术者优先；

9. 耐心细致，有责任心，有较强的团队意识和沟通协调能力。

现将招聘广告中的岗位职责和任职要求与应用型高校大学生能力年轮模型对号入座，进行分析，具体可见表6-3。

表6-3　招聘广告的能力分析

序号	通 用 能 力	专 业 能 力	职业素养
1	撰写和整理工作文档	精通嵌入式 C/C++	耐心细致
2	团队意识	了解汇编语言	有责任心
3	沟通协调能力	精通嵌入式软件开发流程及开发规范	

续表

序号	通 用 能 力	专 业 能 力	职业素养
4		了解硬件基本知识	
5		能看懂电路图	
6		熟悉单片机各模块的工作原理	
7		熟悉示波器、万用表等调试工具的使用	
8		熟悉嵌入式 Linux 系统开发	
9		了解 i.MX 平台系统移植、开发	
10		掌握 gcc、gdb、shell、make 等开发工具	
11		精通 Matlab/Simulink/Stateflow 建模并生成代码	
12		熟悉 AUTOSAR 标准	
13		熟悉（与 AUTOSAR 标准）相应的配置工具（如 Davinci 和 EB）	
14		熟悉汽车控制器的开发和汽车相关标准	
15		熟悉 CAN 总线技术、车载以太网技术	

解读完招聘广告后，应届毕业生下一步应该思考如何将自身条件和招聘要求进行匹配，通过制作简历来向招聘人员证明自己才是最合适的人选。

第三节　制作求职简历

在掌握求职渠道、了解如何收集和分析职位信息之后，下一个需要学习的求职环节是制作求职简历。本节我们将介绍如何制作一份让招聘人员"第一眼就心动"的求职简历。

一、简历的内容

简历就是对个人学历、经历、专长、爱好以及其他有关情况所作的简明扼要的书面介绍。[①] 它是一种有针对性的规范化的、逻辑性的自我介绍。大学生的简历通常由基本信息和教育背景、实践经历、个人能力和获奖情

---

① 孙伟. 你凭什么通过简历获得好感［J］. 人力资源，2016（11）：82 – 84.

况等基本内容板块构成，有时还会附上自荐信、求职信等。[①]

　　研究结果显示，无论有时间压力还是没有时间压力，简历中最受关注的文本信息依次为实践经历、个人能力和获奖情况、基本信息和教育背景、求职意向、自我评价。[②] 接下来，我们就按照受关注程度依次进行讲解。

　　（一）实践经历

　　实践经历涵盖的范围很广，它包含求职者的校园活动经历、实习经历和项目经历。

　　校园活动经历主要是指大学社团经历、大学期间参与活动比赛经历、大学外出志愿服务经历、大学担任班级委员经历等。校园活动经历贵精不贵多，选择2—3个与应聘岗位相关且含金量高的展示即可。除参与课外活动外，大学生一般还在校内外实习。对无正式工作经历的应届毕业生来说，实习经历是简历中的重要加分因素。撰写实习经历时，求职者应当侧重描述自己擅长的领域，展现自己的能力，表现自己的价值。招聘者则会通过抓取实习经历中的关键词来量化求职者的价值，以判断求职者是否符合公司的招聘标准。

　　若实习工作为项目制，则简历中还应增加项目经历部分。项目经验与工作经验是相辅相成的，但较之于工作经验，项目经验更侧重展示求职者在某一专业领域内的技能水平。值得注意的是，本专科生由于受学历层次的限制，参与的项目往往不能体现理论研究水平，因而更应该在简历中强调自己的专业基础知识、社会实践能力和实习兼职经验。如果本专科生确实参与了某项重要课题的研究，确实承担了一部分相关的理论研究或实验研究的工作，而且技术含量比较高的话，那么应该将此经历写到简历中来。撰写项目经历时，应围绕项目中负责的具体任务展开阐述（见案例6-4）。

【案例6-4】

　　2021年6月至8月 某电子商务网站管理系统开发人员

　　项目职责：根据项目开发进度开发相关模块，完成功能实现

---

① 张璐璐. 简历筛选认知过程的模型探索［D］. 上海：华东师范大学，2005.
② 秦霖. 简历文本信息内容与空间位置对简历筛选影响的眼动研究［D］. 开封：河南大学，2014.

开发环境：html＋css＋js（jquery，ajax）、jsp＋servlet＋JDBC、mysql、tomcat、Eclipse/MyEclipse

管理员管理模块：包括登录、查看、修改和删除

商品分类管理模块：商品类别的增删改查

商品属性管理模块：包括商品属性的添加、修改、查看和删除

商品管理模块：商品增删改查

用户管理模块：用户的查看、修改和删除

用户模块：用户的登录和注册

商品展示模块：网站首页实现、商品分类页的实现、搜索商品和详情页实现

购物模块：购物车添加、修改和删除，订单的确认和提交

个人中心模块：个人信息管理

整体来看，"实践经历"部分的撰写应当遵循以下三点原则，大学生可以参考。

1. 杜绝弄虚作假

一些毕业生为了获得招聘企业的注意和青睐，往往在简历中夸大甚至虚构自己的实习经历。事实上这种行为是完全不必要的，因为与应届毕业生相比，面试官通常拥有更多的经验和资质，辨清简历是否"掺水"并不困难。如果求职者缺乏实习经历，可以从校园活动经历中展示自己的特色。简历造假只会弄巧成拙，错失良机。

2. 目标明确

重点在"选"，不在"写"，切忌按时序报流水账，与所投职位无关的经历可以一笔带过。简单地说，就是应聘岗位需要什么，简历中就体现什么。因为招聘人员每天都会接触大量的简历，想引起他们的兴趣，要将相关的信息放在前面，突出自己在实习工作中的亮点。在撰写简历的实习部分时，最好从个人和职位的匹配性入手，选择与应聘岗位匹配的经历来填补整个简历。

可以根据岗位信息的实际要求，盘点自身才能，明确硬实力，如学

校、专业、各种专业比赛、主持或参与的课题、各种资格证书、英语或计算机水平等。同时，挖掘软实力，如组织管理能力、综合分析能力、沟通交流能力、团队协助能力、随机应变能力、自我学习能力等。通过一份针对性强的人职匹配的个人简历，给用人单位、面试官一种"我适合你，我是为你而来"的感觉。

3. 突出重点

就简历而言，内容越精简干练，越有助于招聘人员锁定关键字，让简历脱颖而出。在这里，我们可以用第二章中提到的 STAR 法则来书写个人经历，让语言更具有逻辑性。在描述个人经历时，紧紧围绕情境（situation）、任务（task）、行动（action）、结果（result）四个要素展开。在表述个人经历的时候可以用数据来说明工作行动和工作结果。示例如下。

"2019 年 5 月—2020 年 5 月 某某大学商学院学生会副主席。"

"一年内成功招收 18 名骨干成员，主持和组织举办 23 次商学院学生拓展训练和交流活动，累计参与人数 2 000＋，获得 5 000 元人民币资金赞助。"

"联合长江商学院，策划、组织企业走访，带领百余名应届毕业生到联想、百度等多家知名企业实地考察。"

（二）个人能力和获奖情况

简历材料中的个人能力部分，一般为权威资质鉴定机构认可的能力水平汇报，如外语、计算机、驾驶水平等，还包括其他文体特长和技能。这部分书写的重点应突出求职者的专业性、自我驱动力和学习能力。尽量用证书、数字来量化所掌握的技能，如"获得 CCNA 认证，具备安装、配置、运行中型路由和交换网络，并进行故障排除的能力"。不同方向的证书，要有选择性地填写，避免随意无逻辑地罗列。同样，特长技能也不应罗列太多。正确的填写方式是选择 1—2 个与岗位相关，或能突出个人特色的爱好即可。比如，面试手游公司，爱好可以写："狂热游戏粉"。也可以给自己的爱好"写故事""贴标签"来表现自己的爱好，比如"喜欢拍视频，某某平台粉丝 2 万"。

获奖情况则指的是大学生在校期间获得的一些荣誉奖项。书写奖项时,避免重复罗列相似奖项,选择含金量最高的奖项即可。为了帮助招聘者了解荣誉奖项的含金量,求职者可以通过备注级别或排名的方式进行呈现,如"上海市××荣誉(全校仅取前2名)"。

(三)基本信息和教育背景

求职者个人信息包含基本信息和教育背景。基本信息主要指的是求职者的姓名、性别、出生年月、联系电话、联系邮箱和个人免冠照片等。此外,还有一些个人情况,如籍贯、民族、政治面貌、婚育状况等,因为这些信息与求职者的竞争力无关,所以不必全部呈现在简历上。求职者可以根据招聘单位及岗位的实际情况酌情添加。值得注意的是,如果简历上有个人照片,应当使用专业照相馆拍摄的白底证件照或职业照,生活照或自拍会给人留下不专业的印象。

教育背景也属于个人信息的一部分,它包括毕业学校、学科专业、学历学位、毕业时间这几大要素。本专科院校应届毕业生一般只写最高学历即可,不需要提供高中毕业学校的信息。如果应聘教育系统,一些用人单位可能也会参考高中毕业学校的信息。如果求职者毕业于省重点高中,建议在个人信息中体现。对有出国交换经历的应届毕业生,在交换学校是比较知名的国外院校的前提下,可以把交换经验写进简历的教育背景中。

在教育背景信息中,除了院校、学科专业外,另一个可以"加分"的信息是绩点。毕业生如果在大学期间成绩优异,可以把绩点、平均分、年级排名等写到简历中,尚未毕业的同学可以写目前已知的绩点。

对于应用型高校大学生,特别是准备从事技术类岗位的大学生,可以在教育背景板块下罗列与求职岗位相关的专业课程信息,按相关程度进行排序。以下是应聘某公司单片机开发工程师的应届毕业生简历:

"2018年9月—2022年7月,某大学 计算机科学与技术/本科。"

"主修课程:离散数学、C语言(C++,Java)、数据结构、操作系统、数据库原理、编译原理、软件工程、计算机网络、计算机体系结构。"

(四)求职意向

求职意向是很多大学生第一次书写求职材料时最容易忽略的部分,但是事实上它非常重要。很多面试官会根据求职意向来考察求职者的面试资格。它是招聘人员在拿到一份简历时最希望第一时间获取的信息。书写简历时，可以把它放置在简历的顶部，确保一目了然。在书写求职意向的时候要注意以下两点。

首先要杜绝"广撒网"。不少应届毕业生在求职时以为一份简历就能"打天下"，投递简历时还没看清楚招聘公司提供的岗位名称就匆忙投递。事实上，投简历最忌"海投"。求职者在投递出每一份简历之前，都应根据招聘广告"量体裁衣"制作简历。从求职意向开始就应当根据岗位信息对简历进行精准设计。

一些求职者认为笼统而又模糊的求职意向可以凭借不确定性给自己带来更多的面试机会，也有一些求职者觉得自己心仪的岗位非常多，因此故意将求职意向设定得非常宽泛。上述两种认识都是错误的，缺少精准求职意向的简历会给招聘人员留下"做事不仔细""三心二意"的不良印象。对于一些"万金油"专业的毕业生来说，如果确实有很多不同的求职意向，可以选择分开制作简历，不可"一股脑儿"将全部求职方向都写在同一份简历上。

比较受招聘人员认可的求职意向都是十分清晰且与招聘信息完全吻合的，最佳写法是"行业＋职业名称/精确职位名称"，例如"经纬恒润科技股份有限公司机械工程师"。如果确实需要将简历大量投送到同一类型企业的相似岗位，可以按照类别进行填写，如快消类、咨询类，也可以按照专业进行填写，如材料专业、机械专业等。

其次要做到首尾呼应，处处扣题。前面已经提到，投简历要注意"微调"。这里的"微调"不仅仅是字眼上的调整，还应该包括对简历其他部分内容的修改。因为一份出色简历中的所有信息都必须符合招聘广告中的职位描述，简历的内容应该紧紧围绕求职意向来描述。求职意向的改变意味着整篇简历都需要被重新加工——"蝴蝶翅膀的一次扇动能引发一场海啸"。

（五）自我评价

自我评价往往不是简历中必须包含的内容。设置这一部分的初衷是为了让招聘人员在筛选简历的时候快速认定求职者就是合适的人选，从而给出面试机会。因此，在书写这部分时不宜简单地堆砌褒义词，而是应当紧紧围绕求职岗位展开表述。内容可以是求职者对工作岗位的一些看法，可以针对求职公司的产品、职位，写一些自己的思考，或者描写自己与求职

公司的一些"缘分",体现出对公司文化的认可。例如:

"本人电子信息工程毕业,善于沟通、协调,有较强的组织能力与团队精神。"

"活泼开朗,乐观上进,勤于学习,能不断提高自身的能力与综合素质。"

"在未来的工作中,我将以充沛的精力、刻苦钻研的精神来努力工作,稳定地提高自己的工作能力,与企业同步发展。"

二、简历的排版

虽然简历是"内容为王",但良好的阅读体验仍然能帮助求职者获得招聘人员的青睐。排版是阅读体验的核心,因此简历应做到简单明了、结构清晰、层次分明。

在简历排版前,应先仔细勘误。简历校对包含的内容主要有检查简历内容是否存在信息错乱,同一经历重复填写,重要信息错漏,语句表达不通顺,是否有错别字等。低级的错误不仅反映了态度,而且能暴露出求职者做事不仔细的日常习惯。另外,简历中使用的标点符号也要额外关注,常用的",、;"三个符号要使用得当。每段文字末尾的标点也是体现细节的地方,一般做到统一即可。

虽然大家对于"什么样的排版看起来舒服"的标准各不相同,但是"优秀"简历的板块顺序,或者说框架结构似乎都是一致的:基本信息—教育背景—实习经历—校园活动经历—技能证书—自我介绍。这很可能是因为人们在阅读简历时,目光会在材料的中间部分停留更长时间的缘故。结合之前提到过的招聘人员最注重实践经历的研究,可以得出这样的结论:为了便于招聘人员优先获取想找的信息,一份简历中间的最大篇幅应该放到实习经历、项目经历和校园活动经历这几个板块上。此外,个人信息部分则应该控制在简历的前四分之一。其他信息放在简历下部即可。

在明确简历的框架和重点之后,应届大学生在修饰简历时还需要注意以下四点。

首先,简历的篇幅控制在一页即可,不需要额外增加一张简历封面。为了照顾招聘人员的阅读体验,确保阅读简历时不用频繁左右转动眼珠,可以用关键词短语来代替冗长的段落。

其次，简历中可以适量使用"行话"，即每个专业、职业、行业特定的技术术语、缩写等。例如，在应聘财会类的职业时，简历中可以用"ACCA"来指代"英国特许注册会计师"。

再次，好的简历是简练而清爽的。虽然现在市面上有许多简历模板标榜"设计感"，用花里胡哨的图表和高饱和度的颜色吸引大学生的眼球，但是研究表明，过分夸张的设计只会让招聘人员抓不住重点，降低招聘人员的印象分。[①] 简历使用的颜色一般是单色或双色，字体使用也不应超过两种，电子版简历建议使用微软雅黑字体，纸质版则建议选用黑体或者加粗宋体做标题，宋体做正文，英文应选择 Times New Roman。同样，字号的选择不要多于三种。简历的标题可使用三号字体，正文内容可选用小四号或十一号字体。除了明确强调的地方使用加粗字体外，简历的其他部分尽量不要使用加粗字体，同时也要尽量避免使用斜体和下划线。

最后，为了保证简历的美观，相关内容必须对齐，次级标题必须缩进，方便招聘人员在短时间内快速阅读。在处理页面布局时，在上下左右留足页边距，常用的标准是上下留白 1 厘米，左右留白 1.25 厘米。

总的来说，制作简历应注意：

内容简介——一页为宜

消灭错误——认真检查

惜墨如金——传达最有效的信息

诚实自信——夸张编造、过分谦卑均不宜

强调成就——做了什么

文如其人——个性描写与全文的形式、内容统一

赏心悦目——上下留白 1 厘米，左右留白 1.25 厘米

制作精细——保证清晰整洁

选用纸张——A4 80 g

选用字体——宋体/仿宋，四号/小四，保持字体字号一致

以下是一份典型的应用型高校毕业生的简历范例，基本没有冗余信息，简历内容与岗位需求高度匹配。

[①] 陈劲，徐飞，陈虹先. 应聘简历色彩搭配的眼动研究 [J]. 心理科学，2009，32 (6)：1423 - 1426.

个人简历
求职意向：质量工程师

基本信息

姓名：王小明　　　　　　　学历水平：本科

年龄：23　　　　　　　　　毕业学校：＊＊大学

性别：男　　　　　　　　　专　　业：质量管理专业

电话：1234567890　　　　　邮　　箱：wxm@163.com

教育背景

20＊＊年9月至今　　　　　　　本科—＊＊大学—质量管理专业

主修课程：项目质量管理、质量分析与改进、质量检验技术、质量管理体系、CAD制图、机械制造基础、电子电工基础等

实践经历

校外实践

20＊＊年11月—20＊＊年＊月　　＊＊＊＊＊＊＊＊＊＊公司

职位：质量部QA

工作内容：

1. 生产线日常异常处理；

2. 生产线日常巡检，现场改善；

3. 客户反馈处理，回复反馈报告；

4. 协助QA经理迎接客户审计，对审计不符合项进行跟进；

5. 协助QA经理更新公司正在申请的＊＊＊＊＊＊＊＊药包材文件。

校内实践

20＊＊年9月—20＊＊年6月　　青年志愿者协会

参与＊＊＊＊活动，负责＊＊＊＊工作，志愿者服务时长＊＊小时。

证书

ISO9000质量管理体系内部审核员　　ISO14000环境管理体系内部审核员证书

普通话二级甲等

自我评价

掌握质量管理相关专业知识，熟练应用 Office、Minitab 等软件，通过专业证书考试，具备相关专业证书。善于思考，从本质上解决问题。有较强的执行力和抗压力，有良好的沟通表达能力，服从上级工作安排，对工作认真负责。

【案例 6 - 5】

某应用型高校财经管理专业的毕业生 Z 同学以特有的优势从众多一流高校面试者中脱颖而出，顺利拿到立信会计师事务所的 offer（录用通知）。在谈及她的求职面试经验时，她总结了如下四个方面的内容。

1. 学历只代表一个阶段学习的结果，企业更看重大学四年的努力过程和相应成果。例如，GPA、奖状、社团活动、荣誉称号等。

2. 学历不够，证书来凑。如果觉得自己就读的学校没有竞争力，就增加自身的附加值，多考一些证书来提升自己的能力，如 ACCA、CFA、FRM（初级从业、金融从业等），而且证书一定要有含金量。

3. 至少有两段实习经历，实习内容最好不重复，把在实习中提升的学习能力、沟通能力、专业能力、灵机应变能力、抗压能力等体现出来。

4. 语言能力，英语六级通过是基础，550 分以上会加分，或者有托福/雅思高分成绩也会加分，主要考察英语阅读能力和语言表达能力。

阅读材料：[①]

如何写出一份命中率高的在线简历？战略上首先必须明确以下三点。

1. 人力资源经理招的是最合适的人，并不是最优秀的人

用人单位在招聘员工时，会反复运用"三大匹配"来考察，即能力与职位的匹配（能职匹配）、人与职位的匹配、人与企业的匹配。其中能职

---

① 此阅读材料节选自某位应用型高校就业指导课程教师的内部总结材料。

匹配是最基础的，也是最容易检测的，能职匹配追求的是求职者能力与职位要求达到最佳匹配，用人单位既不会聘用低于岗位要求能力太多的员工，更会避免聘用高于岗位要求能力太多的员工。因此，千万不要被学历、奖学金、实践经验困住你的勇气和热情，对应招聘需求来写简历才是上策。

建议：根据岗位职责和任职要求量身定制简历，万万不可一份简历游走天下。

2. 人力资源经理简历搜索靠关键词

对于线上招聘，人力资源经理一般采用搜索引擎法来找到心仪的简历。对应关键词撰写简历，让你的简历被人力资源经理搜索到是网上申请的关键。符合搜索引擎的关键词越多，则被人力资源经理搜索到的概率越大。

鉴于本校的特点，整理出关键词参考如下：

【专业】最好是专业对口，但不是绝对的。如"管培生"岗位，很多企业对专业并无严格的要求，相对来说选择范围较广。

【英语】硬性指标为 CET-4 或 CET-6，若有托福等国外考试分数高则可以加分，若能体现出优秀的口语能力则非常抢眼。

【实习经历】若有 500 强企业或者业内知名公司的实习经历会加分，而且在实习经历模块用数据量化结果会让人力资源经理对你的能力一目了然。

【学生工作、奖学金】至少有一个作为关键字，学生干部身份尽量达到部长级，并有实质性的工作业绩。成绩能排名专业前 30% 是加分项。

建议：以上几大关键词，若能全部达到，可以基本保证进入笔试或面试环节。如果没有，需要抓紧时间修改简历内容，或者突出社团工作以及与工作内容相关的专业学习效果。

3. 人力资源经理看简历的平均时间不超过 10 秒

一位资深人力资源经理曾说过，判定每份简历是否达标的决定时间是 10 秒钟。这就意味着你需要在极短的时间内迅速吸引人力资源经理，如何让你的简历抓住 10 秒钟的黄金时间，避免"见光死"是重中之重。

建议：（1）清晰明确的求职意向。人力资源经理的工作是为公司所有的岗位来寻找适合的求职者，所以开门见山地向人力资源经理指出想要应聘的岗位非常重要。需要人力资源经理花时间来琢磨匹配哪个岗位的简历，是一份缺乏诚意的简历。（2）清爽舒服的求职照。想知道求职者长什么样，是大多数人力资源经理都会具备的好奇心。请充分利用这个好奇心，拍一张让你显得专业、职业的求职照。要求：穿正装，头发打理清爽，女生化淡妆更好。求职照请面带微笑，因为笑容是最简单的化妆。当然，找一家专业的照相馆也非常重要，构图合理、抓拍到位都是必备要求。提醒：照片不要过度修饰从而成为照"骗"，这会适得其反。（3）清新简洁的简历模板。前面说过，人力资源经理看一份简历平均用时极短，如果你不慎套用了五彩斑斓、元素过多的模板，不仅不会博得关注，反而会让对方丧失细看的耐心。永远不要认为花里胡哨的排版能让你变得与众不同，严重点甚至会影响人力资源经理对你的第一印象，降低网申通过率。（4）专业精确的能力阐述。很多同学的简历内容平铺直叙，属于"一手好牌打烂型"，明明教育背景不错，也有相关的实习经历，却因为不会描述和表达，让人力资源经理抓不住亮点。简历中需要用专业术语阐述流程，用精确数据体现工作效果，从而让人力资源经理直接看到你会做什么，能做到什么程度，工作能力如何。（5）不遗余力地体现细节。简历中明显的错别字，前后字体大小不一，关键信息顺序出错……很多细节看似微不足道，但在网上申请里很可能拉你落马。毕竟一些能够避免的小失误都不注意，人力资源经理又怎么相信你能在工作中谨慎细微呢？还有些同学给简历命名时直接敲进"简历""张三简历"几个大字，但是每天要处理千百份简历的人力资源经理根本没时间一一打开，往往只靠标题和关键词搜索，常见的邮件命名格式为"姓名＋毕业院校＋求职岗位"。

三、简历的投递

经过构思设计、确定框架、选择填充内容、微调修整等一系列过程，一份简历终于完成。最后一个重要步骤，就是投递简历了。棋差一招，满盘皆输，简历投递学问多多，值得广大应届毕业生求职时重点关注。

首先，选择投递简历的电子邮箱。有些企业在招聘时会使用自己的校园招聘系统、网站和 App，这种情况不需要使用到个人邮箱，只需上传个人简历即可。有些企业则会要求求职者把简历发送到指定的邮箱,这时个人邮箱的选择就十分关键了。求职时,应届毕业生可以专门注册一个稳定性、可靠性高的工作邮箱,邮箱账号要显得成熟且职业化,可设置为全拼姓名或英文名字,方便好记,而且能避免麻烦。

其次,选择好投递简历的邮箱后,邮件标题的书写方式也需要注意。招聘人员收到的简历堆案盈几,意味不明或者空白标题的邮件容易被忽略甚至被当作垃圾邮件处理。而信息完整、一目了然的标题则能使一封简历邮件从众多邮件中脱颖而出。标准的邮件标题可以写作"申请职位—求职人姓名—职位要求的工作地点",如"财务专员—李小二—上海"。也可以适当增加其他可以提升求职者含金量的信息,如应聘外贸专员时,可以写作"外贸专员—张伟—雅思 7 分"。标题书写时必须注意细节,申请岗位的字眼应与招聘广告中提供的信息完全一致,不要擅自发挥。

再次,投递简历时,一般求职者会将简历上传至附件。建议使用 Microsoft Office 的 Word 组件制作简历,保存为较低版本的格式,确保招聘人员能够顺利打开浏览文件。如招聘信息中没有特别注明,建议使用 pdf 格式的文件。附件的命名切忌使用"文档 1""简历""我的简历"等命名,可以采用"姓名+岗位名称"这样的格式,方便招聘人员日后检索。此外,应届毕业生以附件发送文件时单独发送简历即可,一般不需要发送成绩单、证书等其他材料。邮件的正文部分则需要注重商务礼仪,不可留白,可以简单书写一封求职信。

最后,简历邮件发送的时间也有讲究。投递简历前应仔细阅读招聘广告,在招聘截止时间前将简历寄出。考虑到一般企业上班时间在早上 9 点左右,而一般电子邮箱中邮件都是按照时间由迟到早进行排序,应届毕业生可以选择在早上 7—8 点发出邮件,确保招聘人员打开邮箱就能看到简历。

第四节　应对求职面试

成功通过企业的简历筛选后,求职者一般会收到用人单位的面试通知。面试类型多种多样，不同类型的企事业单位青睐的面试方式也不尽相同。有些大企业在招聘应届毕业生时喜欢打"组合拳"，比如一些互联网企业的校园招聘常常是"电话面试""群体面试""压力面试"轮番上阵，坚持到最后的求职者才能拿到 offer（录用通知），还有一些技术岗位的面试则是"技术面"和"人事面"结合，全面考察大学生的综合能力。

一、面试的常见类型

如果按照面试时是否有一套统一的标准来简单划分面试类型，那么可以将面试简单分为结构化面试和非结构化面试（见表 6-4）。

表 6-4　常见的面试类型

类　型	常 用 场 合	特　　点
结构化面试	公务员面试 事业单位面试	考官标准化 考题标准化 考分标准化
非结构化面试	无领导小组讨论； 一对一面试（电话面试、 行为面试、压力面试、 情境面试、技术面试）	过程自然，面试官 可以由此全面了解求职者情况

（一）结构化面试

结构化面试又称为标准化面试，是指在面试前，对面试内容、评分标准、评分方法、分数使用等一系列问题进行系统化、结构化设计的面试方式。在高度结构化的面试中，面试官会严格按照问题顺序提问，是一种比较规范的面试形式。目前我国公务员招考、事业单位招考、国有企业招聘工作中结构化面试运用较多。

1.结构化面试的特征

结构化面试具有考官标准化、考题标准化、考分标准化等特征。

考官标准化。结构化面试通常有一定时间限制，7—9 名面试官面试 1 个求职者，一次一次地进行。除了面试官外，还单独设置记分员、计时员等相关工作人员。

考题标准化。向所有的求职者提出同一类型的问题，题目的内容和顺序通常是预先设定好的。结构化面试中常见的问题分为两大类：一类是基于经验的问题，与工作需求相关，主要是关于求职者经历的工作或生活中的行为；另一类是基于情境的问题，一般是在假设的情况下，向求职者提出与工作内容相关的行为表现的问题。问题顺序结构一般有两种：一是由简易到复杂，逐渐加深问题的难度，使候选人从心理上逐步适应面试环境，以充分地展示自己；二是由一般到专业内容的提问。

考分标准化。结构化面试采用系统化的评分程序。从行为学角度设计出一套系统化的具体标尺，每个问题都有确定的评分标准，针对每一个问题的评分标准，建立系统化的评分程序，能够保证评分的一致性，提高结构的有效性。面试官按要素打分，各个要素的分值具有科学的结构比例，成绩汇总采用"体操打分法"——面试官评出的分数，去掉最高分和最低分，计算算术平均值作为考生的面试成绩。

2. 参与结构化面试的注意事项

应届毕业生应重点掌握以下应答技巧：（1）审题精准。当面对考题时，能认真审题，了解题意，读懂题中的每一个字，而且理解题意，审视时局，把握命题人意图，列出提纲要领，迅速作答，语言简洁明了，逻辑清晰即可。（2）结构合理。回答问题时，要条理清楚；思考与回答时间、各个问题回答的时间要分配合理，切忌不作思考，脱口就答，也尽量避免长时间思考，陷入僵局；条件允许的情况下，可以利用纸笔做相应记录。（3）亮点突出。回答结构化面试中的问题，也像其他面试类型一样，要围绕问题，突出个人的优势和亮点。（4）情感真挚。避免出现"套路"答题模式，结合问题要求、个人理解以及个人的实际情况，真诚回答。在这一过程中，要保持自信大方的状态。自信不仅仅只是内在的气质，更是表现良好的来源与依据。但要千万注意，切不可自信过头，将自信变为自傲，给面试官一种言过其实、狂妄自大的感觉。应该正确把握自信与自傲的度量，能够正确看待自己，拥有自信但谦虚的精神。

（二）非结构化面试

非结构化面试也称为随机面试。面试官提问时可以任意地与求职者讨论各种话题，或者根据求职者提出不同问题的面试，不需要遵循事先安排好的规则和框架。非结构化面试的优点是过程自然，面试官可以由此全面了解求职者情况，求职者也感到更加随意和放松，更容易敞开心扉。缺点是由于结构化和标准化低，求职者之间的可比性不强，影响面试的信度和效度。[①]

如按照同一面试场合内求职者的多寡对非结构化面试形式进一步分类，可分为以下两类。

1. 无领导小组讨论

无领导小组讨论也称小组面、群面，是目前企业招聘中运用得比较广泛的面试形式，指由一组求职者组成一个临时工作小组，讨论给定的问题，作出决定。参与面试的小组成员需要在指定时间内就讨论内容达成一致，并输出统一观点。面试官全程不参与讨论，通过观察求职者的综合素质，如逻辑分析能力、人际影响力、团队合作能力、语言表达能力、组织协调能力、抗压应变能力等，来综合评价求职者之间的差别。由于无领导小组讨论的淘汰率很高。在校园招聘初期，面对大量求职者，用人单位一般会通过这种面试形式提高面试效率。

无领导小组讨论的面试流程一般包括规则说明阶段、自我介绍阶段、审题思考阶段、观点陈述阶段、自由讨论阶段、总结陈词阶段。[②]

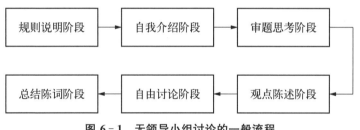

图 6-1 无领导小组讨论的一般流程

在参与无领导小组讨论时，小组成员可以选择的角色一般有领导者、破冰者、组织者、时间掌控者、总结陈词者和其他成员。

领导者：组织领导和控制整个团队与进程的人；

破冰者：首先发言的人；

组织者：调动团队气氛，协调意见，调动发言权的人（很多时候领导者会兼任）；

---

① 张炳义. 人力资源总监岗位面试试题及评分标准设计 [J]. 人才资源开发，2006（3）：38-39.
② 校招中最常见的 12 种面试形式 [EB/OL]. (2017-07-30) [2020-09-30]. https://www.sohu.com/a/160971997_236081.

时间掌控者：控制讨论时间节奏的人；

总结陈词者：代表小组作总结汇报的人；

其他成员：参加讨论的其他人，是除了上述五类角色之外的面试者。

无领导小组讨论的题目主要有案例分析型题目、问题解决型题目和技能考察型题目。案例分析型题目通常是要求求职者以小组为单位，来讨论实际的问题。案例分析型题目可以很好地测试求职者的分析能力、推理能力、自信心、商业知识和沟通能力。问题解决型题目则是要求求职者以小组为单位共同解决一个虚拟的难题。比如：北京市现在有多少只汽车轮胎？（麦肯锡咨询公司面试考题）。这类题的特点是极具挑战性，需要组员密切配合和高度的精力集中。技能考察型题目通常是在小组活动中要求求职者准备短时间的演讲和辩论，以考察求职者的抗压应变能力。

2. 一对一面试

经历过无领导小组讨论的筛选，求职者的范围有所缩小，这时招聘企业会通过一对一面试的方式来加深对求职者的了解，常见的一对一面试方式有电话面试、行为面试、压力面试、情境面试、技术面试五种。

电话面试，即面试官通过电话交流来了解求职者的基本情况，时间短则 5 分钟，长则 20—30 分钟。面试官通常会先要求求职者作自我介绍，然后针对简历中的信息进行提问。这种面试来得突然，面试官不会事先和求职者约定电话面试的时间，接通电话后就直接开始面试。作为求职者，突然接到电话面试应该如何应对呢？

首先，求职者可以主动选择通话时间。接到电话面试时，求职者可能在任何地方，如街道、商场等。这时，你可以主动要求另约时间再联系，比如说："对不起，我正在上课，是否可以半个小时之后再给您回电话？"一般情况下，面试官都会答应这样的请求。其次，应主动选择面试地点。接听电话面试时，应主动移步至安静的环境，拿出纸笔随时记录面试官的提问要点。再次，求职者应该对自己的简历以及投递简历的公司、职位烂熟于心。为应对电话面试，可以专门制作用于电话面试的简历，对重点信息做好标注，随身携带。最后，接听电话面试之前，应当充分进行模拟演练，根据自己的简历对面试官可能会提出的问题进行演练。求职者可以借助手机录音功能，边练习，边录音，改掉口头禅和其他不好的语言习惯，注意电话礼仪。

行为面试是外商投资企业招聘常用的面试方法。它是指在一对一面试中，除了就简历上列出的相关信息提问之外，面试官通过一系列基于具体行为的问题，来考察求职者特定方面的素质和能力的面试方式。这类面试常见的问题有："这件事情发生在什么时候？""您当时是怎样思考的？""为此您采取了什么措施来解决这个问题？"等等。随后，面试官会运用素质模型对求职者在过往表现出的素质进行评价，并以此推测其在今后工作中的行为表现。

行为面试应用广泛。宝洁、雀巢、箭牌、强生、高露洁等快消品行业的企业在招聘员工时，常常采用行为面试问答方式来考察求职者的综合素质。典型的行为面试类题目如下：请举例说明你在一项团队活动中如何团结他人，并且起到领导者的作用，带领团队最终达到期望的结果。其他行业，比如四大会计师事务所、咨询类公司也会采用行为面试。

压力面试是指为了考察求职者将如何面对工作压力，从而有意制造紧张气氛的面试。实际上，压力面试并不是一种单独存在的面试形式，它通常会贯穿于整个面试过程。面试官提出无理、冒犯的问题，或者以怀疑、尖锐、挑衅的口吻发问，使求职者感到不舒服。有些面试官则会一连串地发问，直到求职者无法忍受。其目的是考察求职者对压力的承受能力、应变能力和人际关系处理能力等。压力面试的考察要点有心理承受能力、抗高压能力、应变能力、人际交往能力、沟通能力等。求职者在应对压力面试时，首先要能识别面试官进行的是压力测试，其次必须保持情绪稳定，用敏捷的思维和良好的控制力来化解面试官的压力拷问。

情境面试也叫情境模拟，目前也有比较多的企业运用，即面试题就是一些情境类问题，给一个特定的情境，考察求职者在这个情境中是如何作出反应、如何处理的。通常给出的情境都是关于你所申请职位的一些实际情况，所以在面试之前一定要了解自己所申请职位的工作内容。

技术面试，可以理解为专为技术岗位设置的面试，也可以理解为考察求职者专业技术能力的面试类型。它是应用型高校毕业生参与技术类岗位面试时不能绕过的环节，通常设置在简历初筛之后，人力资源经理一对一面试之前。技术面试少则一轮，多则有两至三轮。这类面试考察的内容可以分为三个范畴，分别是专业基础知识、项目实践经验和职业生涯规划交流。专业基础知识指的是基础能力与实际应用能力，由于应届毕业生在项目方面实践经验往往不多，因此必须在这一部分做好充分准备。项目实践经验一般偏向对技术深度的考察。为了在求职时期更有底气，应用高校大学生应当在大一期间就开始进行职业生涯规划，大二、大三期间有意识地通过参与专业技能竞赛、科创项目比赛、实习实践等方式提升自己的专业技术能力。

二、面试的常见问题

尽管面试的形式多种多样，但用人单位在面试中提出的问题是相似的。为了更好地应对面试，大学生在初次求职时可以提前准备，归纳和汇总常见的面试问题，避免因为缺乏面试经验而产生紧张情绪，在面试中出现词不达意的情况。

常见的面试问题主要集中在以下几个方面：求职者基本信息、求职者行为面试类题目、职业生涯发展规划等。

表 6-5 大学生求职面试常见问题

问题分类	常见问题	答 题 策 略
求职者 基本信息	请作一个自我介绍	优秀的自我介绍可以帮助求职者快速建立良好的第一印象，应届毕业生可以在面试前分别准备30秒、1分钟和3分钟的自我介绍。自我介绍的长与短可能会影响接下来的面试节奏。以准备3分钟的自我介绍为例，求职者可以采取总分总形式，给自己贴三个标签，再分别进行阐述。如："我是来自××大学的×××，我有三个标签，第一，有闯劲的工作狂；第二，讲求方法的思考者；第三，靠谱界中的杠把子。下面我将分别用实例来证明上面的三个标签。"
	你怎么评价自己？/你认为你是一个什么性格的人？	这类问题考察求职者的自我认知能力，求职者在如实作答的同时，应根据岗位特征对答案进行"一定包装"。如："我是一名悲观的乐观主义者，因为我在工作中，遇到难题虽然会做最坏的打算，但同时一定会拼尽全力，并期待最好的结果。"
	你最大的优点是什么？/你最大的缺点是什么？	在表述个人优点时，求职者可以提前准备2—3个优点，并举例加以证明；在表述缺点时，可以准备1个和职位描述相关性不大的缺点，并说明自己如何去克服这个缺点，以避免这个缺点影响工作。如：我觉得自己的一个缺点是说话太多，而且总是急于表达自己的观点。一些同学说我好为人师，爱出风头。我确实注意到，由于自己说得太多，就会忽略听别人的意见，因此我在笔记本上写了一句话："少说多听！"结果有些滑稽，即使我觉得自己说得很少，同学们也会说："你挺活跃的！"看来第一印象很难改变。

续表

问题分类	常见问题	答题策略
求职者行为面试类题目	请介绍一下之前实习的工作内容，以及都有哪些收获？	这里给出一个可以套用的模板："在实习中，我参与了××工作，主要负责××任务，学习到××方面的知识，更深入地了解和认识了××行业/岗位，锻炼了××能力。"
	你曾经遇到最大的困难/挑战/挫折是什么？	这类问题主要考察求职者的问题解决能力和随机应变能力，因此在给出答案时不仅要描述困难本身，还要说明解决问题的具体方法。在描述困难时，可以使用 STAR 法则，表述当时的情景，适当增加细节，提高可信度。
	如果在工作中，你跟同事/领导产生了矛盾，你会如何处理？	这类问题主要考察求职者的情绪管理能力，观察求职者为人处世是否情绪化。在回答此类问题时，应当注重总结自身问题，保持良好的职业素养，不情绪化处理工作上的问题。
	你最有成就感的一件事是什么？	这类问题主要考察求职者的兴趣动机。可以从金钱物质、他人认可、自我提升几个大方向入手，挑选一个有特点的例子，体现自己的能力与特质。
	请说一件最近遇到的沮丧的事情。	这类问题主要考察求职者的情绪管理能力，可以描述当自己遇到工作、学业和生活中的挫折时，是如何自我调节的。
职业生涯规划方面	你为什么选择××行业/公司/岗位？	这类题目主要考察求职者对行业/公司/岗位的了解。可以从行业、应聘公司的宏观发展和个人层面（如个人情怀方面）来叙述。
	你认为你应聘的岗位需要什么必备条件？	这类题目主要考察求职者的岗位认知和人岗匹配。可以根据求职广告中的职位描述如实作答，进一步阐述自己和岗位的匹配程度。
	请说一下你的职业生涯规划？	可以分成短期1—2年，中期3—5年进行阐述。如："短期：1—2年内熟悉工作内容和流程，通过××系统学习知识，运用到工作中，提升自己的××能力，成为符合公司预期的专业性人才。中期：提升专业素养的同时，争取能把握公司的晋升机会，领导小团队负责项目，在更高的平台锻炼自己的能力，为公司作出更大的贡献。"
其他问题	你的核心竞争力是什么？	可以描述一个和岗位需求最匹配的能力。
	最近读的一本书/最喜欢的一部电影是什么？	这类题目主要考察求职者的学习能力和个人规划（学习、运动都可能是加分项）。可以简单介绍这是一个什么故事或者你从中学到了什么。
	你有什么问题要问我的？	可以提问的问题一般有：贵公司对应届生入职的培养计划；轮岗计划（表示自己希望在多个岗位锻炼自己）；自己刚才的面试表现如何，希望能够得到专业的指导。

三、如何为面试做准备

在接到面试邀约消息后，求职大学生除了准备面试问题，还应当采取一些实际措施，确保面试顺利。

　　首先，应当考察公司的真实性。接到面试邀约消息后，应届毕业生做的第一件事应当是鉴别招聘公司的资质，避免遭受不必要的损失——可以借助"国家企业信用信息公示系统"在网上进行初步的查询后再决定是否参加面试。然后应当确认面试地址，提前规划好交通路线。如果没有把握好交通时间导致面试迟到，会给面试官留下不好的印象。同时还应当准备着装，针对面试公司、岗位的不同性质，提前做好准备。

　　其次，应当重新熟悉岗位职责与本人简历。面试官一般是围绕企业的用人需求展开面试，因此面试前求职者应当再次仔细阅读招聘广告中的岗位职责，确保自己对招聘公司和岗位有足够了解。此外，求职者还应重温自己的简历内容，这是因为大多数面试官会根据简历进行提问，求职者面试时的回答应当与简历内容保证一致。

　　再次，应当做好预判，展示"亮点"。这里的"亮点"指的是求职者与岗位要求匹配的点，面试前应该把岗位描述中的关键词与自身情况再次进行比对，提前做好提炼总结，并思考如何在面试过程中将"亮点"逐一进行呈现。

　　接下来，应当提前规划自己的工作进度。提前规划工作进度指的是求职者可以假设自己已经被面试的企业录取，在面试前就规划入职后将要做的事情。面试时面试官如果提及与招聘岗位相关的认知类题目，求职者就可以侃侃而谈。以运营岗位为例，求职者可以分析公司官方账号目前的状态，有什么优势劣势，自己入职后，会采取哪些措施让账号变得更好。充分的准备可以让面试官了解你的诚意，认识你的能力。

　　最后，准备提问题。面试是双向选择，求职者可以提前准备最关注的问题，如公司的晋升机制、培训机会等。通过咨询面试官来判断招聘公司是否能够达到自己的期望，再决定是否接受聘用。

思考与讨论题

　　1.登录你所在学校的就业信息服务网，找到一则你感兴趣的招聘信息，请结合本章所学知识分析招聘信息中的职位描述。请归纳招聘信息对求职者能力胜任素质和行为方式的要求。

2. 根据你对题目1中招聘信息的归纳与总结，制作一份个人简历。

3. 与同桌交换简历，试着指出对方简历在内容、排版等方面的优点和缺点。

第七章　创业实践

学习目标:

1. 理解创业的内涵和类型，掌握创业过程的关键活动。

2. 理解掌握创业素质和创业能力的内涵，掌握提升创业素质和创业能力的方法。

3. 了解创业知识框架，做好创业知识准备，投身社会实践和企业实习。

4. 掌握创业计划书的内容和撰写方法，了解创业行动的基本路线和方法，能够撰写创业计划书，并践行创业行动。

【案例 7 - 1】

L 同学的创业探索①

一、追梦·创业之心萌动

"成功往往来源于最初的一个小小的念头，将其付诸实践，遂梦想照亮了现实。"上海某应用型大学工业设计专业 L 同学的创业探索很好地阐释了这句话。

不同于其他同学报考研究生或者直接就业的职业生涯规划，他在高中的时候就下定决心，自己要到上海上学，去看广阔的世界；要到上海创业，实现更远大的理想与抱负。为此，出身乡村的他为了走出大山，在高中时期就认真努力备考，为自己的人生打下良好的基础。谈及那段过往的岁月，他说到自己现在依然很清晰地记得拿到录取通

---

① 本案例为某应用型高校毕业生 L 同学的创业案例分享。

知书那天的场景——红彤彤的录取通知书静静地躺在手上，他无法相信眼前的这一幕是真的，但又觉得一切似乎都是水到渠成，也总算给自己有了一个交代，在激动之余却多了一份平静。他知道未来自己还有很长的一段路要走。

L同学的专业是工艺设计，在大学的前两年里，他积极学好基础知识的同时便开始了自己创业的探索，参加各种与创业有关的活动、沙龙或者项目，包括土特产、咖啡厅等领域。他甚至还尝试自创一个茶饮品牌，这也是最令他难忘的经历之一。他说道，茶饮品牌涉及对外营销，所以需要思考为它取什么样的名字，需要多少启动资金，在哪一片商业区买下店铺等大大小小的问题。但也因为是初次尝试，由于资金不足的原因，这个想法并没有从计划方案变成现实，但是这并没有磨灭他创业的那颗火热的心。

二、追梦·创业之梦照亮现实

在大三下学期时，L同学的两位同学在他平时的"鼓动"下，成功加入自己的团队。那时他的上一个项目刚好失败且当时上海在筹划垃圾分类工作，他们选择了环保这个领域，开始了新的征程。在大三结束的那个暑假，他们三人团队注册成立了柏益环保科技（上海）有限公司，同时也开始了公司第一款产品的设计。

利用专业优势，他们的设计工作有了突破性的进展，设计的折叠式垃圾桶获实用新型专利。设计好了产品，下一步便是加工。伙伴的加入让各项活动可以同时进行，L同学负责大小事务的统筹管理，其他两位同学分别负责设计与行政事务的管理，效率因此提高了不少。在生产的初始阶段，团队面临资金短缺的问题，团队就自己买材料，做样机。在上海燥热的夏天，在大多数同学都回家避暑，或者在空调房中吃着冰激凌的情况下，团队三人选择在宿舍里、阳台上，光着膀子做样机，在失败中一次次不断改进样机。

对于整个产品的生产过程，L同学说自己学到很多东西，也走了不少的弯路，吃过不少的亏，但他相信这就是成长，这是每一个创业者必须走的路。每天上完学校的课，便驱车几百公里去江苏的仓库加班加点地干活，因为没有充足的资金，上海的仓储费太贵，所以只能选择仓储费相对便宜的外地。没有当初想象的那样风光无限，只有每天不分昼夜地劳作。吃在仓库，睡在仓库，干在仓库。身体的劳累，内心的焦虑，导致他很长一段时间严重失眠，但他们依旧在努力，依旧在坚持，决不放弃。

三、追梦·感恩回首，期待路上再相遇

谈及大学四年的学习生活，L同学说："现在回首，我依然信心满满，没有那么容易的成功，但我有我的坚持和努力。在这过程中，老师也给予了很大的关怀，询问我的进展，给予我鼓励和指导，不断地给我提供各方面的帮助。很感谢这些老师对我的关心和支持。同时我还认识了很多志同道合的同窗好友，也很幸运地结识了好几位和蔼可亲的恩师，师友一路的陪伴，让这四年的大学生活充实而多彩。作为创业者，尤其是发起人，一定要做好充分的身心准备。大到公司的发展方向，小到明天的工作安排，还有很重要的对伙伴的关心，都是创始人要干的事情。如果承压能力不够，创业这条路还是很难走下去的。"这些都是他几次创业下来的肺腑之言。

他也想对学弟学妹们说："在人生新的十字路口，我们都将作出新的抉择，离开校园，步入社会，每个同学都将来到人生的另一段旅途，在这众多的旅途中，我选择了创业这条道路。创业这条路听起来很励志，但途中更多的是艰辛与坎坷，就像走夜路的人，四周不见光明，但只要心中有灯，就能够准确把握方向。因为在黑夜里，你并不是独自前行，还有同行的伙伴，你们同甘苦，共命运。身为掌舵者，他们相信你会带领他们突破黑夜，迎来黎明。好多的故事与心得只有真正经历了，才会深刻。创业路上我们需要脚踏实地，勇敢担当，呼朋引伴，拼搏进取。'士不可以不弘毅，任重而道远'，期待创业路上遇见你。"的确，现实很残酷，但梦想很美，被梦想照亮的现实更美。

上述案例中的L同学进入大学后就有强烈的创业动机，从最初的多次创业尝试到此后真正具有创业产品雏形，并且有团队支持，通过不断努

力，克服技术问题，开启创业之路，取得阶段性成效。本章主要探讨创业
的内涵和创业过程、创业者的素质和能力，以及应用型高校大学生创业准
备和创业行动。

第一节　创业的内涵和创业过程

本节探讨创业的内涵、创业的类型和创业过程的关键活动，为学习创
业以及提升创业素质和创业能力奠定基础。

一、创业的内涵

（一）狭义的创业

创业有狭义与广义之分。狭义的创业是指创办企业，即指能够创造劳
动岗位、增加社会财富的活动。关于狭义的创业概念众说纷纭，具有代表
性的定义有如下几种。

创业是一个发现和捕获机会并由此创造出新颖的产品或服务和实现其
潜在价值的过程。[①] 哈佛大学教授斯蒂文森（Howard Stevenson）认为，
创业是在不拘泥于当前资源条件的限制下对机会的追寻，将不同的资源组
合以利用和开发机会并创造价值的过程。[②] 张玉利等人认为，创业是在资
源高度约束、高度不确定性情境下的假设验证性、试错性、创新性的快速
行动机制。这个机制支撑的是改变、挑战和超越，创建企业只是创业的一
种载体或手段。[③] 全球创业观察（Global Entrepreneurship Monitor,
GEM）把创业定义为"由个人、团队，或者已建立企业建立新企业或创造
新业务的尝试，比如自主创业，建立一个新的商业机构或扩展现有企
业"，[④] 是经济发展组合的重要组成部分，是现在和未来收入与就业的重要

---

① 罗博特·D. 希斯瑞克. 创业学 [M]. 郁义鸿，李志能，译. 上海：复旦大学出版社，2000：9.
② Howard Stevenson. The heart of entrepreneurship [J]. Harvard Business Review，1985，
March：85 - 94.
③ 张玉利，薛志红，陈寒松，等. 创业管理（第 5 版）[M]. 北京：机械工业出版社，2020：31.
④ Reynolds, P. D., Hay, M., &. Camp, S. M. Global Entrepreneurship Monitor：Executive report
[M]. Kaufman Centre for Entrepreneurial Leadership，1999：3.

决定因素。① 创业不仅能为创业者，也能为所有的参与者和利益相关者创造、提高和实现价值，或使价值再生。商机的创造和识别是这个过程的核心，随后就是抓住商机的意愿和行动。②

（二）广义的创业

广义的创业是指所有具有开拓性和创新性特征的、能够增进经济价值或社会价值的活动。③ 关于广义的创业概念，不少学者给出自己的定义。蒂蒙斯（Jeffry A. Timmons）等人认为，创业是一种思考、推理和行动的方法，它不仅受机会的制约，还要求创业者有完整缜密的实施方法和讲求高度技巧的领导艺术。④ 斯蒂文森认为，创业是一个人——不管是独立的还是在一个组织内部——追踪和捕获机会的过程，这一过程与其当时控制的资源无关。"创业可以由六个方面的企业经营活动来理解：发现机会、战略导向、致力于机会、资源配置过程、资源控制的概念、管理的概念和回报政策，"⑤ 并进一步指出，创业就是察觉机会、追逐机会的意愿及获得成功的信心和可能性。⑥ 他还认为，创业是"一种管理方法"或"追求机会而不考虑当前控制的资源"。⑦

由此可见，广义的创业概念具有五个特征：（1）创业主体的自主性。承担创业责任的人就是创业主体，这个主体可能只是一个人，也可能是由几个人或一群人组成的团队。但无论这个主体是一个人还是一个团队，他们都具有独立地作出创业决定和制订创业计划以及采取创业行动的权利，

---

① GEM (Global Entrepreneurship Monitor). 2019 - 2020 global report [M]. 2020：22.
② Timmons, J. A., Muzyka, D. F., Stevenson, H. H., & Bygrave, W. D. Opportunity recognition：The core of entrepreneurship [M] // Frontiers of entrepreneurship research. Babson Park, MA：Babson College, 1987：409.
③ 卢福财. 创业通论 [M]. 北京：高等教育出版社，2007：3.
④ 过去 20 年来，百森商学院（Babson College）和哈佛商学院（Harvard Business School）的研究对创业的这一定义有所发展，后来百森商学院主席小斯蒂芬·斯皮内利（Stephen Spinelli, Jr.）进一步强化了这一定义。见：杰弗里·蒂蒙斯，小斯蒂芬·斯皮内利. 创业学（第 6 版）[M]. 周伟民，吕长春，译. 北京：人民邮电出版社，2005：23，44.
⑤ Stevenson, H. H., & Roberts, M. J. Introduction：Instructor's manual：New business ventures and the entrepreneur [J]. Harvard Business School Teaching Note 385 - 200, February 1985. (Revised January 1989.)
⑥ Stevenson, H. H., & Jarillo, J. C. A paradigm of entrepreneurship：Entrepreneurial management [J]. Strategic Management Journal, 1990, 11 (4)：17 - 27.
⑦ Pathak, H. N. Book reviews：Howard H. Stevenson, M. I. Roberts, & H. I. Greenback, New business ventures and the entrepreneur, Homewood, Ill：Irwin, 1989, pp. xiv + 841 [J]. Journal of Entrepreneurship, 1992, 1 (2)：260 - 264.

只要他们的行为符合国家的法律、法规和政策，就不受任何组织或个人的强迫或阻挠。（2）创业领域的广泛性。创业不仅仅在商业领域和产业领域中进行，也可以在教育、科技、文化、服务等各个社会领域中进行。社会的每一个领域中都存在创业的机会和可能性。（3）创业途径的多样性。不要简单地认为只有创办企业才是创业，其实创业的途径和方式多种多样。是不是创业，判别的标准不是自己是不是法人代表，也不是从事的活动能不能给自己带来丰厚的经济报酬，而是从事的活动对社会是不是具有积极意义，是不是具有开创性或创新性的特点。（4）创业手段的灵活性。手段是为目的服务的，创业方式的多样性决定了创业手段的灵活性，不同的创业方式应当采取不同的手段。可以用自己的资金创业，也可以通过借资、融资或贷款创业。但不管采用何种手段，都必须做到合法、高效。（5）创业成果的可测性。由于创业的开创性或创新性的特点，创业的成果具有不确定性。但是，不确定性并不等于不可测性。每一个创业主体在决定创业之前，对选择的创业项目、创业方式和采用的创业手段都必须心中有数，对可能遇到的困难和风险都必须有所了解并做好应对措施。①

综上所述，创业是一种活动，是一种有目的地开创新事业但不局限于创办新企业的活动；创业是一个过程，是一个始于从变化的环境中识别发现有利于价值创造的机会，通过整合资源使得机会价值得以实现的过程；创业是一种思考和行动方式，是机会驱动而不是以资源为中心的创造性思维方式，是思考和行动并行推进的行为方式。创业过程的核心是创新精神，② 所以创业的本质特征就是创新与开拓。

二、创业的类型

按照不同的分类方法可以将创业划分为不同的类型。当然，各种创业企业的类型之间存在一些交叉关系，因此类型划分是相对的，而不是绝对的。常见的划分方法有以下四类。

① 卢福财. 创业通论［M］. 北京：高等教育出版社，2007：4-5.
② 杰弗里·蒂蒙斯，小斯蒂芬·斯皮内利. 创业学（第6版）［M］. 周伟民，吕长春，译. 北京：人民邮电出版社，2005：9.

（一）按照创业方式分类

就狭义的创业而言，其类型可以根据创业的方式分为独立创业、公司分立和企业内创业。

独立创业，即创业主体白手起家进行的创业。

公司分立，即公司或企业内部的管理者从母公司中脱离出来，新成立一个独立的公司。

企业内创业，即企业的管理者或员工在企业内进行的创业，比如开拓新市场，发明新产品，创造新技术，采用新战略，实行新管理等。

（二）按照创新程度分类

按照创新程度，可以把创业分为创造型创业、创新型创业和继承型创业。

创造型创业，即核心技术属于完全自主产权的创业活动。比如，激光照排的发明，杂交水稻种植技术的开发，"两弹一星"的制造，阿波罗登月行动等。

创新型创业，即部分关键技术有自主产权的创业活动。比如，大庆油田开发，三峡水利工程建设，歼击系列战斗机制造等。创新型创业，特别是创造型创业是牵引社会前进的火车头。一个国家的创新型创业能力和创造型创业能力标志着这个国家的发展能力和竞争能力。

继承型创业，即利用别人的核心技术和关键技术，运用自己的创新思维和开拓性行动进行的创业活动。大部分的创业都属于继承型创业。[①]

（三）按照创业动机分类

全球创业观察依据创业者的创业动机，将创业分为生存型创业（necessity-push entrepreneurship）和机会型创业（opportunity-pull entrepreneurship）。

生存型创业，是指创业者在没有其他更好选择的情况下，不得不参与创业活动来解决其面临的困难的创业类型。不少下岗职工的创业便属于生存型创业。生存型创业者以满足需要诸如养家糊口或当老板有面子为创业动机。由于生存型创业主要是在现有的市场或小市场中寻找机会，因此具有简单、创业成本低、对创业者素质要求不高的特点。

① 卢福财. 创业通论［M］. 北京：高等教育出版社，2007：7.

机会型创业，是指创业动机源于个人抓住现有机会并实现价值的强烈愿望的创业类型。马云创建阿里巴巴显然属于机会型创业。机会型创业者不以开个小店养家糊口为终点，而是为了寻求更好的发展机会或者获得更多的财富。从经济角度看，机会型创业要比生存型创业更有价值，由于机会型创业具有创造新产品和新市场的功能，特别是能够开辟大市场，形成新产业，带动经济发展，因而被誉为经济发展的引擎。[①]

生存型创业和机会型创业的区别主要表现在：（1）创业动机不同。生存型创业者的创业动机是因为没有其他合适的工作而创业；机会型创业者的创业动机是因为发现有吸引力的机会而创业。（2）发现商机市场不同。生存型创业是在现有市场中捕捉机会；机会型创业是因为发现了新需要与新市场。（3）进入市场不同。生存型创业是进入现有的小市场；机会型创业是面向大市场。（4）出发点不同。生存型创业是根据自己拥有的资源选择机会；机会型创业是对开辟大市场有把握。有能力、有条件的大学生，可以利用所学知识成为机会型创业者。[②]

（四）按照创业功能分类

巴林杰（Bruce R. Barringer）等人将新创企业类型划分为薪水替代型企业、生活方式型企业和创业型企业。这种分类方式其实是按照创业功能进行划分的。

薪水替代型企业，是指给企业所有者提供在普通工作中能够赚取到的同等收入的企业。例如，干洗店、便利店、餐馆、会计师事务所、零售店和发型设计沙龙等。薪水替代型企业向顾客提供普通商品或服务，没有什么特别的创新之处。

生活方式型企业，是指给企业所有者提供追求特殊生活方式的机会并能靠它谋生的企业。例如，滑雪教练、职业高尔夫球手和导游等。这些企业没有创新性，也不能快速地成长。一般而言，生活方式型企业瞄准特定体育活动、业余爱好或娱乐活动等，其规模可能仅包括所有者本人或只聘用一小部分人。

---

① GEM (Global Entrepreneurship Monitor). 2019 - 2020 global report [M]. 2020：21.
② 张玉利，薛志红，陈寒松，等. 创业管理（第 5 版）[M]. 北京：机械工业出版社，2020：19 - 20.

　　创业型企业，是指不考虑当前控制的资源，通过创造并抓住机会将新产品和服务引入市场的企业。例如，Facebook、LinkedIn、Dropbox 等。这类企业创造具有价值而且对顾客有重要性的产品或服务，其产品或服务也向顾客提供他们在其他地方无法得到的效用。①

三、创业过程的关键活动

　　创业过程中的关键活动主要包括：成为创业者并组建创业团队，识别开发评估创业机会并构思项目，设计或开发商业模式，获取或整合创业资源等。

（一）成为创业者并组建创业团队

　　创业者是那些通过识别和利用新产品、新工艺或新市场，创造或扩大经济活动，寻求创造价值的人。创业活动是通过识别和开发新产品、新工艺或新市场，创造或扩大经济活动，追求价值产生的有进取心的人类行为。创业者区别于一般人的特征表现在创新、成就导向、独立、掌控命运的意识、低风险厌恶、对不确定性的包容。②

　　成为创业者起始于创业需求和动机，创业者最基本的创业动机有三个：一是做自己的老板；二是追求自己的创意；三是获得财务回报。③

　　工作团队是由通过积极协作、个人责任、集体责任以及彼此互补的技能来努力完成某个特定的共同目标的成员组成的群体。④ 创业团队的构成要素简称为5P要素⑤，即目标（purpose）、人员（people）、定位（place）、权限（power）、计划（plan）。狭义的创业团队是指有着共同目的、共享创业收益、共担创业风险的一群创建新企业的人，即初始合伙人团队。广义的创业团队则不仅包括狭义的创业团队，还包括与创业过程有关的各种利益相关者，如风险投资家、专家顾问等。⑥

---

① 布鲁斯·R. 巴林杰，R. 杜安·爱尔兰. 创业管理：成功创建新企业（第5版）[M]. 薛志红，张帆，等译. 北京：机械工业出版社，2017：15.
② 亚瑟·C. 布鲁克斯. 社会创业：创造社会价值的现代方法 [M]. 李华晶，译. 北京：机械工业出版社，2009：13.
③ 布鲁斯·R. 巴林杰，R. 杜安·爱尔兰. 创业管理：成功创建新企业（第5版）[M]. 薛志红，张帆，等译. 北京：机械工业出版社，2017：6-7.
④ 斯蒂芬·罗宾斯，玛丽·库尔特. 管理学（第13版）[M]. 刘刚，程熙镕，梁晗，等译. 北京：中国人民大学出版社，2017：358.
⑤ 张玉利. 创新与创业基础 [M]. 北京：高等教育出版社，2017：125.
⑥ 张玉利，薛志红，陈寒松，等. 创业管理（第5版）[M]. 北京：机械工业出版社，2020：99.

【案例 7-2】

将爱好和兴趣与创业相结合①

一、选择爱好，才能更为专业

M 同学是某应用型高校的一名毕业生，在校期间所学专业为工科专业，但其从小的兴趣爱好为软件编程。面对这种情况，他首先认真学习学校的全部课程，并在第一学年获得全班第二的优异成绩。在大二学年，M 同学成功申请转入自己青睐的专业，并尽全力及时补全所在专业的各项课程学习。

二、兴趣引领，创业更为简单

此外，在课余时间，M 同学通过自我学习和参加校内集训队等多种渠道，学习了多款专业编程软件，并与志同道合的学生成立兼职工作室，主动与周边中小企业联系，争取到部分小型项目。实践锻炼极大地提升了 M 同学的专业能力和创业能力，同时也提高了他对市场的把握能力和处理各类创业问题的信心。

三、坚实基础，理想才能起飞

毕业后，M 同学拒绝了知名外商投资企业的 offer（录用通知），与团队中的部分成员正式创办"豪享码软件开发工作室"。通过近两年的努力和沉淀，该工作室在当地行业内已获得较高的知名度，M 同学和团队成员在不断奋斗中实现了自身的理想和抱负。

在创业团队组建过程中，需要创业者自我评估和团队成员评估。创业者自我评估主要包括知识、技能、动机、承诺和个人特质。团队成员评估主要包括知识、经历、经验、能力、资质、社会网络关系。创业团队成员在知识、技能和经验等方面需要注意互补性，在个人特征、创业动机、目标愿景等方面需要注意相似性。

创业团队生成画布通过给团队命名，确定团队初衷，理清团队资源、目标、分工和规则，从而可以帮助创业团队成员完成角色定位，达成共

---

① 本案例为某应用型高校毕业生 M 同学的分享内容。

识，形成统一的整体，有利于项目的执行（见表7-1）。

团队名称：_____
团队初衷（为什么做）：_____

表7-1　创业团队生成画布①

资源（知识、能力、人脉）	目标（团队共同目标）：我们真正想要实现什么？目标是可行的、可测量的、有时限的吗？
分工（每个人在团队中的角色、任务）	规则（如何沟通、决策、奖惩?）

建立良好的创业团队，需要培养团队的协作精神、创新精神；注意团队成员的性格搭配和市场、技术、财务三大类必备人才的高效配合，形成团队成员的向心力和凝聚力；要建立一套有效的激励机制，做到奖惩分明；要知人善任，主动发现和积极任用各类人才，发挥团队成员的主动性和创造性。

（二）识别开发评估创业机会并构思项目

创业机会是未明确的市场需求或未充分使用的资源或能力，是预期能够产生价值的清晰的目的-手段组合。② 创业机会具有吸引力、持久性、适时性和创造顾客价值的特征。创业机会来源于变化和创新，变化主要是市场的变化或技术的发展。

对创业机会的识别，主要是识别商业价值、机会持续时间、市场成长性以及机会要素的匹配性，即商机、创意、资源、能力的匹配程度。

对创业项目进行构思和推演，可以运用创业项目构思画布，理清价值定位、核心资源（包括知识、能力等）、价值传递等方面的问题（见表7-2）。

表7-2　创业项目构思画布③

谁可以帮助我？	我要做什么？	我对谁有什么价值？	如何让他知道？	我能帮助谁？
	核心资源（我是谁？我拥有什么知识和能力?）		如何给他帮助？（个人价值实现渠道）	
我要付出什么？			我能得到什么？	

---

① 黄彦辉. 智能时代下的创新创业实践［M］. 北京：人民邮电出版社，2020：154.
② 韩继坤. 创业机会识别开发与公共政策［M］. 沈阳：东北大学出版社，2021：38.
③ 黄彦辉. 智能时代下的创新创业实践［M］. 北京：人民邮电出版社，2020：152.

创业项目的来源主要包括实验及研究成果、大学生创业构想及创业计划大赛、各种发明和专利、从市场机会中发现创业项目。

选择创业项目的原则是优先考虑国家政策优惠的项目，利用自身特长做熟悉的事情，从投资小、运行平稳的低风险项目做起，坚持创新强化专有特色。

选择创业项目的方法和策略是关注创业环境的变化，从变化的环境趋势中挖掘创业项目；留意市场遗留的空白点，从市场缝隙中寻觅项目；寻找需要解决问题的方案，从市场痛点中发现创业项目；挖掘现有热销商品背后隐藏的商机，从存在的不足中发现创业项目。

项目的价值在于创新。一个好的项目必须满足三个要素，即新颖性、有价值和可行性。在项目构思和推进过程中，审核项目的核心创新是创业项目的核心工作。核心创新探索画布是重要的分析工具（见表 7 - 3）。

表 7 - 3　核心创新探索画布[①]

场景（谁需要？什么时候需要？在哪里需要？）	痛点（真正的麻烦）	新方法（罗列所有可能的方案）	挑战（技术、团队、市场、竞争、政策）	创新效果（是否更好、更快、更便宜）
	目标（方案解决的核心问题）		方案有哪些创新？（所有的）	
改进方向（市场上已有方案有什么问题？）			核心创新	

对创业项目的核心创新进行探索之后，就进入创新项目的开发流程。创新项目的开发流程主要有四个步骤：问题/需求观察、解决方案构思、原型产品开发、产品持续迭代（见图 7 - 1）。

创业项目和产品开发是创业过程中的关键环节。在产品开发和问题解决的过程中，应该注意三个问题：首先，从应用场景出

图 7 - 1　创新项目的开发流程

发，找到用户真正的需求。从用户的应用场景出发，即开发者把自己放到使用者的角度，设身处地从真实的使用场景来考虑具体应用。场景越具

---

① 黄彦辉. 智能时代下的创新创业实践［M］. 北京：人民邮电出版社，2020：158.

体,开发者就越能够从用户的角度得到真实需求。其次,在把项目产品化时,应该从产品的核心功能开始,从简单原型出发,然后逐步优化迭代。一般而言,如果一个功能能够满足用户最深层次的心理需求,这个功能就是产品的核心功能。最后,尽可能使用可视化方法或画布找到问题的解决方案。可视化就是把问题具象化,用图形化的方式表达出来。

(三)设计或开发商业模式

对创业机会进行识别之后,就需要对创业机会进行评估和开发,同时进行商业模式的设计和探索。商业模式描述了企业如何创造价值、传递价值和获取价值的基本原理。[①] 商业模式指的是一个组织在财务上维持自给自足的方式,简而言之,就是企业维持生存的方式。[②] 商业模式本质上是企业为客户创造并传递价值,使客户感受并享受企业为其创造价值的系统逻辑,反映的是利益相关者之间的交易关系。[③]

商业模式包括价值体现、价值创造方式、价值传递方式、企业盈利方式四个构成要素。价值体现,即创业者希望通过自己未来的创业活动为目标顾客提供什么样的价值。价值创造方式,即创业者准备以怎样的方式方法和途径开发并生产出自己拟给目标顾客提供的价值。价值传递方式,即创业者准备以怎样的方式方法和途径将所开发和生产的价值提供给目标顾客。企业盈利方式,即创业者在给目标顾客创造并传递价值的同时,拟以怎样的方式方法和途径使自己获得利润。

商业模式设计就是把做不成的事变为可以做成的事。理想的商业模式设计(开发)应该有助于新创企业尽快实现正的现金流和使用尽可能少的资源。商业模式设计是一个反复试错和修正的过程。

商业模式设计的流程包括顶层设计、具体化设计和组织化设计。商业模式的顶层设计就是设计商业模式四个构成要素及其联系方式。具体化设计就是商业模式四个构成要素的具体化。组织化设计就是企业内外部联系及其方式(见表7-4)。

---

① 亚历山大·奥斯特瓦德,伊夫·皮尼厄. 商业模式新生代 [M]. 王帅,毛心宇,严威,译. 北京:机械工业出版社,2011:4.
② 蒂姆·克拉克,亚历山大·奥斯特瓦德,伊夫·皮尼厄. 商业模式新生代(个人篇):一张画布重塑你的职业生涯 [M]. 毕崇毅,译. 北京:机械工业出版社,2012.
③ 张玉利. 创新与创业基础. 北京:高等教育出版社,2017:130.

表 7-4 商业模式设计的流程①

顶 层 设 计	具 体 化 设 计	组织化设计
价值体现设计	产品或服务的核心、非核心及衍生价值	企业内部组织；外部伙伴关系；客户关系界面；企业利润屏障
价值创造方式设计	产品或服务研发、生产的方式方法和途径	
价值传递方式设计	产品或服务营销的方式方法和途径	
企业盈利方式设计	基于企业与客户交易关系及市场竞争的企业盈利方法和途径	
四个要素联系方式设计	产品或服务的研发、产销、交易、竞争关系的协调	

奥斯特瓦德（Alexander Osterwalder）等人认为，商业模式包含九个要素，分别是客户群体（customer segments，CS）、价值服务（value propositions，VP）、渠道通路（channels，CH）、客户关系（customer relationships，CR）、收入来源（revenue streams，R$）、核心资源（key resources，KR）、关键业务（key activities，KA）、重要合作（key partnerships，KP）、成本结构（cost structure，C$）（见图 7-2）。②

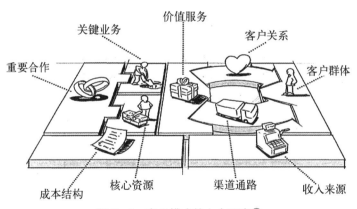

图 7-2 商业模式的九个要素③

上述九个要素即九个构造模块，组成构建商业模式便捷工具的基础。这个工具成为商业模式画布（business model canvas）。这个工具类似于画

① 张玉利. 创新与创业基础 [M]. 北京：高等教育出版社，2017：132.
② 亚历山大·奥斯特瓦德，伊夫·皮尼厄. 商业模式新生代 [M]. 王帅，毛心宇，严威，译. 北京：机械工业出版社，2011：78.
③ 同上：20.

家的画布，其中预设了九个空格，可以在上面画上相关模块，来描绘现有的商业模式或设计新的商业模式。商业模式画布可以由一群人共同讨论，绘制不同组成部分。这是一种可以促进理解、讨论、创造和分析的实操工具（见图7-3）。

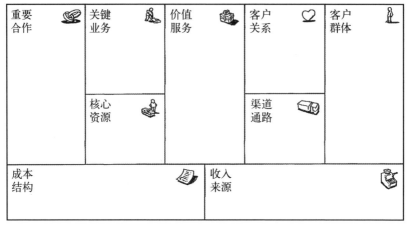

图7-3 商业模式画布①

（四）获取或整合创业资源

资源是企业在向社会提供产品或服务的过程中拥有的或者能够支配的用以实现自己目标的各种要素及其组合。创业资源是企业创立以及成长过程中需要的各种生产要素和支撑条件。②

核心资源主要包括四类。（1）实体资产，包括生产设施、不动产、汽车、机器、销售网点和分销网络等。（2）知识资产，指无形资产，包括品牌、专有知识、专利和版权、合作关系和客户数据库等。（3）人力资源，任何企业都需要人力资源，但某些商业模式对人力资源的依赖更为严重，例如在知识密集产业和创意产业中，人力资源至关重要。（4）金融资产，包括现金、信用额度、股票期权池、财务担保等。

创业资源的获取可以分为市场途径和非市场途径两大类。市场途径主要有购买、联盟、资源并购等。购买是指利用财务资源通过市场购入的方

---

① 亚历山大·奥斯特瓦德，伊夫·皮尼厄. 商业模式新生代［M］. 王帅，毛心宇，严威，译. 北京：机械工业出版社，2011：34.
② 张玉利. 创新与创业基础［M］. 北京：高等教育出版社，2017：137.

式获取外部资源，主要包括购买厂房、设备、装置等物质资源，购买专利和技术，聘请有经验的员工等。联盟是指通过联合其他组织，对一些难以开发或者无法自己开发的资源实行共同开发，比如产教融合、产学研合作等。资源并购是通过股权收购或资产收购，将企业外部资源内部化的一种交易方式。

非市场途径主要有资源吸引和资源积累等。资源吸收是指发挥无形资源的杠杆作用，利用新创企业的商业计划，通过对创业前景的描述，利用创业团队的声誉来获得物质资源、技术资源、资金资源和人力资源等。资源积累是指在企业内部通过培育和开发现有资源，形成所需要的资源，包括自建厂房，购买设备，积累资金，开发新技术，培训员工技能等。

第二节　创业者的素质和能力

创业者的素质和创业能力是创业成功的根本保证。本节将探讨创业素质的内涵、创业素质的构成、创业素质的培养、创业能力的内涵和模型以及创业能力的训练与培养等问题。

一、创业素质

（一）创业素质的内涵

创业者是指从事创业活动的人。由于创业有广义和狭义之分，创业者也有广义和狭义之别。广义的创业者是指在各种不同的领域和行业内创造性地工作并取得业绩的人。因此，广义的创业者不仅仅是指企业家，它也可能是工程师、医生、教师、保育员、公务员、清洁工等各种劳动者。狭义的创业者一般是指创办企业或事业的企业家或者领导人。[1]

创业素质是个体对创业活动表现出来的内禀特征，创业素质包括创业热情、价值观、发现能力和创新能力。由于创业是社会个体通过自己的主

---

[1]　卢福财.创业通论［M］.北京：高等教育出版社，2007：21.

动性和创造性开辟新的工作岗位，拓展新的职业活动范围，创造新的业绩的实践过程，这一活动是个体在后天成长过程中，基于对社会发展的一定认知和自我职业生涯规划而进行的实践活动。因此，创业素质的形成和发展更多地应基于后天的学习和实践习得，它既可以指个体素质中有待开发的创业基本素质潜能，又可以指社会发展的成果在个体身心结构中积淀和内化的创业基本素质。

（二）创业素质的构成

创业素质的构成，是指创业素质由哪些创业素质元素构成。人的素质实际上是一个多侧面、多层次的素质结构系统，它的各个组成部分不是孤立存在的，而是相互依存、相互渗透、相互制约和相互促进的，它们形成一个有机的整体。创业型人才一般都具有一些共同的创业素质，这些共同的创业素质构成创业型人才的基本特征。

具体而言，创业素质主要包括以下四个方面。

1. 创业知识

创业知识是指在创业实践活动过程中个体应具有的知识系统及其构成。它是个体在社会实践中积累起来的创业理论和创业经验，是个体创业素质的基础要素。创业知识主要涉及专业知识、经营管理、法律、工商、税收、保险等知识以及其他社会综合知识。创业的过程本身就是一个学习的过程，创业知识结构的完善和丰富需要个体边实践、边学习、边提高，这个过程也是一个终身学习的过程。

2. 创业技能

国际劳工组织把创业技能界定为"创业和自我谋职技能……包括培养工作中的创业态度，培养创造性和革新能力，把握机遇与创造机遇的能力，对承担风险进行计算，懂得一些公司的经营理念，比如生产力、成本以及自我谋职的技能等"。根据这一界定，我们可以将创业实践活动所需的技能主要分为组织管理能力、开拓创新能力、风险评估与承担能力，其中开拓创新能力是创业技能结构中最为重要的部分，也是创业素质构成中的核心内容。因为创业意味着突破资源限制，创造新的机会，而其中的原动力就是创新。开拓创新能力的强弱是衡量创业素质高低的重要指标，也是应用型高校在学生创业素质培养中应着重加强的重要内容。

3. 创业意识

创业意识是指在创业实践活动中对个体起动力作用的个性心理倾向，包括创业需要、创业动机、创业兴趣、创业理想、创业信念等。其中，创业需要和创业动机是创业行为实践的内驱力，是进行创业的前提和基础。创业兴趣是对从事创业实践活动表现出来的积极情感和态度定向。创业理想是个体对创业活动未来奋斗目标的持久向往和追求。创业兴趣和创业理想是创业意识形成的中间环节。创业信念是在创业实践中表现出来的一种对创业活动坚信不疑、坚守到底、不畏艰难的心理倾向。创业信念的形成是创业者创业精神的集中体现，同时也是创业意识结构中最核心和最关键的要素。

4. 创业品质

创业品质是指个体在创业实践中将对创业活动的坚定信念和执着精神转化为其内在的相对稳定的价值观念，并凝聚为其内在的个性特征和道德品质。这种创业品质既包含对个体创业实践活动的心理和行为起调节作用的个性心理品质，也包括个体彰显的以创业精神为核心内容的创业道德品质。当个体创业社会知识结构得到丰富，创业技能和创业意识得到提升时，个体创业素质也会得到发展。美国百森商学院的蒂蒙斯教授认为，真正意义上的创业教育应当着眼于为未来的几代人设定"创业遗传密码"，以造就最具革命性的创业一代作为其基本价值取向。这里所称的"创业遗传密码"，就是指以创业精神为内在表现的创业品质的传承问题，它也是评价创业素质教育成功与否的关键环节。

【案例 7-3】

创业虽艰难险阻，但有路可寻①

上海某应用型高校 N 同学，入学不久便在老师及学长学姐的带领下，开启了自己的科创之旅。2018 年，他参加了首届"海纳百创"长

---

① 本案例为本应用型高校大学生 N 同学的创业内容分享。

三角模拟公司交易会创意比赛，获得一等奖。2019年与同学组队参加了第九届全国大学生"创新、创业及创意"挑战赛，获市级奖。N同学同年成功申请上海市大学生创新创业计划项目，目前已有实物产品，正在申请专利。在回顾自己的科创历程时，他谈到以下四个关键步骤。

第一步学习：创业实践营多参加一些，夯实创业知识。

2018年，他就积极报名参加"海纳百创"创业实践营。活动期间，复旦大学市场营销教授讲授了一些经典的营销案例；业内知名的平面设计师与视频设计师教他们如何设计海报，制作视频。活动最后，他与来自不同学校的其他大学生一起制作了一份营销策划方案，包括海报、视频、方案路演。暑假期间，他还积极参加其他各类创业实践夏令营等，不断汲取新的知识，获得新的能力，结交新的朋友。

第二步实践：学科竞赛多参加一点，提升创业技能。

实践是检验真理的唯一标准。2018—2020年他陆续参加了"科云杯"全国大学生财会职业能力大赛、大学生"创新、创业及创意"挑战赛、大学生电商物流与供应链创新精英挑战赛，等等。在实践中，他不仅开阔了视野，也提升了综合能力。尤其是作为团队的领导者，在团队初期如何建立共同目标，队员有分歧时如何调节矛盾，项目遇到困难时如何找到解决办法，这都是他在实践中才能掌握的。

第三步思考：现实问题多思考一步，培养创业意识。

有了前面的积累，接下来就需要学着联系实际与现有资源进行思考，发掘创业项目。当他看到交警检测酒后驾驶人员并进行处罚时，他就思考检测这一手段是否可以再前置。经过与朋友的头脑风暴，最后形成方案，即研究设计一种车载酒精检测仪，当驾驶员打开车门时，酒精检测仪自动启动，检测到驾驶人酒精含量超标时，车辆无法启动。思路清晰后，他便开始联系电气、机械等相关专业的同学组队，申报上海市科创项目并成功立项。

第四步信念：取得成绩多沉淀一下，锤炼创业品质。

当 N 同学接触创业活动后，他的整个思维就已经打开，开始探索一些创业点子，加上他吃苦耐劳的精神，不断学习创业知识的毅力，最终获得了较好的成绩。不过，创业品质的形成不是一蹴而就的，需要自身的认识与外部环境的塑造，更需要静下心来进行沉淀。

（三）创业素质的培养

从微观层面来看，创业素质教育的思想是对传统就业教育思想的突破，它着眼于发挥人的创造性潜能，满足个体适应未来社会的生存和发展的需要，培养个体以开拓性的精神对待生活的积极态度，提高个体适应社会生存和发展的能力。

创业素质与以往素质教育中的科学、人文、创新素质相比较，它是一种综合性的较高层次的素质。因为创业需要创业者了解和掌握市场营销、企业管理、心理学、领导科学、人际沟通、资源获取等多学科的知识，提高创新能力、组织领导能力、协调沟通能力、动手能力、策划决策能力、学习能力等综合能力。因此，创业素质的提升，不仅能为个体适应未来社会生存与发展奠定坚实的基础，而且也能为个体培养创造性品格，从而促进个体全面自由发展。

从宏观层面来看，加强创业素质的培养能造就一大批创业型人才，有效地促进就业，增强经济活力，促进国家经济的持续繁荣发展。研究表明，一个社会的创业教育水平越高，创业型人才发展越快，其社会成员灵活就业、自主创业、岗位立业的效果就越好，随之而来的社会效益和经济效益也就越好。以美国为例，创业教育及创业精神的倡导对美国经济的快速发展起到不可估量的作用。从 1990 年以来，美国每年都有 100 多万个新公司成立，即平均每 250 个美国公民就有一个新公司。美国国家科学基金会和美国商业部等机构发表的报告表明，"二战"以后，美国创业型企业的创新占美国全部创新的 50% 以上，占美国重大创新的 95%，创业型就业不仅是美国就业政策成功的核心，同时也成为美国经济发展的主要动力之一。可以说，没有对创业教育的推崇，就没有美国经济的持续繁荣。

就我国而言，努力培养创业型人才，鼓励创业型就业，不仅是当前解决就业问题的根本出路，同时也是有效提高整个国家创新能力，促进我国经济持续增长的重要保证。

二、创业能力

（一）创业能力的内涵和模型

全球创业观察报告将创业能力归纳为创办企业的经验、对机会的捕捉能力以及整合资源的能力。研究表明，我国首先欠缺的是创业能力以及管理创业企业的经验和知识，其次是机会识别和资源组织上的能力不足。

创业能力指拥有发现或创造一个新的领域，致力于理解创造新事物（新产品、新市场、新生产过程或原材料、组织现有技术的新方法）的能力，能够运用各种方法利用和开发它们，然后产生各种新的结果。

创业能力分为硬件能力和软件能力。硬件能力就是人力、物力和财力。软件能力就是创业者的个人能力，包括专业技能和创业素质。创业技能包括控制内心冲突的能力、发现因果关系的能力、应变能力、洞察力。[①]

日本迅销有限公司主席、董事长、总裁兼 CEO、优衣库品牌创始人柳井正在《经营者养成笔记》一书中指出，经营者如果仅仅停留在考虑、研究，或仅把自己的思考与研究作为一种知识来了解，是无法取得成果的。只有将自己考虑、研究的东西以及学到的知识付诸实施，才有可能取得成果。经营者要想实现社会期待的成果，必须具备四种能力（四种身份），即变革的能力（创新者）、赚钱的能力（生意人）、建设团队的能力（领导者）、追求理想的能力（为使命而生的人）。《经营者养成笔记》分别就这四种能力，从七个角度讲述要成为经营者必须注重的能力要素。这里的经营者其实就是创业者。

表 7-5　创业者的四种能力及其要素

四 种 能 力	能 力 要 素
变革的能力	抱持高远的目标
	质疑常识，不受常识束缚

---

① 阿玛尔·毕海德. 新企业的起源与演进 [M]. 魏如山，马志英，译. 北京：中国人民大学出版社，2004.

续表

四 种 能 力	能 力 要 素
变革的能力	树立高标准，不放松，不放弃，坚持追求
	不畏风险，勇于尝试，敢于失败
	严格要求，询问本质问题
	自问自答
	知道天外有天，不断学习
赚钱的能力	从心底希望顾客高兴
	日复一日，完成好必做的工作
	迅速执行
	现场、现物、现实
	集中解决问题
	与矛盾作斗争
	做好准备，执着于成果而非计划
建设团队的能力	建立信赖关系
	全心全意、全身心对待部下
	共享目标，责任到人
	交托工作并予以评价
	提出期望，发挥部下长处
	积极肯定多样性
	抱持最强烈的取胜欲望，坚持自我变革
追求理想的能力	身为经营者的使命感
	不可或缺的使命感
	使命感与注意事项
	使命感赋予我们的东西
	与使命感的绊脚石作斗争
	面对危机时经营者的必备行为
	以创建理想的企业为目标，不断挑战人生

　　黄彦辉借鉴马斯洛的需要层次理论提出创新创业能力模型，认为创新创业能力包括自我认知能力、创新能力、技术开发能力、商业能力和

团队能力（见图 7-4）。自我认知能力包括价值观、目标和愿景的澄清等，比如为什么要创业，要建立什么样的企业。创新能力由创新心智模式、创新思维方式和知识积淀构成，创新心智模式表现在好奇心、洞察力和思考力，创新思维主要包括批判性思维、突破思维局限、组合思维、类比思维、逆向思维等。技术开发能力是将创意开发成为产品或服务的能力。商业能力包括管理、融资、渠道和市场的经营开拓等方面的能力以及行业的经验积累。团队能力包括团队的领导能力和执行能力。

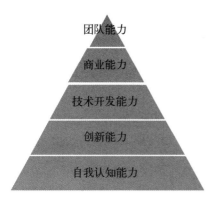

图 7-4 创新创业能力模型①

（二）创业能力的训练与培养

大量事实表明，创业者具有先天素质，并可以在后天被塑造得更好，某些态度和行为可以通过经验和学习获得，被开发、实践或提炼出来。蒂蒙斯教授总结出以下六种通过训练强化的态度和行为。②

1. 责任感与决心

责任感和决心是创业者需要具备的第一要素。有了责任感和决心，创业者可以克服难以想象的困难。责任感与决心通常意味着个人牺牲。创业者的责任感主要体现在三个方面：是否把自己净资产的一大部分投资于企业；是否愿意接受较低的薪水；在生活方式和家庭上是否作出较大牺牲。

2. 领导力

成功的创业者不需要凭借正式权力就能向别人施加影响。他们善于化解冲突，懂得什么时候以理服人，什么时候以情感人，什么时候该作出妥协，什么时候该寸步不让。成功经营企业，创业者必须学会与许多角色（包括客户、供应商、资金援助者、债权人、合伙人、内部员工等）相处。

---

① 黄彦辉. 智能时代下的创新创业实践［M］. 北京：人民邮电出版社，2020：27.
② 杰弗里·蒂蒙斯，小斯蒂芬·斯皮内利. 创业学案例［M］. 周伟民，吕长春，译. 北京：人民邮电出版社，2005：159-165.

不同的角色在目标上常会有冲突，因此创业者要成为一个调停者和磋商者，而不是独裁者。

3. 执着于创业机会

成功的创业者的目标是寻求并抓住商机，并将其变成有价值的东西。他们受到的困扰往往是陷在商机里不能自拔。这就要求创业者区分各种创意和机会的价值，抓住重点。

4. 对风险、模糊和不确定性的容忍度

创业总是伴随着高风险、模糊和不确定性，成功的创业者需要容忍风险、模糊和不确定性。他们能乐观而清晰地看到公司的未来，从而保持勇气。通过明确目标和战略，控制和监督他们的行动方式，并按照他们预见的未来加以调整，可以降低创业风险。成功的创业者把压力转化为动力，将绩效最大化，并把负面影响、精疲力竭和沮丧情绪最小化。

5. 创造、自我依赖和适应能力

成功的创业者不满足也不会停留于现状，他们是持续的革新者。真正的创业者会积极寻找主动权并采取行动。他们喜欢主动解决问题，通过创新和创造实现生存与发展。成功的创业者有很强的适应力和恢复力，他们从错误和挫折中学习经验，能在将来避免类似问题的发生。成功的创业者总是优秀的听众和快速的学习者。

6. 超越别人的动机

成功的创业者受到内心强烈愿望的驱动，希望完成自己定下的标准，追寻并达到富有挑战性的目标。成功的创业者对地位和权力需求很低，他们从创建企业的挑战和兴奋中产生个人动机。他们受渴望获取成就驱动，而不是地位和权力的驱动。

第三节　应用型高校大学生的创业准备和创业行动

具备创业素质和创业能力是创业成功的根本保证，做好创业准备和创

业计划是创业成功的前提和基础。本节将探讨创业知识准备、社会实践和企业实习、创业计划书编制和创业行动路线等问题。

一、创业知识准备

（一）创业学习的目标和内容

应用型高校的创业教育是向学生传授创业知识和创业技能，培养学生开拓进取、冒险等创业精神，目的是培养敢于创业和善于创业的人才。

应用型高校的学生，在学习创业知识、锻炼创业能力和培养创业精神等方面要达到以下三项目标：（1）掌握开展创业活动所需要的基本知识。明确创业的基本内涵和创业活动的特殊性，辩证地认识和分析创业者、创业机会、创业资源、创业计划和创业项目。（2）具备必要的创业能力。掌握创业资源整合与创业计划书撰写的方法，熟悉新企业的开办流程与管理，提高创办和管理企业的综合素质和能力。（3）树立科学的创业观。主动适应国家经济社会发展和人的全面发展需求，正确理解创业与职业生涯发展的关系，自觉遵循创业规律，积极投身创业实践。

（二）创业知识的内容框架

应用型高校创业学习以获得创业知识为基础，以锻炼创业能力为关键，以培养创业精神为核心。创业学习的主要内容包括三个方面。首先是获得创业知识，包括创业的基本概念、基本原理、基本方法和相关理论，涉及创业者、创业团队、创业机会、创业资源、创业计划、政策法规、新企业开办与管理。其次是锻炼创业能力，包括整合创业资源，设计创业计划以及创办和管理企业的综合素质，重点是识别创业机会，防范创业风险，适时采取行动的创业能力。最后是培养创业精神，包括善于思考、敏于发现、敢为人先的创新意识，挑战自我、承受挫折、坚持不懈的意志品质，遵纪守法、诚实守信、善于合作的职业操守，以及创造价值、服务国家、服务人民的社会责任感。应用型高校大学生创业知识的内容框架见表7-6。

表 7-6　应用型高校大学生创业知识内容框架①

知识主题	知识模块	知 识 点	学 习 目 标
创业、创业精神与人生发展	创业与创业精神	创业的定义与功能；创业的要素与类型；创业过程与阶段划分；创业精神的本质、来源、作用与培育	了解创业的概念、要素和类型，认识创业过程的特征，掌握创业与创业精神之间的辩证关系，强化对创业精神需要培育并可以培育的理性认识
	知识经济发展与创业	经济转型与创业热潮的关系；创业活动的功能属性；知识经济时代赋予创业的重要意义	了解创业热潮形成的深层次原因，认识经济转型与创业热潮的内在联系，明确创业活动对经济社会发展的贡献
	创业与职业生涯发展	广义和狭义的创业概念；创新型人才的素质要求；创业能力对个人职业生涯发展的意义和作用	了解创业与职业生涯发展的关系，认识创业能力提升对个人职业生涯发展的积极作用
创业者与创业团队	创业者	创业者；创业者素质与能力；创业动机的含义与分类；产生创业动机的驱动因素	认识创业者的基本素质，了解创业者动机及其对创业的影响，注重识别创业活动的理性因素
	创业团队	创业团队及其对创业的重要性；创业团队的优劣势分析；组建创业团队的策略及其后续影响；创业团队的管理技巧和策略；领导创业者的角色与行为策略；创业团队的社会责任	认识创业团队对创业成功的重要性，学习组建创业团队的思维方式及其对创业活动的影响，掌握管理创业团队的技巧和策略，认识创业团队领袖的角色与作用
创业机会与创业风险	创业机会识别	创意与机会；创业机会与商业机会；创业机会的特征与类型；创业机会的来源；影响机会识别的关键因素；识别创业机会的一般过程；识别创业机会的行为技巧	认识创业机会的概念、来源和类型，了解创意与机会之间的联系和区别，了解识别创业机会的一般步骤与影响因素，习得有助于识别创业机会的行为方式
	创业机会评价	有价值的创业机会的基本特征；个人与创业机会的匹配；创业机会评价的特殊性；创业机会评价的技巧和策略	识别有商业潜力和适合自己的创业机会，了解创业机会的评价，掌握创业机会评价的方法
	创业风险识别	机会和风险的构成与分类；系统风险防范的可能途径；非系统风险防范的可能途径；创业者风险承担能力的估计；基于风险估计的创业收益预测	认识到创业有风险，但也有规避和防范的方法。增强学生对机会和风险的理性认识，提高防范风险的能力

① 韩继坤.创业机会识别开发与公共政策［M］.沈阳：东北大学出版社，2021：149.

知识主题	知识模块	知 识 点	学 习 目 标
创业机会与创业风险	商业模式开发	商业模式的定义和本质；商业模式与商业战略的关系；商业模式因果关系链条的分解；设计商业模式的思路和方法；商业模式创新的逻辑和方法	认识商业模式的本质，了解战略与商业模式之间的关系，掌握商业模式设计和开发的思路，明确开发商业模式的关键影响因素
创业资源	创业资源	创业资源的内涵和类型；创业资源与一般商业资源的异同；社会资本、资金、技术及专业人才在创业中的作用；影响创业资源获取的因素；创业资源获取的途径和策略	了解创业资源的类型，重点认识不同类型创业活动的资源需求差异，掌握创业资源获取的一般途径和方法，明确创业资源获取的技巧和策略
	创业融资	创业融资分析；创业所需资金的测算；创业融资渠道；创业融资的选择策略	创业融资难的理论解释，掌握创业所需资金的测算，创业融资的主要渠道及其差异，了解创业融资的一般过程
	创业资源管理	不同类型资源的开发；有限资源的创造性利用；创业资源开发的推进方法	了解创业资源整合和有效使用的方法，认识创业资源开发的技巧和策略
创业计划	创业计划	创业计划的作用；创业计划的内容；创业计划的基本结构；创业计划中的信息搜集；市场调查的内容和方法	了解创业计划的基本内容及其重要性，认识创业者在创业过程中准备创业计划的原因，了解做好商业计划所需要开展的准备工作
	撰写与展示创业计划	研讨创业构想；分析创业可能遇到的问题和困难；凝练创业计划的执行概要；把创业构想变成文字方案；创业计划的撰写和展示技巧	了解撰写创业计划的方法，创业计划展示过程中需要注意的问题，以及创业计划各构成部分的相对重要性
新企业的开办	成立新企业	企业组织形式选择；企业注册流程；企业注册相关文件的编写；注册企业必须考虑的法律与伦理问题；新企业的选址策略和技巧；新企业的社会认同	了解注册成立新企业的原因，新企业注册的程序和步骤，新企业选址的影响因素等。认识新企业获得社会认同的必要性和基本方式
	新企业生存管理	新企业管理的特殊性；新企业成长的驱动因素；新企业成长管理的技巧和策略；新企业的风险控制和化解	了解创办新企业后可能遇到的风险类型及其应对策略，掌握新企业管理的独特性，了解针对新企业的管理重点与行为策略

二、社会实践和企业实习

参加创业实践活动，不仅可以检视自己创业规划的可行性，还可以培养创业素质，是大学生走上社会开始创业之路之前不可或缺的环节。

　　大学生在校期间可以参与的创业实践活动形式很多。第一，参加各种模拟竞赛类活动，如大学生创业大赛、创业计划书大赛等。第二，大学生还可通过参与社团活动、创业见习、职业见习、兼职打工、求职体验、市场和社会调查以及专业实习等活动来接触社会，了解市场，并磨炼自己的心志，提高自己的综合素质。第三，平时可以多与有创业经验的亲朋好友交流，甚至还可以通过互联网和电话拜访自己崇拜的商界人士，或向一些专业机构咨询。这些"过来人"的经验之谈往往比看书的收获更多。通过这种人际交往途径获得最直接的创业技巧与经验，将使大学生在创业过程中受益无穷。第四，投身于真正的创业实践。在毕业前后进入创业启动阶段，可以单独或与同学轮流租赁或承包一个小店铺，在真刀真枪的创业实践中提高自己的创业能力。

　　（一）**参加社会实践活动**

　　大学生们要促进理论与实践相结合，注重实践环节。大学生的社会实践活动主要包括四类，具体内容见表7-7。

表7-7　大学生参加社会实践活动的类型

类别	方式	做　　法	目　　　的
调研类	社会调查	围绕经济社会发展的重要问题，开展调查研究，提出解决问题的意见和建议，形成调研成果	正确认识社会现象，掌握科学研究方法，提高分析问题和解决问题的能力，努力把握事物的本质和规律
	科研攻关	在社会实践中参与技术改造、工艺革新、技术传播，为社会发展积极献计出力，不断提高科学素养	参与科研项目，通过实验充分锻炼动手能力，找出创业金点子，锻炼策划能力，培养良好的学术道德，弘扬求真务实、开拓创新的科学精神
宣传类	科技推广	开展计算机知识、科普知识等技术培训和科技产品的宣传推广	充分发挥大学生科学文化水平较高的优势，提高生产技术水平
	文化宣传和法律普及	深入基层，利用板报、文艺演出、座谈会等形式，在基层干部和群众中宣传理论知识和法律基础知识	锻炼自身能力，提高基层文化知识，普及法律知识
	环境保护	举办环保演讲，在基层宣传、倡导环保观念，参与环境污染治理的工作和活动以及心理健康宣传	充分发挥大学生的人才技术优势，力所能及地帮助地方解决困难，锻炼自己，提升本领
服务类	挂职锻炼	深入到基层中，担任一定的社会工作，开展社会实践活动	了解基层生活，与劳动人民进行交流，经历基层生活锻炼，同时提供力所能及的帮助与支持

类别	方式	做　　法	目　　的
服务类	勤工助学	在校期间利用课余时间通过自己的智力、专业特长和其他能力，为他人或单位提供劳动、咨询和技术服务	获得相应的报酬，为自己赚取学费和生活费
	医疗服务	医学专业的大学生深入社区和边远农村，开展现代助医服务宣传	进行医疗卫生保健宣传、咨询，开展医疗服务，帮助基层和边远地区解决问题，锻炼自己，提升能力
	志愿者服务	参加重大会议、各类比赛的服务工作	了解活动组织方式方法，服务国家、社会和他人，提高自己
帮扶类	支教扫盲	培训农村中小学师资，丰富中小学生的暑期生活。开展扫盲活动，帮助青壮年文盲提高文化水平，为中小学生举办成才报告会	传播文化知识，讲成才故事，为农村中小学实施素质教育服务，加强交流，促进共同提高
	企业帮扶	依靠自身的知识优势和专业技能优势，为企业提供服务，帮助企业解决难题	做到知行合一、学用结合，达到从理论到实践的目的
	社区援助	在居民社区成立援助服务站，由大学生成立家教、法律、健康、科技、心理辅导等各类援助队	帮助社区特困家庭，传播社会主义核心价值观和中华传统美德

（二）投身企业实习实践

对想创业的大学生而言，通过"打工"的方式在别人的企业中学习，这是修炼的基本途径。大学生"打工"可以充分锻炼自己的综合能力，如市场调研、销售、组织、人力资源管理、财务管理、物流管理、人际交往等各方面的能力。

准备创业的大学生在创业实习、实践中具体应从以下方面修炼自己，掌握自主创业的本领。

1. 了解和熟悉企业产品的生产工艺、原材料采购渠道和产品的销售渠道

这是欲创业者应具备的基本常识，即明确生产什么、如何生产、原材料从何而来、产品又如何销售出去等问题。

2. 了解该企业产品的特点、优势和劣势

不同企业生产的同类产品，除了有共同的基本功能外，通常都有各自的特色。通过比较分析，博采众长，设计出更能满足消费者需要的产品，

为创业做好产品准备。

3. 了解企业的机构设置和管理方式

企业的管理没有固定模式可循，因为不同行业、不同产品、不同的技术条件，甚至不同的地域和人文环境都会影响管理方式和组织机构的设置。因此，对未来企业的管理设想不能局限于理论或某企业的模式，应了解现有企业的管理现状，分析不足，总结归纳，为未来企业的管理做准备。

4. 预测市场前景

在企业各部门工作可以有机会观察市场的需求变化，预测产品的市场前景。因为任何一种产品都有其生命周期，在产品成长期进入该行业风险最小。了解和掌握这些规律，就会为成功创业打下良好的基础。[1]

【案例 7 - 4】

在社会实践中探寻创业之路[2]

一、尝试·学习创业

来自沂蒙山革命老区的上海某应用型高校 H 同学，在刚刚步入大学时就深深感受到上海商业文化对他的冲击，他认定在这里他将有全新的开始。骨子里就带有革命老区精神的他，大一开始就积极参加学校组织的各类活动，为的是让原本内向害羞的性格得到锻炼；课余时间他时常待在图书馆里看书学习，为的是让原本知识不扎实的自己得以充实；他热衷参与创新创业比赛，为的是让自己离创业之梦更近一些。在校期间，他敢于将自己脑海中出现的创新点子想办法实现，一次次突破自我。

二、实践·参与创业

生活中，他是一个善于发现创业机遇的人，前期创业项目都是基于校园生活而来。他先后尝试校园寝室文化个性化设计与装饰、校园生活文化产品线上线下销售，等等。这一系列项目从想法到方案，从理论到落地，这一点点的积累都为他以后的创业之路打下了基础。随

---

[1] 卢福财. 创业通论 [M]. 北京：高等教育出版社，2007：271.
[2] 本案例为某应用型高校毕业生 H 同学的创业内容分享。

后他尝试从校园内走出去，开展了许多公益项目，如贫困儿童爱心支教、老年人居家养老提供服务，等等。他说创业的最大乐趣之一就是，享受团队每一次的头脑风暴、思维碰撞以及成功带来的喜悦。

大三那年，一次偶然的社会实践机会让他接触到垃圾分类回收这一行业，为深入了解行业现状，他和团队的其他同学对北京、上海等多个城市的垃圾回收清运的具体细节及垃圾回收源头到终端处理的全过程展开调研。而后他们开展了校园旧衣回收捐赠贫困地区的项目，还将垃圾回收清运的研究作为自己的毕业论文。

三、定心·投身创业

在上海实施垃圾分类工作之后，他从认知层面察觉到垃圾分类商机的出现，带着这份对垃圾分类的执着和喜爱，毕业后，H 同学毅然和几个志同道合的校友共同开始进军垃圾分类环卫行业，团队结合自身专业知识，打造互联网智能环保科技公司，致力于智能垃圾分类回收箱和垃圾分类回收服务研究，为城市垃圾分类工作提供专业化和智能化服务，实现互联网数字化平台展示与多端运营服务相结合，让垃圾分类工作更加方便，更加智能，更加人性化。他不仅将创新运用到自己的学习、工作中，还在创新自己的生活。

三、创业计划书编制和创业行动路线

（一）创业计划书的编制

创业计划书是一份全面说明创业目标及其实施路径的文件，是引领创业的纲领性文件，是创业者具体行动的指南。

撰写创业计划书可以使创业者系统地思考新创企业的各个要素，在创立企业之前把握思路；撰写创业计划书使创业团队一起努力工作，全力以赴地解决创业过程中的各个细节，降低犯错成本；创业计划书提供了企业的未来发展方向和前景，明确了从事的项目和每个员工的角色，使创业者在管理企业的过程中根据具体的经营情况调整阶段性目标，完善企业管理；创业计划书可以向潜在的投资者、供应商、重要的职位候选人和其他

人介绍创业项目和新创企业，从而获得创业资金、原材料和人才。

　　一份完整的创业计划书的组成部分应该包括封面、目录、执行摘要、正文、附录等。封面，应包括项目名称、公司名称、地址以及主要联系人姓名、联系方式等。目录，是正文的索引，按照章节顺序排列。执行摘要，是对创业计划书的简短全面概述，一般1—2页。正文，即创业计划书的各个主要部分，每个部分都应清楚地列出标题并要易于识别。附录，应包括专利证书、著作权证书、荣誉证书、财务计划、创始人的简历等。

　　创业计划书的主要内容应该包括企业描述、产品或服务、竞争分析、创意开发、创业团队、财务分析、风险分析和退出策略等（见图7-5）。

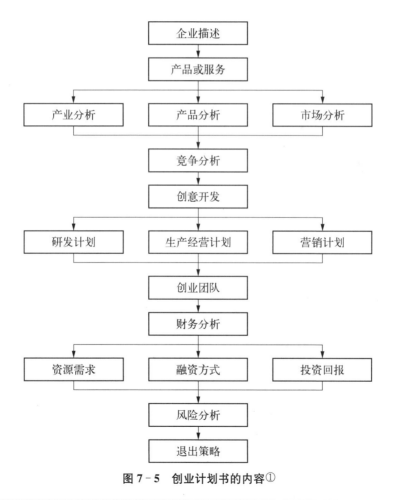

图7-5　创业计划书的内容①

①　张玉利. 创新与创业基础［M］. 北京：高等教育出版社，2017：142.

企业描述，包括成立时间、法律形式、愿景使命、核心价值观、发展概述等。

产品或服务，包括产业分析、产品分析、市场分析。产业分析和产品分析是解读创意价值的合理性，市场分析是对潜在顾客和目标市场的分析。产业分析主要包括：所在行业首先要界定清楚；该行业的发展历史与现状、现有的市场容量和需求统计、市场容量的增长速度和增长空间等；要分析目标行业目前处于哪个发展时期（行业主要发展时期有起步期、快速成长期、逐渐饱和期、没落衰退期）。产品分析主要包括：要准确定义初创企业提供的产品或服务；产品的功能和特色；该产品或服务如何满足市场需求；确定该产品或服务在市场中的位置；产品或服务具有怎样的独特性与领先性（实物图形、工作原理、使用方法等要用图直观表示）。

竞争分析，包括对行业、产品、顾客、竞争者、替代品等方面的竞争分析，可以运用波特五力分析模型或者 SWOT 分析方法。顾客分析，包括顾客的需求特点、数量、种类，购买动机和购买习惯，购买能力和购买行为等。竞争者分析，包括识别主要的竞争者、竞争者的营销资源和实力分析、竞争者的目标市场分析等。

创意开发，包括研发计划、生产经营计划和营销计划。产品或服务的研发计划，包括目前产品使用的技术包括哪些？该技术是如何获得的？该技术是否已在行业中广泛应用？要清楚解释该技术的专利性质以及知识产权保护情况。产品或服务生产经营计划，包括目前该产品或服务处于何种阶段？是起步、发展，还是成熟阶段？未来计划如何发展该产品或服务？营销计划包括产品策略、定价策略、渠道策略、促销策略、宣传推广策略等。

创业团队，对团队的组建、人员构成、职责分工、管理方式等方面的介绍。

财务分析的重要内容是资源需求、融资方式和投资回报，是从财务方面对创业项目的分析说明。资源需求，即预测短期和长期资源需求种类、数量等，可以根据初创企业或创业项目制订进度计划，预测各阶段相应的资金配置以及进度表。融资方式，即采用债权融资或股权融资。需要制订融资计划，包括创业团队的出资情况，为实现初创企业发展计划所需要的资金额，资金需求的时间节点，资金用途，希望的投资人及其所占股份的说明，资金来源如风险投资、银行贷款、创业基金等。投资回报，即预测初创企业的年销售额和市场份额。财务预测的重点是损益预估表、现金流预测表、资产负债预估表的制备。损益预估表反映的是企业的盈利状况，它是企业在一段时间运作后的经营结果。流动资金是企业的生命线，因此企业在初创或扩张时，对流动资金需要预先有周详的计划和进行过程中的严格控制。资产负债预估表则反映某一时刻的企业经营状况，投资者可以用资产负债预估表中的数据得到的比率指标，来衡量企业的经营状况以及可能的投资回报率，并对投资收益进行评价。

风险分析，即经营过程中可能出现的风险以及拟采取的控制措施。要客观阐述初创企业面临的行业、政策、市场、技术、资金、管理、环境等方面的风险，并提出合理可行的规避计划。行业风险，指因行业的生命周期、行业的波动性、行业的集中程度而产生的风险。政策风险，指因国家宏观政策（如货币政策、财政政策、行业政策、地区发展政策等）发生变化，导致市场价格波动而产生的风险。市场风险，涉及的因素有市场需求量、市场接受时间、市场价格、市场战略等。技术风险，指企业产品创新过程中，技术成功、技术前景、技术效果、技术寿命的不确定性。资金风险，主要包括缺少创业资金风险、融资成本风险等。管理风险，即企业经营过程中的风险，如管理者素质风险、决策风险、组织风险、人才风险等。环境风险，指社会、政治、政策、法律环境变化或由于意外发生而造成失败的可能性。

退出策略，即投资者退出方式的选择。主要退出方式有三个：（1）股票上市，依照创业计划的分析，对公司上市的可能性作出分析，对上市的前提条件作出说明；（2）股权转让，投资者可以通过股权转让的方式收回投资，计划书需要对投资者股权转让作出明确分析和规定；（3）股权回购，依照创业计划的分析，实施股权回购计划应向投资者作出说明。

撰写创业计划书应该注意完整规范，凸显产品或服务，熟悉市场，敢于竞争，精写摘要。

（二）创业行动的路线

1. 先就业，后择业，再创业

"先就业，后择业，再创业"的观点虽然存在一定的争议，但对于有志于自主创业的大学生而言却是一条有效的创业路线。有了一段就业和择业的经历，自己各方面的能力都有所提高。当具备了创业的自信心和一定的主观条件，客观上时机也到来时，可以考虑走创业之路。这是一种完善自我和降低创业风险的道路。能够选择自己熟悉并感兴趣和喜欢的行业去创业，是最佳的。如果不敢确定自己是天才，那么熟悉想创业的行业，选择创业时机，预测创业结果，最终付诸行动，这条规律人人都可以参考。创业成功者的秘诀就是对创业领域的熟悉再加上勤奋和自信心，只有熟悉以后，才能总结出规律，找到成功的诀窍。

2. 选择合适的创业领域进行实践

第一，结合自身特长，选择相应的创业领域。创业商机无限，大学生创业只有根据自身特点，找准"落脚点"，才能闯出一片真正适合自己的新天地。

高科技领域。一般来说，技术功底深厚、学科成绩优秀的大学生才有成功的把握。大学生可以积极参加创新创业大赛，获得脱颖而出的机会，同时吸引风险投资。软件开发、网页制作、网络服务、手机游戏、电子商务等都是可以尝试的领域。

智力服务领域。智力是大学生创业的资本，在智力服务领域创业非常适合大学生。此类智力服务创业项目成本较低，一张桌子、一部电话就可开业。可以尝试的领域有家教培训、家教中介、家居设计、室内设计、平面设计、工业造型设计、广告设计、翻译服务等。

连锁加盟领域。对创业资源十分有限的大学生来说，借助连锁加盟的品牌、技术、营销等优势，可以用较少的投资、较低的门槛实现自主创业。大学生创业者资金实力较弱，适合选择启动资金不多、人手配备要求不高的加盟项目。最好选择运营时间较长、拥有加盟店较多的成熟品牌。比较适合的领域有快餐业、家政服务、校园小型超市、数码速印等。

在高校内部或周边地区开店。大学生开店，一方面可充分利用高校的学生顾客资源，另一方面由于熟悉同龄人的消费习惯，入门较为容易。餐厅、咖啡屋、美发屋、文具店、书店等是值得尝试的项目。

【案例 7-5】

投身公益项目，让理解它的人发现
价值——疫情期间的线上活动①

一、初心不改——"爱心就像是涓涓的溪水，浇灌了幼小的苗，使他们苗壮成长。"

在疫情期间，抖音之风开始盛行，G 同学从高频率出现的一系列手艺传授视频教学中得到灵感，考虑是否可以以短视频的方式将丰富的艺术科普类教育资源传递到农村地区。G 同学想搭建一个平台，让充满爱心的社会人士以及高校师生的公益热情充分释放。为此，G 同学便组建团队，了解教育相关文件。把艺术的种子播种到每一位农村孩子的心中，让他们的人生也能够多姿多彩。本着这一初心，她开始了摸索前进……

二、砥砺前行——"万事开头难，但是开了头总归会走下去。"

一开始，G 同学和她的团队遇到过很多困难：授课平台的选择与搭建，授课内容的选择，线上开会遇到的不便以及面临的种种质疑……"公益项目在创业比赛中一直处于弱势"，很多学长学姐如是说。但是她认为有意义的东西的价值终归会被发现。

为了更好地推进项目，团队开始线上联系一些试点学校。一开始，团队在网上调查筛选，找到联系方式后，打电话，发信息，发邮件，可消息几乎石沉大海，杳无音讯。在他们最绝望的时候，一名成员的建议为他们指明了新的方向，应当充分发挥身边同学的力量去联系自己的母校，于是就有了后来的新疆喀什地区某地的课程初试体验和广西来宾某地的实地推广与线上线下结合推广，得到很多家庭的支持和好评。

三、柳暗花明——"山重水复疑无路，柳暗花明又一村。"

由于项目筹备时间短，很快就接到一些家长的质疑，内容形式单一、不具备针对性等问题逐渐暴露出来。团队成员反复商讨解决方案，

---

① 本案例为某应用型高校大学生 G 同学的创业竞赛案例分享。

最终讨论出一套属于她们团队的特色课程体系，在保证课程丰富多彩且高品质的同时，将课程大纲分为不同阶段，有目标、有针对性地给不同年龄段的孩子提供系统全面的兴趣课程。

四、任重道远——"路漫漫其修远兮，吾将上下而求索。"

2020 年，该项目获得全国大学生"创新、创业及创意"挑战赛上海市二等奖。这才是浓墨重彩的开端，但想要走得更远更好，还需要结合当下新的社会现状和发展趋势，不断努力完善和改进。前面的路还很长，需要做的还有很多很多，困难永远都不是打败你的原因，打败你的只是你自己那颗退缩的心。"有志者，事竟成"将会在漫长的探索时光里，激励包括 G 同学在内的所有对科创有兴趣的同学，并且推着大家前进。

第二，低成本创业，选择智能型行业和劳动密集型服务行业。充分利用现有的资源，发挥主观能动性，扬长避短，善于借势。智能型行业和劳动密集型服务行业是低成本创业的行业。智能型行业，即有特殊知识或技能（如管理才能、行销才能、专利等）的人可以低成本创业，不需要大的资金投资，只需要智力投资，如著名作家、律师、高级工程师、职业经理人、发明家，等等。劳动密集型服务行业主要依靠出卖劳动力，资本方面的投入非常少，如搬家公司、家政服务，等等。

第三，先不考虑创业，在打工过程中创造个人品牌。比如，一些有名的职业经理人、行销专家、发明家等，利用自己的无形资产和别人的有形资产结合，达到无本创业的目的。

3. 积极参加大学生创新创业大赛

近年来，国家大力扶植大学生创业企业，支持大学生创业，各地纷纷出台各种支持大学生创业的优惠政策，同时一些机构平台组织了各类创业比赛。对于大学生创业企业而言，参加创新创业大赛，一方面可以有效提升企业知名度，另一方面可以迅速获得相应资金并获得相应指导，能有效促进创业企业发展。

目前，比较有影响力的创新创业大赛主要有三个，分别是中国国际"互联网＋"大学生创新创业大赛、"创青春"全国大学生创业大赛、中国创新创业大赛（见表 7-8）。

表7-8　三个主要创新创业大赛情况一览表

大赛名称	主办单位	时间节点和组织方式	参赛条件
中国国际"互联网+"大学生创新创业大赛（China College Students' "Internet +" Innovation and Entrepreneurship Competition）	教育部、中央统战部、中央网络安全和信息化委员会办公室、国家发展改革委、人力资源和社会保障部、农业农村部、中国科学院、中国工程院、国家知识产权局、国家乡村振兴局、共青团中央等。官网：cy.ncss.org.cn	报名：6—8月官网注册报名；初赛：6—9月；全国总决赛：11月。设置了高教主赛道（包括大陆、港澳台、国际三类项目）、青年红色筑梦之旅赛道、职教赛道、萌芽版块。高教主赛道面向普通高等学校师生，分为创意组、初创组、成长组和师生共创组；要求参赛项目能够将移动互联网、云计算、大数据、人工智能、物联网、下一代通信技术等新一代信息技术与经济社会各领域紧密结合，培育新产品、新服务、新业态、新模式	参赛条件：(1) 普通高等学校在校生（可为本专科生、研究生，不含在职生），毕业5年以内的毕业生（不含在职生）。(2) 职业院校（含职业教育本科、高职高专、中职中专）学生（不含在职生）、国家开放大学学历教育学生（不超过30周岁）。(3) 职业院校全日制在校学生或毕业5年内的毕业生。(4) 普通高级中学在校学生。参赛形式：团队/学校/企业（原则上不超过15人/团队）
"创青春"全国大学生创业大赛（China College Students' Entrepreneurship Competition）	共青团中央、教育部、人力资源和社会保障部、中国科协、全国学联。《"创青春"全国大学生创业大赛章程》。官网：www.chuangqingchun.net	每两年举办一次。下设大学生创业计划竞赛（即"挑战杯"中国大学生创业计划竞赛）、创业实践挑战赛、公益创业赛三项主体赛事。大赛设立全国组织委员会，由主办单位、支持单位、承办单位的有关负责人组成，负责大赛各项工作的组织开展。各省（自治区、直辖市）成立相应机构，负责本地预赛的组织开展、项目评审等相关工作	(1) 大学生创业计划竞赛面向高等学校在校学生，以商业计划书评审、现场答辩等作为参赛项目的主要评价内容。(2) 创业实践挑战赛面向高等学校在校学生或毕业未满3年的高校毕业生，且已投入实际创业3个月以上，以盈利状况、发展前景等作为参赛项目的主要评价内容。(3) 公益创业赛面向高等学校在校学生，以创办非营利性质社会组织的计划和实践等作为参赛项目的主要评价内容
中国创新创业大赛（China Innovation & Entrepreneurship Competition）	科技部、财政部、教育部、中央网信办、全国工商联。2012年举办首届。官网：www.cxcyds.com	7月报名。地方科技管理部门负责辖区内企业报名材料的形式审查，确认参赛资格（8月）。地方赛由省级科技管理部门负责牵头组织，采用逐级遴选方式产生优胜企业；初赛环节突出项目科技创新性评价指标；设立地	2020年第九届的参赛条件：(1) 企业具有创新能力和高成长潜力，主要从事高新技术产品研发、制造、服务等业务，拥有知识产权且无产权纠纷。(2) 企业经营规

大赛名称	主 办 单 位	时间节点和组织方式	参 赛 条 件
		方赛奖项；地方赛比赛时间为 8 月至 9 月。大赛组委会办公室分配各赛区入围全国赛名额。专业赛由大赛组委会办公室牵头组织，按专场举办。专业赛有新冠肺炎疫情防控技术创新创业专业赛、大中小企业融通专业赛、产业技术创新专业赛、科技计划项目产业化专业赛、技术融合专业赛。全国半决赛（10 月）由大赛组委会办公室负责组织，按新一代信息技术、生物、高端装备制造、新材料、新能源、新能源汽车、节能环保等战略性新兴产业进行分组。全国总决赛（10—11 月）采用"现场答辩、当场亮分"的评选方式，评委以创投专家为主	范，社会信誉良好，无不良记录，且为非上市企业。（3）年营业收入不超过 2 亿元人民币。（4）企业注册成立时间在 2010 年 1 月 1 日（含）以后。（5）全国赛按照初创企业组和成长企业组进行比赛。工商注册时间在 2019 年 1 月 1 日（含）之后的企业方可参加初创企业组比赛，工商注册时间在 2018 年 12 月 31 日（含）之前的企业只能参加成长企业组比赛。（6）入围全国赛的成长组企业，必须获得 2020 年科技型中小企业的入库登记编号（登记网址：www. innofund. gov. cn）。（7）前八届大赛全国总决赛或全国行业总决赛获得第一二三名或一二三等奖的企业不得参加本届大赛。服务政策：（1）择优推荐给国家中小企业发展基金设立的子基金等国家级投资基金。（2）大赛合作银行择优给予贷款授信支持。（3）择优推荐参加"创新人才推进计划"等相关计划评选以及相关展览交流等活动

对于大学生而言，参加创新创业大赛需要注意以下五个问题。

第一，提炼商业模式。比赛的评委判断一个企业商业模式的优劣，主要通过创业者的个人描述，同时阅读创业者的商业计划书，所以需要创业者对于自己创业企业的商业模式有非常明晰的解读。

第二，明确大赛的侧重点。如中国创新创业大赛主要侧重科技类项目，如果你的项目侧重商业服务或者其他类别，一般不会通过大赛的初选。因此，对于大学生创业者而言，在参加创新创业大赛前，要先认真了解创业比赛的组织发起方和比赛侧重点，有选择地参加一些创新创业大赛，才能在大赛中有所收获。

第三，明确参赛目的。不能为了比赛而比赛。现在一些大学生创业者就是为了比赛而比赛，比赛结束后创业也就结束了。真正的创业者参加比赛的目的是让自己的创业项目发展壮大，通过比赛积累资源用在创业企业中，顺利筹集到企业发展需要的资金。

第四，明确参赛的申报条件。比如，"创青春"全国大学生创业大赛参赛项目的申报条件。

首先是大学生创业计划竞赛。参加竞赛项目分为已创业与未创业两类；分为农林、畜牧、食品及相关产业，生物医药，化工技术和环境科学，信息技术和电子商务，材料，机械能源，文化创意和服务咨询7个组别。实行分类、分组申报。拥有或授权拥有产品或服务，并已在工商、民政等政府部门注册登记为企业、个体工商户、民办非企业单位等组织形式，而且法人代表或经营者为符合第十七条规定的在校学生、运营时间在3个月以上（以预赛网络报备时间为截止日期）的项目，可申报已创业类。拥有或授权拥有产品或服务，具有核心团队，具备实施创业的基本条件，但尚未在工商、民政等政府部门注册登记或注册登记时间在3个月以下的项目，可申报未创业类。

其次是创业实践挑战赛。拥有或授权拥有产品或服务，并已在工商、民政等政府部门注册登记为企业、个体工商户、民办非企业单位等组织形式，且运营时间在3个月以上（以预赛网络报备时间为截止日期）的项目，可申报该赛事。申报不区分具体类别、组别。

最后是公益创业赛。拥有较强的公益特征（有效解决社会问题，项目收益主要用于进一步扩大项目的范围、规模或水平）、创业特征（通过商业运作的方式，运用前期的少量资源撬动外界更广大的资源来解决社会问题，并形成可自身维持的商业模式）、实践特征（团队须实践其公益创业计划，形成可衡量的项目成果，部分或完全实现其计划的目标成果）的项目，而且参赛学生符合规定，可申报该赛事。申报不区分具体类别、组别。

第五，明确参赛形式和要求。比如，"创青春"全国大学生创业大赛的参赛形式和要求是：以学校为单位统一申报，以创业团队形式参赛，原则上每个团队人数不超过10人。网络初评开始后，只可进行人员删减，不可进行人员顺序调整及人员添加。对于跨校组队参赛的项目，各成员须事先协商明确项目的申报单位。对于经授权的发明创造或专利技术，在报名时需提交具有法律效力的发明创造或专利技术所有人的书面授权许可、项目鉴定证书、专利证书等。对于已注册运营项目的，在报名时需提交相关证明材料（含单位概况、法定代表人情况、营业执照复印件、税务登记证复印件、组织机构代码复印件等材料）。

【案例 7-6】

强化专业能力，以赛促学，以赛促创①

一、以学为先，积极参与教师科创

J 同学是上海某应用型高校的一名大三学生。在校期间，他学习成绩优秀，在学有余力的情况下，他积极参与科研项目工作，并在完成基本学习和项目任务外，将自己的研究方向和产业相结合。在指导教师的鼓励和帮扶下，他自主开展了一种新材料在船舶上的应用研究和探索，并成立相应研究团队。

二、以赛代练，以赛促创

在学院的牵头下，J 同学的新材料研究先后与两家相关企业达成合作开发的协议，完成样机的生产和销售。在校期间，J 同学的研究团队先后凭借该项目参加多项省市级别的创业竞赛，获得第十二届"挑战杯"中国大学生创业计划大赛银奖、第六届中国"互联网+"大学生创新创业大赛铜奖、第五届上海市大学生创客大赛三等奖等荣誉。

三、赛创融合，能力提升

通过以上竞赛的锻炼和提高，J 同学在专业技能和知识储备上得

---

① 本案例为应用型高校大学生 J 同学的创业竞赛案例分享。

到极大提升。在毕业季中，J同学依靠自身过硬的能力和优秀的成绩得到企业的重点青睐，获得多家企业的 offer（录用通知）。最终，J同学选择了自身青睐的材料研究类工作，并在工作中获得了企业的极高评价。

思考与讨论题

1. 在创业课程的学习过程中，你产生过创业的想法吗？具体谈一下你的创业想法。

2. 假如你决定创业，你会选择什么样的项目作为你的经营内容？为什么？

3. 在你身边或刚毕业的同学中，有没有创业的事例，请对他们进行采访，形成不少于1 000字的采访报告。

4. 如果将来不准备创业，你觉得学习创业知识有用吗？为什么？

5. 你参加过哪些与创业有关的实践活动？有什么收获和感想？

6. 分析以下风险并思考你的发展。

假如我现在不努力学习	假如以我现在的状况，花费比较多的时间和精力在创业实践活动上	如果准备创业，我将从哪些方面开始准备？
潜在风险：	潜在风险：	潜在风险：
如何进行有效规避？	如何进行有效规避？	如何进行有效规避？

参考文献

一、中文部分

阿玛尔·毕海德. 新企业的起源与演进 [M]. 魏如山，马志英，译. 北京：中国人民大学出版社，2004.

彼得·德鲁克. 创新与企业家精神 [M]. 蔡文燕，译. 北京：机械工业出版社，2007.

布鲁斯·R. 巴林杰，R. 杜安·爱尔兰. 创业管理：成功创建新企业（第5版）[M]. 薛志红，张帆，等译. 北京：机械工业出版社，2017.

陈劲，徐飞，陈虹先. 应聘简历色彩搭配的眼动研究 [J]. 心理科学，2009，32（6）：1423-1426.

迪安·A. 谢泼德，霍尔格·帕策尔特. 创业认知：解密创业者的心智模式 [M]. 孙金云，于晓宇，等译. 北京：机械工业出版社，2020.

蒂姆·克拉克，亚历山大·奥斯特瓦德，伊夫·皮尼厄. 商业模式新生代（个人篇）：一张画布重塑你的职业生涯 [M]. 毕崇毅，译. 北京：机械工业出版社，2012.

菲利普·A. 威克姆. 战略创业学：理论、案例与中国实践（第4版）[M]. 任荣伟，张武保，译校. 大连：东北财经大学出版社，2014.

龚燕，龚德才. 创业理论与实践 [M]. 重庆：重庆出版社，2012.

国际人力资源管理研究院（IHRI）编委会. 人力资源经理胜任素质模型 [M]. 北京：机械工业出版社，2005.

韩继坤. 创业机会识别开发与公共政策 [M]. 沈阳：东北大学出版社，2021.

胡楠，郭冬娥. 大学生职业规划与就业指导教程 [M]. 北京：人民邮电出版社，2017.

黄彦辉. 智能时代下的创新创业实践 [M]. 北京：人民邮电出版社，2020.

杰弗里·蒂蒙斯，小斯蒂芬·斯皮内利. 创业学案例 [M]. 周伟民，吕长春，译. 北京：人民邮电出版社，2005.

杰弗里·蒂蒙斯，小斯蒂芬·斯皮内利. 创业学（第 6 版）[M]. 周伟民，吕长春，译. 北京：人民邮电出版社，2005.

金树人. 生涯咨询与辅导 [M]. 北京：高等教育出版社，2007.

李玲. 国内外素质和素质模型研究述评 [J]. 广西师范学院学报（哲学社会科学版），2011，32（2）：110-114.

李时椿，常建坤. 创业学：理论、过程与实务（第 2 版）[M]. 北京：中国人民大学出版社，2016.

刘志阳，李斌，任荣伟，等. 创业管理 [M]. 上海：上海财经大学出版社，2016.

卢福财. 创业通论 [M]. 北京：高等教育出版社，2007.

鲁建敏. 职业能力、职业价值观及人格对职业兴趣影响的实证研究 [D]. 合肥：合肥工业大学，2009.

罗伯特·A. 巴隆，斯科特·A. 谢恩. 创业管理：基于过程的观点 [M]. 张玉利，谭新生，陈立新，译. 北京：机械工业出版社，2005.

罗伯特·D. 赫里斯，迈克尔·P. 彼得斯，迪安·A. 谢泼德. 创业学（原书第 9 版）[M]. 蔡莉，葛宝山，等译. 北京：机械工业出版社，2016.

罗伯特·里尔登，珍妮特·伦兹，加里·彼得森，等. 职业生涯发展与规划（第 4 版）[M]. 侯志瑾，等译. 北京：中国人民大学出版社，2016.

罗博特·D. 希斯瑞克. 创业学 [M]. 郁义鸿，李志能，译. 上海：复旦大学出版社，2000.

马克思，恩格斯. 马克思恩格斯全集：第 26 卷：第三册 [M]. 中共中央马克思恩格斯列宁斯大林著作编译局，编译. 北京：人民出版社，1974.

秦霖. 简历文本信息内容与空间位置对简历筛选影响的眼动研究 [D]. 开封：河南大学，2014.

曲振国. 大学生就业指导与职业生涯规划 [M]. 北京：清华大学出版社，2015.

史洁. 浅析基于知识图谱的应用型人才能力培养——以人力资源管理专业

为例 [J]. 邢台学院学报，2015，30（1）：156-158.

斯蒂芬·罗宾斯，玛丽·库尔特. 管理学（第13版）[M]. 刘刚，程熙镕，梁晗，等译. 北京：中国人民大学出版社，2017.

苏文平. 大学生职业生涯规划与就业创业指导 [M]. 北京：中国人民大学出版社，2018.

孙伟. 你凭什么通过简历获得好感 [J]. 人力资源，2016（11）：82-84.

唐纳德·F. 库拉特科. 创业学 [M]. 薛志红，李静，译. 北京：中国人民大学出版社，2014.

王新俊，孙百才. 近30年来国外大学生就业能力研究现状及进展 [J]. 教育与经济，2018，34（5）：57-64+72.

肖鸣政，Mark Cook. 人员素质测评 [M]. 北京：高等教育出版社，2003.

亚历山大·奥斯特瓦德，伊夫·皮尼厄. 商业模式新生代 [M]. 王帅，毛心宇，严威，译. 北京：机械工业出版社，2011.

亚瑟·C. 布鲁克斯. 社会创业：创造社会价值的现代方法 [M]. 李华晶，译. 北京：机械工业出版社，2009.

张炳达. 创业学——成功创业的新思维 [M]. 上海：上海财经大学出版社，2016.

张炳义. 人力资源总监岗位面试试题及评分标准设计 [J]. 人才资源开发，2006（6）：38-39.

张吉军. 新工科背景下大学生就业能力提升路径探索 [J]. 黑龙江高教研究，2018，36（5）：130-133.

张璐璐. 简历筛选认知过程的模型探索 [D]. 上海：华东师范大学，2005.

张锐. 疫情时期的大学生就业全链加速策略 [J]. 中国大学生就业，2020（9）：34-37.

张硕秋. 大学生职业生涯发展与指导 [M]. 北京：清华大学出版社，2020.

张晓丹，赵锡奎. 大学生就业指导 [M]. 北京：清华大学出版社，2009.

张玉利. 创新与创业基础 [M]. 北京：高等教育出版社，2017.

张玉利，薛志红，陈寒松，等. 创业管理（第5版）[M]. 北京：机械工业出版社，2020.

张玉利，杨俊，等. 创业管理（行动版）[M]. 北京：机械工业出版社，2017.

赵淑芳. 员工胜任素质模型全案 [M]. 北京：人民邮电出版社，2009.

郑学宝，孙健敏. 大学生能力素质模型建立的思路与方法 [J]. 华南师范大学学报（社会科学版），2005（5）：145－147.

郑媄. 高校学生能力素质模型构建及其应用研究 [D]. 武汉：武汉大学，2013.

钟谷兰，杨开. 大学生职业生涯发展与规划 [M]. 上海：华东师范大学出版社，2016.

周德昌. 简明教育辞典 [M]. 广州：广东高等教育出版社，1992.

周锋. 当代大学生职业价值观研究——以河北高校为例 [D]. 石家庄：河北师范大学，2015.

二、英文部分

Shepherd，D. A.，& Patzelt，H. Entrepreneurial cognition：Exploring the mindset of entrepreneurs [M]. Palgrave Macmillan，2018.

GEM（Global Entrepreneurship Monitor）. 2019－2020 global report [EB/OL]. [2021－06－13]. https：//www. gemconsortium. org/report.

Hsieh，C. (2015)，Policies for productivity growth [J]. OECD Productivity Working Papers，No. 3，OECD Publishing，Paris，https：//doi. org/10.1787/5jrp1f5rddtc-en.

Reynolds，P. D.，Hay，M.，& Camp，S. M. Global Entrepreneurship Monitor：Executive report [M]. Kaufman Centre for Entrepreneurial Leadership，1999.

Spinelli，S.，& Adams，R. J. New venture creation：Entrepreneurship for the 21st century（tenth edition）[M]. McGraw-Hill Education，2016.

Stevenson，H. H. ，& Gumpert，D. E. Heart of entrepreneurship [EB/OL]. (1985－03－01) [2021－03－25]. https：//hbr. org/1985/03/the-heart-of-entrepreneurship.

Timmons，J. A.，Muzyka，D. F.，Stevenson，H. H. & Bygrave，W. D. Opportunity recognition：The core of entrepreneurship [M] // Frontiers of entrepreneurship research. Babson Park，MA：Babson College，1987.

United States Association for Small Business and Entrepreneurship. The theory and practice of entrepreneurship［M］. Edward Elgar Publishing Limited，2010.

Wickham, P. A. Strategic entrepreneurship（fourth edition）［M］. Pearson Education Limited，2006.

后　记

在经历一系列策划、讨论、编撰和几易其稿后，《应用型高校大学生职业生涯规划与就业创业指导》终于定稿了。这本教材是上海市2020—2021年就业创业孵化基地项目成果之一，由上海电机学院的辅导员与专业教师组成团队编写而成。

本教材从应用型高校大学生的职业生涯规划和就业创业指导需求出发，立足应用型，强调实际操作性，力求成为一本适合应用型高校大学生职业生涯教育和就业创业指导的教材。

上海电机学院是一所应用型高校，长期以来扎实推进就业创业工作，毕业生就业率连续多年保持在96％以上，用人单位满意度持续保持在95％以上，培养的学生在服务国家战略、服务长三角、服务高端制造业等方面作出了积极贡献。这本教材的编写凝聚了上海电机学院在就业创业指导与实践中的经验积累和工作成效，凝结了就业团队的智慧和情感、执着与努力。

在此，感谢上海市教育委员会遴选上海电机学院为"市级就业创业孵化基地"，并为基地建设提供全方位的指导和支持；感谢每一位为教材编撰贡献个人专长和智慧力量的老师和同学。感谢张跃辉带领就业团队成员在孵化基地建设和就业创业指导上的积极工作；感谢陈庄瑜参与策划，负责编写并承担教材的统稿工作；感谢张书娟负责编写并承担部分章节的统稿工作；感谢李玲、赵静、黄富长、李晴、周游、王詠曜、韩继坤、尚海龙、王月红等老师承担本教材部分章节的编写工作；感谢史铭之参与后期统稿工作。同时，也感谢本教材收录的几十篇案例中的主人公们，他们的精彩故事和真实经历丰富了教材内容，提升了读者的阅读体验。

希望本教材可以指导更多的应用型高校大学生在自己的职业生涯中走出顺利的就业和创业之路。

教材编写组

2021 年 3 月

图书在版编目（CIP）数据

应用型高校大学生职业生涯规划与就业创业指导 /
李晓军主编. — 上海：上海教育出版社，2021.10
ISBN 978-7-5720-1159-7

Ⅰ.①应… Ⅱ.①李… Ⅲ.①大学生－职业选择－高
等学校－教材 Ⅳ.①G647.38

中国版本图书馆CIP数据核字(2021)第189229号

责任编辑　谢冬华　孔令会
封面设计　王　捷

应用型高校大学生职业生涯规划与就业创业指导
李晓军　主编
陈庄瑜　张跃辉　副主编

出版发行　上海教育出版社有限公司
官　　网　www.seph.com.cn
地　　址　上海市永福路123号
邮　　编　200031
印　　刷　启东市人民印刷有限公司
开　　本　700×1000　1/16　印张 16.25　插页 1
字　　数　250 千字
版　　次　2021年10月第1版
印　　次　2021年10月第1次印刷
书　　号　ISBN 978-7-5720-1159-7/G·0909
定　　价　56.00 元

如发现质量问题，读者可向本社调换　　电话：021-64377165